课读经典⑩

10 讲精读

老舍（二）
LAO SHE

老舍 / 著

管骏捷 / 课读

复旦大学出版社

要趁年轻时啃几部经典
——"课读经典"系列丛书序

戴建业

"屁股下要坐几本书"是曹慕樊师对弟子的告诫。他强调一个人要趁年轻时啃几部经典，这几部经典今后会成为其看家本领，一生都将受用无穷。

去年"世界读书日"前一天，《光明日报》刊发了拙文《阅读习惯与人生未来》。在这篇文章中，我谈到经典阅读常常是挑战性阅读。我把阅读分为消遣性阅读、鉴赏性阅读和挑战性阅读。消遣性阅读就是上网看看明星八卦、海外奇谈，好像无所不看，其实一无所见，不过是打发无聊的时光。下班之后，工作之余，看看文字优美的游记，听听悦耳动人的音乐，翻翻赏心悦目的画册，既能让身心放松，又能陶冶情操，还能获得各种知识，这就是鉴赏性阅读。挑战性阅读就是阅读经典，经典是经过时间淘汰留下来的作品，它们都是人类智慧的结晶。要想挑战自己的智力极限，要想攀登灵魂的珠穆朗玛峰，最佳选择就是挑战性阅读，去阅读那些伟大的经典，去与智者进行精神交流。

在快节奏的时代，人们不仅匆匆忙忙吃快餐食物，也同样匆匆忙忙地品尝精神快餐；不仅中小学生只读节选"名篇"，大学生也只读教材上的"名篇"。我甚至遇到一位研究杜甫接受史的博士，他竟然没有通读过任何一种杜诗注本。如果只读课本上的几首杜诗，你对杜诗可能一无所得，连浅尝辄止也谈不上。明人王世贞在《艺苑卮言》中说："十首以前，少陵较难入。

百首以后，青莲较易厌。"读李白诗百首以后"易厌"，纯属他个人的奇怪感受，但读杜甫诗歌十首以前"难入"，倒是道出了实情。读少数节选名篇"难入"，是阅读经典名著的普遍现象。如果读文学名著，只读几篇或几首名文名诗，便难以走进作家的精神世界，难以把握原著的艺术特征；如果读哲学、历史、经济等学术名著，只读几篇节选段落，那肯定不能了解原著的框架结构，不能明白作者的基本思路和逻辑论证。

　　读一部经典，不仅要知道经典"说了什么"，还要知道作者是"怎么说的"，有时候后者比前者更重要。只知道"说了什么"，而不知道"怎么说的"，那就像俗话说的那样："知其然而不知其所以然""只知其一而不知其二"。这种学习方式，在聚会时夸夸其谈、对别人炫耀博学尚可，但对自己的思维、想象和写作不会有什么帮助。

　　五六年前，就"死活读不下去的书"这一话题，一家出版社在网上做过一次问卷调查，统计的结果让所有人大吃一惊。在"死活读不下去"的经典名著中，中国四大古典小说赫然在列，其中《红楼梦》竟然高居榜首，而四部名著中数它的艺术成就最高，也数它被公众吐槽最多。这倒印证了一位西方作家的"昏话"——所谓"经典著作"就是大家都说好，但大家都不读的那些书。

谁都知道经典中有无数宝藏，可经典常常"大门紧闭"，大家苦于不得其门而入，不知如何在经典中探宝，如何让经典"芝麻开门"。由于时代的隔阂、情感的隔膜、知识修养的不足、审美趣味的差异，加上时间的紧迫和心境的浮躁，对如今许多中小学生来说，经典简直就是"天书"。

　　怎样给中小学生打开经典宝藏的大门？

　　复旦大学出版社的"课读经典"系列丛书，就是一把打开经典宝藏的万能钥匙。

　　"课读经典"系列丛书中谈到的"经典"，大都是语文教材中涉及的经典作家和经典作品：或只"课读"一部经典作品，如《课读经典1：11讲精读〈世说新语〉》《课读经典4：9章细读〈昆虫记〉》；或"课读"经典作家及其代表作，如《课读经典5：5课精读契诃夫》。

　　顾名思义，"课读经典"系列丛书主要面向中小学生，语言像课堂口语那样亲切易懂，一翻开"课读"，就像老师亲临课堂，传授学生自学经典的门径，示范阅读经典的方法。只要让学生初尝了经典的"滋味"，他们就会终生爱上经典；一旦先生把他们"领进了门"，学生自然会"各自去修行"。教师在传授学生自学经典诀窍的同时，也激起了他们自学经典的热情。孔子早就说过："知之者不如好之者，好之者不如乐之者。"(《论语·雍也》）学生一旦真正喜欢上了经典，他们一生就离不开经典。

许多学生和家长心里会犯嘀咕：政府和教育界的"整本书阅读"计划，初衷当然非常好，但结果不一定妙。花那么多时间在整本阅读经典上，影响考试成绩怎么办？

"课读经典"系列丛书的编者，早就考虑到了这个问题。在某些经典的"课读"之外，还截取了若干代表性章节与片段，模拟现行阅读考试的方式，设计了系列阅读"思考题"，让沉浸式的经典阅读与注重文本阅读的考试无缝对接。这也让学生养成开卷动笔的好习惯，读经典原著务必要做笔记，学生时代还应该做习题。做笔记和习题的目的，是加深对经典的理解和记忆。

想想看，假如具备了对经典的"穿透力"，同学们以此来应付考试简直就是"降维打击"——思维能力提高了，阅读能力提高了，写作能力提高了，考分自然也就升上去了。一个百米赛跑冠军，还担心他不会走路？

乐为序。

2021 年 5 月 1 日

目录

○ 阅读的准备

如果真的想要读懂一本书，首先需要做的准备是放下自己的期待。

《骆驼祥子》这部小说的文学成就和经典地位已无须多言，如今我们以整本书阅读的学习方式来阅读这部小说，需要做哪些准备工作呢？

　　不妨换一个角度思考：在阅读一部小说，甚至读一本书时，我们一般会期待通过阅读收获什么？是人生哲理还是时代精神？我们又会被书中的哪些内容所吸引？是引人入胜的情节、生动传神的人物，又或者是精妙绝伦的语言？也许以上都是。总之，与消遣性阅读不同，在阅读严肃文学作品的时候，我们通常会期待在阅读过程中有所收获，学到一些东西。这种想法本身无可厚非，甚至这就是如今整本书阅读被放到语文教学中去的一个重要的动力。可是我想说的是，如果真的想要读懂一本书，首先需要做的准备是放下自己的期待。

　　张爱玲在《论写作》里引了一句西方熟语："诗人向他自己说话，被世人偷听了去。"她想说作者不应该去预设读者的存在，那样的写作动机才够纯粹。而我们站在"世人"的角度，也需要用这句话来提醒自己：眼前的作品不是为我而写。没有哪一部小说是为了让读者"学到些什么"而创作的，如果我们怀揣着自己的期待和动机，作品在我们眼中就成了达成自己目的的工具。用这样的眼光去阅读，将错过作品中很多在我们期待之外的东西。读一部作品，乃至读一部小说，读懂它本身就应该成为目的。唯有如此，我们才能尽可能全面地发现作品的价值，进而发现作品背后的作者的身影。

阅读《骆驼祥子》还需要做什么准备呢？我想，应该是耐心与专注。这个要求听上去简单得很，但实际上比我们想象的要困难得多。如今的时代，能够吸引我们注意力的事物太多了，每一块屏幕、每一个应用程序，都足以让我们转移注意力，一切信息在被创造出来的时候就以攫取注意力为宗旨。我们的文字世界，由太多的"文案"构成。与它们相比，"文章"都已经嫌长了，何况是整本书呢？也正因为此，我们在阅读之前，要准备好将自己的注意力和耐心交付给眼前的作品。无论你之前是否已经读过《骆驼祥子》，或者读过有关《骆驼祥子》的相关介绍，都请将以往的阅读经验一并放下，在这一遍的阅读里，跟随老舍的文字，进入那个时代，完整地经历祥子的人生。

图1 伏案写作的老舍

○ 10讲细读《骆驼祥子》

在经历了一次命运的起伏之后，祥子回到城里，他想要重新开始他的生活。老舍在这里用名称的改变告诉我们，「祥子」的故事暂告一段落了，从这里开始，是「骆驼祥子」的生活拉开了序幕。

第1讲 这个故事，这个人

——主要情节与祥子的出场

● **怎样的故事**

首先，我们需要梳理一下这是一个怎样的故事。我们可以尝试用表格将整个故事大致分成两部分，一部分是祥子的故事，另一部分是祥子之外的其他故事（见表1-1）：

表1-1 《骆驼祥子》的故事情节

小说的章节	主要情节（祥子视角）	重要线索或内容
一	祥子攒钱买新车	介绍北京车夫流派
二	祥子被兵匪抓去做壮丁，车被劫走，祥子在骆驼的掩护下逃走	
三	祥子逃跑并牵走三头骆驼，脱困后将骆驼卖了三十五块钱	
四	祥子回归，打算重新攒钱买车	刘四爷和虎妞登场
五	祥子重新拉车攒钱，在杨宅拉了四天包车，因难以忍受而离开	
六	祥子受虎妞引诱；遇到曹先生，被曹先生雇佣，去曹家拉包车	曹先生登场
七	祥子回曹宅拉包车，意外摔伤	

小说的章节	主要情节（祥子视角）	重要线索或内容
八	祥子拒绝各种理财方式，坚持把钱攥在手中；有比祥子处境更糟的车夫，祥子顾不上同情	
九	祥子受虎妞逼迫，借酒浇愁	虎妞假装怀孕，让祥子认刘四爷为干爹，然后娶她
十		老马和小马登场，得到了茶馆中车夫们的帮助
十一		孙侦探跟踪祥子和曹先生，随后将祥子的积蓄讹走
十二	祥子回到曹家，在隔壁车夫老程房内过夜	曹先生因给学生不及格而被举报，受诬陷
十三	祥子回到人和车厂，帮助筹备刘四爷的生日	曹家人逃离北京
十四		刘四爷和虎妞摊牌，刘四爷坚决反对两人婚事，并赶走祥子
十五	祥子和虎妞结婚安家	虎妞不同意祥子再出去拉车
十六	祥子坚持外出拉车，虎妞无奈让步	
十七		刘四爷卖了车厂，退休享福；虎妞买车给祥子拉；二强子过着卖了女儿、打死媳妇的荒唐生活；小福子回到家中，靠卖身养活家人，虎妞提供场所

小说的章节	主要情节（祥子视角）	重要线索或内容
十八	祥子淋雨得病	虎妞怀孕
十九	祥子养病两个月后勉强出车	虎妞难产而死
二十	祥子卖了车埋葬虎妞，离开杂院再次到车厂拉车；到立秋时，祥子到夏宅拉包车	
二十一	祥子与夏太太有染后回到车厂；祥子逐渐堕落成一个懒惰而自私的人；一次夜晚，祥子拉车偶遇刘四爷，告诉他虎妞已死的消息	
二十二	祥子重燃生活的信心，去找曹先生寻求帮助；祥子没能在杂院找到小福子	曹先生建议祥子回到曹宅拉车，小福子到曹宅帮忙
二十三	祥子彻底绝望，沦落为骗吃骗喝的废物	小马已死，老马在街头做小买卖；小福子沦落到白房子，上吊自杀
二十四	祥子为了六十块钱出卖阮明；祥子靠替人送殡勉强糊口，逐渐走向末路	阮明被枪毙

● **洋车夫的流派**

在阅读一部以主人公名字命名的作品时，我们会对主人公格外关注。事实上，读懂这个主人公，是我们阅读的主要任务。比如《钢铁侠》的主人公就是托尼·斯塔克（Tony Stark），《美国队长》的主人公就是斯蒂夫·罗杰斯（Steve Rogers），《火影忍者》的原名叫《NARUTO》，Naruto就是主人公漩涡鸣人。你们读过哪些以主人公名字命名的小说，看过哪些以主人公名字命名的影视作品呢？尝试着回忆一下，尤其回忆一个细节：这些主人公都是怎么登场的？

怎么样，脑海里是不是浮现出一个个英雄人物的名字和形象呢？我并不希望各位沉浸在回忆里太久了，快来读《骆驼祥子》这部小说吧。小说的第一段就直截了当地解释，"祥子"是名字，而"骆驼"只是外号。并且随后说，要先讲祥子，"随手儿"讲一下"祥子"和"骆驼"这个外号的关系。老舍的这个"随手儿"就是上海话的"顺带便"（顺便，捎带），讲重要的事情的时候，把一个次要的事情捎带着讲掉了，也就是说，老舍想告诉我们，"祥子"才是重点，"骆驼"并不重要。可是，如果"骆驼"这个外号不重要，为什么还要说呢？不但要说，还要和主人公的名字放在书名里一起出现。显然，"骆驼"这个外号肯定是重要的，我们不能想象讲述托尼·斯塔克和斯蒂夫·罗杰斯的故事的时候，"随手儿"把"钢铁侠"和"美国队长"这两个称号一起讲掉。大家读书的时候千万要多长个心眼，不能作者说"也就算了"，你就真的算了，可不能轻易就这么算了。

这个问题不能就这么算了，但是只能先放一放，因为随后出了更大的问题：作者食言了！在第一章一开头，说好的要讲祥子，老舍却先开始介绍北平（今北京）的车夫流派了。老舍怎么说也是老一辈文豪，不是如今网上那种挖坑不填的写手，这种低级错误是不会犯的。唯一的可能就是，这部分介绍还挺重要的，这才使得老舍做出了一个违背自己承诺的决定。为了清晰地说明，我们将洋车夫的流派信息也列一个表格（见表1-2）：

表 1-2　洋车夫的流派

洋车夫的流派		人	车	工作特点
第一派		年轻力壮，腿脚伶俐	漂亮	出车与收车都相对自由，收入不固定，但车夫并不在乎
第二派		岁数稍大，身体稍差	八成新	不敢白耗一天，也许拉"整天"，也许拉"半天"，拉"半天"的一般"拉晚儿"
第三派	二十岁以下	入行早，受了伤，很难健壮起来，很少能成为漂亮车夫，一辈子拉车，没出过风头	破	从清晨跑到午后，甚至会去拉货物；多走路，少要钱；钱少，可是无须快跑
	四十岁以上	衰老而甘居人后，有丰富的工作经验，足以回忆曾经的光荣		
第四派		生存所迫而成车夫	最破	没力气，没经验，没朋友，被同行排挤；十五个大铜子儿已经算是甜买卖
第五派	跑长趟	居住环境特异，住在郊区	/	跑自己熟悉的路线
	拉洋人	会洋文；服装特殊；干净、利落，神气	/	拉车时带出与世无争而自有专长的神气

　　这五个流派中，最后一派其实是车夫界的例外情况，而前四派基本上是由高到低排列的。在它们之中，老舍只有在讲到第一派时，才谈到了"希望"：拉包车或者买辆自己的车。其余

的流派都未提及希望。也就是说，只有第一派的车夫，才有一定的自由，才有属于自己的希望。而还有一样东西是只有第一和第二派车夫才有的，那就是"尊严"。第二派车夫的尊严在讲价的时候体现出来，而且他们有"更多的留神与本事"，因此可以选择夜晚出车，然而他们已经不如第一派车夫自由了。

在讲到第三派车夫时，作者花了不少笔墨对他们进行分类讨论。事实上，第三派车夫的两类人还是有区别的，年轻的恐怕无法实现"阶层提升"，而年长的则多是从前两派"降级"而来，尽管他们还保有丰富的工作经验和对于过去"光荣"的回忆，但他们自己也清楚，早晚会一个跟头死在马路上。这个分类其实非常重要，隐含着一个信息，在车夫这个行业里，只可能"降级"而没有可能"升级"。年轻时若是第一派车夫，那么年老时就会降为第三派，并最终死在马路上。年轻时若就是第三派车夫，那么一辈子都没可能升级了。这里写出了那个时代车夫悲剧命运的必然性和普遍性，这一点让这部似乎只专注于写主人公祥子的小说有了更广泛的社会意义。另外，这里其实也在暗示祥子的命运，要知道在介绍完车夫流派之后，老舍紧接着介绍，祥子是"高等车夫"。可是，高等车夫又如何呢？

读到这里我们可能要想了，既然做车夫这么惨，那就转行啊！这种思维是非常现代的，现代人工作如果不顺心，不用等老板来炒掉，自己就先炒老板的鱿鱼了。但是第四派车夫的情况告诉我们，车夫已经是底层中的底层了。那些生活在底层的人们，走投无路了才选择做车夫，这背后其实在暗示，车夫要是走投无路，并没有别的选择。

最后的第五派其实讲的是特殊情况，其中被突出的是专门拉"洋买卖"的那一类人，他们似乎属于另一种行业。因为技能特殊，所以可以有特殊的服装、特殊的工作风格。这里老舍向我们展现的是民国时期洋人在中国的超国民待遇，普通中国百姓丢一辆自行车，只能自认倒霉，若是洋人丢了自行车，恐怕全城的警察都会帮着找。这种特权并不全是官方赋予的，民众的愚弱与谄媚也是重要的因素。洋人的特权，使得为洋人服务的底层民众仿佛也有了特权。在洋人眼里，他们只是拉车的，但在他们自己眼里，他们和那些拉车的绝对不是一类人。

祥子就在这个"行业流派介绍"之后登场了，而且他的登场十分光鲜，他是把车和生活都掌握在自己手中的高等车夫。我们来继续往下读。

● 祥子的画像

老舍果然没有讲"骆驼"，讲的是成为"骆驼祥子"之前的祥子。我们用一张表格概括刚登场的祥子的形象特征（见表1-3）：

表1-3 主人公祥子的登场形象

人物要素	具体情况
出身背景	生长在乡间，失去了父母与几亩薄田，十八岁的时候便跑到城里来
个人品质	不怕吃苦，没有恶习，聪明，努力，坚壮，沉默，有生气
拉车原因	相比其他苦工，拉车更容易挣钱
工作风格	多留神，少争胜，不讲价

老舍反复提到的，除了祥子的健壮、吃苦耐劳，还有他的聪明。这个人设有点不太好理解，在我们一般的印象中，一个老实又健壮的乡下青年，不太会同时还是聪明的。但是祥子不同，他对拉车这份工作有清晰的认识和严谨的规划，对自己的

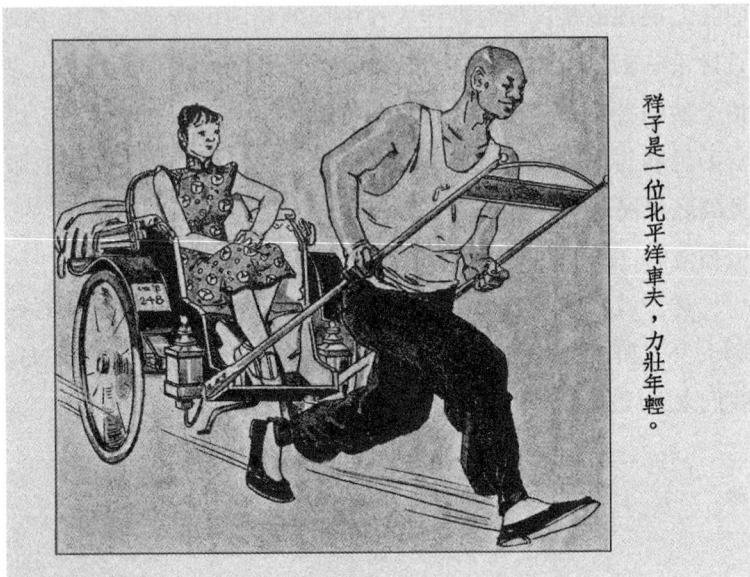

祥子是一位北平洋車夫，力壯年輕。

图 2 《骆驼祥子画传》插画 1（孙之俊绘）

优势和不足有清晰的认识。此外，祥子懂得为了理想目标精打细算，甚至会在买车时砍价。

● 祥子决定买辆车

集万千优点于一身的主角祥子可谓"出道即巅峰"，他的目标很明确，就是想要成为一个拥有自己车子的"高级车夫"。小说第一章花了不少篇幅写祥子练腿拉车，拉包车攒钱，并最终买到了属于自己的车，过上了"双寿"。这一气呵成的过程，让人感觉买车并不难，但老舍却告诉我们事实并非如此：

这可绝不是件容易的事。一年，二年，至少有三四年；一滴汗，两滴汗，不知道多少万滴汗，才挣出那辆车。从风里雨

14

里的咬牙，从饭里茶里的自苦，才赚出那辆车。那辆车是他的一切挣扎与困苦的总结果与报酬，像身经百战的武士的一颗徽章。在他赁人家的车的时候，他从早到晚，由东到西，由南到北，像被人家抽着转的陀螺；他没有自己。可是在这种旋转之中，他的眼并没有花，心并没有乱，他老想着远远的一辆车，可以使他自由、独立，像自己的手脚的那么一辆车。有了自己的车，他可以不再受拴车的人们的气，也无须敷衍别人，有自己的力气与洋车，睁开眼就可以有饭吃。

祥子的车得来不易，要吃别人吃不得的苦。但祥子之所以肯吃这个苦，是因为有没有自己的车子对于车夫来说有巨大差别——有自己的车意味着自由，可以不受气，不必敷衍别人，同时也意味着独立，"睁开眼就有饭吃"。祥子攒钱时的坚韧，买车时的急切和激动，以及买到车之后的狂喜，都是出于"属于自己的车子"给他带来的自由和独立之感。

然而，老舍实在是一个"不善良"的作者。在祥子的梦做得很美满之时，他仿佛一个掌控故事的冷酷帝王，轻描淡写地扔下了一句：

可是，希望多半落空，祥子的也非例外。

可是，这真的是一个"叙事的暴君"对人物命运的随意玩弄吗？再回过头来看第一章，我们发现，早在前文介绍车夫流派的文字里，就隐含着对于车夫命运只会更糟而不会更好的判词。既然如此，那祥子凭什么例外呢？因此，当祥子通过个人的努力终于当上高等车夫时，等待他的只有命运的下行线了。

第 2 讲　骆驼和祥子

——故事的第一个高潮

● **沉溺在生活之中**

　　我们的主人公祥子买到了车，有了自由和独立，庆祝了"双寿"，却留下了一个巨大的向下的转折，告诉我们之后故事要向不好的方向发展了。这是小说中的跌宕起伏，一般的小说家和读者都知道，在结局来临之前，每一个高潮都只是暂时的，人物需要从顶峰被打到谷底。这既是故事的脉络，也是主人公的命运走向。但重要的问题在于，要怎么让这样的跌宕起伏发生。如果只是简单地把一系列厄运往主人公身上扔，那是很不负责任的叙事安排，用现在的话说，这种情节叫作"狗血"。现在的影视剧编剧和网络小说写手大都偏爱干"抛头颅，撒狗血"的事情，因为容易啊，但是好作家绝对不干这个事情。

　　老舍在第二章一开始就让我们感觉到，幸福对于祥子来说，并没有那么快到来：

　　可是他看看自己，再看看自己的车，就觉得有些不是味儿，假若不快跑的话。

　　为什么会"有些不是味儿"呢？后面还加了一句"假若不快

跑的话"。也就是说，作者告诉我们，假若祥子继续快跑，看看自己就会"是味儿"了。这和买到自己的车之后祥子认为的自己本应享受的自由和独立的生活不一样，作者在这里想告诉我们：即使祥子买到了自己的车，他还是得快跑，还是得辛苦工作。

老舍不急着往下叙事，而是继续描述祥子和他的车子人大车美、"人车合一"的情况。祥子跑得又小心又大胆，跑得越来越自信。但在这之后，则发生了祥子连人带车被兵匪劫走，再只身逃出来的事件。祥子突然之间一无所有了，甚至比这更糟，他差点把命给送了。我们不禁要问，谁需要为祥子被抓壮丁这件事负责呢？我们除了要关注战乱的大环境以及兵匪的蛮横无理之外，恐怕还应该关注祥子本身的问题——他对于战乱的时局漠不关心，只关心自己的生活。祥子为自己的冷漠付出了代价，巨大的代价。

老舍在这一章里慢慢铺陈开了战乱的时代大背景。这一部分写得非常巧妙，一般我们在教科书里看到的环境描写都是直接去写自然环境或者社会环境的，但是老舍这里是以祥子的视角展开。祥子不相信各种关于战争的谣言，可不是嘛，前面刚刚写到他有了车之后的自信，这么个自信的高等车夫怎么会轻易听信谣言呢？紧接着，作者用一个比喻告诉我们，战争总会到来的。大家有没有发现，"春雨不一定顺着人民的盼望而降落，可是战争不管有没有人盼望总会来到"这句话，正好接上了第一章的那句"希望多半落空"。

再往下，祥子似乎是相信了关于战争的谣言，也看出了时局的危险，可是他最终还是被"忽悠"出了城，被连人带车抓去当壮丁。为什么明知有危险，祥子还是被抓走了呢？原来，祥子被人夸"大个子"，十分得意，又贪图两块钱拉到清华的丰厚报酬——是虚荣和贪婪让祥子没能避开危险：

还没拉到便道上，祥子和光头的矮子连车带人都被十来个兵捉了去！

这句话仿佛一道晴空霹雳，一下子击中了祥子，也击中了作为读者的我们。尽管我们和祥子一样，事前已经能够预感到危险，但这么短促的一句话还是让人始料未及。而在这之后有一个叙述的跳跃，老舍直接向我们展现的是衣衫褴褛、浑身是伤的祥子，在那里悲愤于自己的车子被抢。这就是老舍笔下的跌宕起伏，我们会急切地想要知道在祥子身上到底发生了什么，如果此时我们在祥子身边，一定会走上前去，一边安慰一边询问他到底发生了什么。这样一笔起伏，无情地夺走了祥子的车，埋葬了祥子三年多的心血，也让祥子和第一章中的美好命运彻底无关了。

老舍通过祥子被抓去当壮丁到逃跑的过程，侧面向我们展示了兵匪的无能，他们只会逃跑和抢劫，可谓是杀敌无方而扰民有术。而让祥子从这些兵匪手中逃脱出来的，正是骆驼！拥有自己的洋车是祥子改变命运的第一个希望，那个希望实现了，又破灭了。骆驼的掩护是祥子改变命运的第二个希望，这个希望会实现吗？那是第三章的故事了。

亚里士多德曾告诫我们，要警惕自己沉溺的东西，分析其性质，以便做到适度。祥子就是太沉溺于拥有自己的车子之后的工作和生活，这使他的眼界变得狭窄，在危险的环境下无法做出合理的选择。诚然，战争是苦难的，兵匪是险恶的，但祥子以自我为中心的生活态度同样令老舍痛心，令读者痛心。在生活中，我们全心投入自己的生活的同时，也要关心周遭的人和事，不能做一个"精致的利己主义者"。须牢记鲁迅先生说过的话："无穷的远方，无数的人们，都与我有关。"

匪兵把他的一切剥奪了個乾淨，並且讓他做苦活兒，他在背地裏小聲嘟囔着：「憑什麼！」他落了淚。

图 3 《骆驼祥子画传》插画 2（孙之俊绘）

● 用偷窃反抗打劫

祥子逃出来了，卖了骆驼。第三章的故事很简单，节奏也不快，却留出了篇幅来进行心理描写。

被抓去当壮丁的祥子，首先想到的当然是逃命，但是他决定牵着骆驼一起走。骆驼走得慢，一定会拖慢他逃亡的步伐，可是在祥子看来，逃命固然要紧，但若只逃出一条命来，也没有用了，因此白得来的骆驼也不能放手。最终祥子的决定是："活了呢，赚几条牲口，死了呢，认命！"在尽快逃亡和带上可能会拖慢步伐的财产之间，祥子选择了后者。

或许大家也跟我一样，在读到这一段时想到了唐代文人柳宗元的《哀溺文》。柳宗元说，永州这个地方的人都很擅长游

19

泳，有一次大家一起乘船渡河，到了河中央，船坏了，于是大家都游水渡河。有一个平时最擅长游泳的人却落在后面，别人就问他：你怎么回事儿啊？这不是你的真实实力嘛！这个人解释说：我腰里挂着一千文钱，太重了，所以才落在后面。其他人就劝他把钱扔了算了，那人摇摇头。过了一会儿，其他人都游上岸了，而那个人已经快要游不动了。大家就又劝他快把钱扔了，命都快没了，还要什么钱呢？那个人还是摇摇头。结果这个最擅长游泳的人就这么溺死了。我们不妨比较一下祥子和这个游泳健将的处境，他们在生命受到威胁的时候都还想着财产，而这些财产对他们脱离险境或多或少地会造成一些拖累。所不同的是，祥子所面临的危险是可能被兵匪赶上并发现，这最终并没有发生，而永州的游泳健将却真真切切地身处险境之中，或者说，在险境已经发生且身边有人提醒的情况下，他依然执迷不悟。我们不禁要设想，假如祥子没有那么幸运，在逃亡路上因为速度被拖累，最终被兵匪发现，又是怎样的结果呢？在把各种可能都设想一下之后，我们才是真正地做到了设身处地站在祥子的角度思考这个问题，此时你再想想祥子先前做出的是怎样的选择，又是出于怎样的原因呢？

在开头的内心挣扎之后，作者丝毫没有放松对祥子的心理描写，而进一步将祥子的内心世界与周围的环境以及逃亡的进程杂糅在一起写，随着环境的变化和遭遇的变化，祥子的心态乃至个人性格都在发生变化。我们此时应该要注意，祥子已经不是第一章最初的祥子了。终于，祥子高喊着"凭什么"，牵起了身边的骆驼。祥子曾经的梦想是关于车子的，可是车子作为一个已经破灭的希望，无法再挽回，而骆驼却是摆在眼前的，可以牢牢把握住的。不但要把握住，并且"他的将来全仗着这三个牲口"，骆驼成为他未来生活的希望了。

骆驼先是作为掩护,给了祥子逃跑的希望,又作为"值钱的东西",给了祥子未来生活的希望,我们分明看到,"骆驼"和"祥子"已然联系到了一起。

三匹骆驼如何能够给祥子以后生活的希望呢?祥子很快想到了:卖了它们,再买上一辆车。而当他想到这里时,曲折的心理描写又向我们涌来。祥子这里的内心变化十分重要,一开始是喜悦,随后是惭愧,但是很快喜悦胜过了惭愧,最终忍不住笑了出来,以至于高兴到想欢呼。

我们需要给祥子的这个行为定性。从一开始到现在,我们一直没有直面一个问题:祥子牵走这三匹骆驼是偷窃吗?你可以先想想看,然后我们再来关注祥子此时的喜悦。如果他自认为是偷窃,那他就是在为自己的销赃打算而感到高兴;如果他自认为不是偷窃,那为什么还会有起伏不定的心情变化呢?而老舍对这个问题的看法,则一直到卖骆驼这部分才借由老者的心理活动摆出来。老舍的态度是有些暧昧的,在他的笔下,这并不是偷,但他同时也不否认这顺手牵骆驼的行为其实和偷差不多。那么祥子的这种行为和偷之间差的是什么呢?是"兵灾":

兵灾之后,什么事儿都不能按着常理儿说。

这话值得细品。按常理,祥子这就是偷,是错误的行为。但是在兵灾之后,常理便不能作为评判是非对错的标准了,也就是说,祥子此举在那个时候并不是错误的。老舍把这段独白安在老者身上,不仅显得老者购买赃物的行为本身没有什么不对,也顺便为祥子开脱,在叙事中是合情合理的。但我们跳出故事之外,还是需要反思,在巨大的灾难之后,常理真的不能作为评判是非对错的标准吗?我们将这个问题放在具体的祥子身上，兵灾之后，他牵走兵匪们的骆驼合乎常情吗？他被兵匪连骗带抢地抓去当壮丁，不但自己累得半死不活，价值一百块的车子也被抢了。如今他逃出来，牵走三匹骆驼，最终卖了三十五块，在经济上尚且抵偿不了一辆车的损失，更何况还没有算上身心的创伤。因此他牵走三匹骆驼，不仅合情，甚至可以说是合理的。

如果读到这里，你拍案而起，觉得十分认同的话，那我只能请你再想一个问题：如果有人作恶并且伤害了你，你可以用同样程度或者相近程度的恶行去报复吗？这其实是我们平时听说过的"以牙还牙""以血还血"的报复逻辑。也就是说，为了反击或反抗一种恶，受害者也可以或多或少地作恶，并且因为受害者作恶是一种反击行为，他的恶行通常可以被接受。这种"快意恩仇"的逻辑忽略了一个事实，那就是受害者反击时作的恶也是恶，其恶的性质不会因为他是受害者和他的动机而改变。而无论这种恶是否被其他人接受，至少首先会伤害到行为者本人，伤害到行为者的内心和品格。回到我们的故事里，祥子一开始还会对自己的偷窃行为和销赃打算而感到惭愧，但很快他就原谅了自己，进而又很快得到了老者的体谅。但恶进入了祥子的内心，随着他命运下行线的展开，他的人性堕落也悄然开始。

如果你对这部分读得够仔细，你会发现文中藏着另一种"以血还血"。兵匪对普通百姓造成伤害，而普通百姓又是如何对待兵匪的呢？没错，是活埋。在这种你死我活的对抗中，兵匪无疑要负主要责任，但活埋兵匪的"良民"们，又何尝不是杀人凶手呢？

这个问题有点沉重，读到此处若能先想明白，便可跟着身着"破白小褂"、带着"三十五块很亮的现洋"的祥子"一步迈到城里去"。

● 虎妞和刘四爷

如果我说，到了第四章，故事才真正开始，大家会不会感觉有点懵？祥子已经经历了一次完整的大起大落了，你告诉我这才开始？我想说，祥子的大起大落和故事刚刚开始其实并不矛盾。我这么提示大家应该能想明白吧？没错，在第四章一开场，因为祥子在旅店里昏迷时的胡话，"骆驼"和"祥子"被联系起来。在经历了一次命运的起伏之后，祥子回到城里，他想要重新开始他的生活。老舍在这里用名称的改变告诉我们，"祥子"的故事暂告一段落了，从这里开始，是"骆驼祥子"的生活拉开了序幕。

真的有必要这么郑重其事地在这里将小说一刀划开吗？毕竟第一章就提到过一笔骆驼祥子啊。这个我说了可不算，要让小说自己说话。祥子从床上挣扎着爬起来，吃了碗馄饨，然后开始观察自己了。这是对祥子的又一次肖像描写，而且是借用祥子的视角来端详他自己。为什么要这么写呢？一方面，这固然是在说，经此一劫祥子的样貌有了变化，另一方面，这又何尝不是在提醒我们，记住这个变化，往后的故事里，主人公是这副尊容。此时，我们看到祥子的外貌和之前不一样了，瘦了，也老了，因为病痛，连腿脚也使不上力。尤其当他看到"自己的大手大脚"，明明是自己的，却又如此陌生，这是一个非常有象征意味的感受，我们可以认为，"大手大脚"的是祥子，而如今瘦了也老了的是骆驼祥子。骆驼祥子问祥子借来了"大手大脚"安在自己身上，让自己的皮囊看上去"特别可爱"，值得花点钱重新打扮一下，而重新打扮完的，便是我们的新主人公——骆驼祥子。

我们的新主人公骆驼祥子迈着沉重的步伐回到了北平。老舍在这里夹带了一点私货，他将自己对北平的深沉的爱渗入了祥子回到城中的心情描写中。但是我们要警惕一点，北平是老舍的家乡，老舍爱北平很合理，但祥子是从乡下来的，双亲亡故，那么他所回到的北平，是不是他的家呢？他的家又在哪儿？这在之前几章可没有提到过。在这一章，老舍似乎是提到了。他告诉我们，祥子没有家小，一直住在人和车厂里，铺盖还在那儿，所以往那里奔。但我之所以说"似乎"，是因为老舍并没直接说那里是祥子的家，只是铺盖在那儿。人和车厂只是一个祥子借宿的地方而已，也就是说，祥子在北平并没有家，老舍让骆驼祥子满怀热情地回到了一个没有他的家的城市。

我们需要牢记这一结论，但在阅读接下来的内容时暂时还是先放一放。说到人和车厂，老舍笔锋一转，开始向读者介绍车厂老板刘四爷这个人。在这一章的余下部分，这部小说的两个非常重要的角色登场了，一个是刘四爷，还有一个是虎妞。既然是重要人物，我们还是选择用表格来梳理一下他们两个人初登场时的形象（见表2-1、2-2）：

表2-1　刘四爷的登场形象

人物要素	具体情况
年龄	快七十岁
出身	土混混
外貌	虎相；腰板不弯，两只大圆眼，大鼻头，方嘴，一对大虎牙，一张口就像个老虎；头剃得很亮，没留胡子
个人经历	年轻的时候当过库兵，设过赌场，买卖过人口，放过阎王账；前清的时候，打过群架，抢过良家妇女，跪过铁索；进入民国后开了人和车厂
性格特点	精明、强硬，善于对付穷人，规矩严苛，但为人有义气

表 2-2　虎妞的登场形象

人物要素	具体情况
年龄	三十七八
外貌	虎头虎脑，像男人
个人经历	帮助父亲打理车厂，没人敢娶她
性格特点	像男人，能干、爽快

我们要关注作者着力描写的人物，比如这里的刘四爷和虎妞，但是却不必急于给他们下定论。好的小说绝不会给出一个个刻板而扁平的人物，好的人物一定是立体的、丰富的、性格层次复杂的，因为这样的人物才更接近生活的真相。比如这里的刘四爷，我们该怎么概括呢？他是好人还是坏人呢？以他年轻时干的勾当来判断，他是坏人；以他把车厂打理得井井有条、生意兴隆来判断，他又是个正经的生意人。以他对车夫严苛到可能扔出门外这一点来判断，他是坏人；以他在车夫有急事、急病时都热心帮忙来判断，他又无疑是个好人。以他免费给祥子住车厂来判断，他是好人；以这内里的小心思、小算盘来判断，他又没那么好了。发现了没，要单纯地用好或者坏来概括刘四爷这个人，是不可能的。也许，老舍是在用这个人物提醒我们，这个世界上，单纯的好人不多，单纯的坏人也不多，不好不坏的人倒是不少。

因为祥子本人真诚勤劳、踏实肯干，刘家这父女二人对祥子都不错。尤其虎妞，更是喜欢祥子的，不妨来看看本章中虎妞对祥子说的话吧：

"祥子！你让狼叼了去，还是上非洲挖金矿去了？"

"你要是还没吃了的话，一块儿吧！"

"过来先吃碗饭！毒不死你！两碗老豆腐管什么事？！"

"傻子，你说病在了海甸？为什么不由黄村大道一直回来？"

把这些话集中在一起看，十分有趣。然而在虎妞不多的言语之外，事实上真正发生对话的是祥子和刘四爷两人，他们俩聊祥子被抓去当壮丁的经历和被劫走的车，聊买骆驼的钱，聊祥子今后重新买车的打算。故事情节是在这两个大老爷们儿的聊天中推进的。虎妞呢？她当然在场，也在听，但她对这些似乎都不感兴趣。她的语言中透露出来的只有对祥子的关心：祥子去哪儿了，祥子快吃饭，祥子绕远路累着了。这些意思从虎妞口中说出来既不客气又不温柔，但是祥子也能感受到其中的亲热，我们作为读者，千万不能忽略，更不能带着愚蠢的刻板印象就这么将虎妞污名化。

第 3 讲 "祥子"和"骆驼祥子"
——祥子的第一次人格转折

● ## 从"祥子"到"骆驼祥子"

我们前面提到，从第四章开始，主人公已经从"祥子"变成了"骆驼祥子"。在上一讲，我们暂时搁置了这个结论，因为当时主要讲的是祥子的回归。到了第五章，我们可以以这个结论为开端，往下说了。

为了便于阅读，我们还是会继续用"祥子"来指称我们的主人公，但这里大张旗鼓地强调一下主人公称谓的改变，我们能将这一章的一个核心看得更清楚：变化。从"祥子"到"骆驼祥子"，哪些事情没有变，哪些事情变了呢？这是这一章着力探讨的一个重要问题。先来看没有变的，祥子依然以攒钱买车为自己的人生希望，依然拼命赚钱、拼命省钱，依然保持着他要强和肯吃苦的品格，依然没有染上恶习。乍一看，似乎什么都没变，原来的祥子也是这么生活的，可是真的是这样吗？

还得从那辆被抢走的车说起。虽然三匹骆驼给祥子带来的希望让逃亡路上的他暂时忘记了丢失车子的痛苦，并最终凭着骆驼给的希望成功逃亡，但如今回到城里的祥子，每天拉着不属于自己的车子，且无法忘记自己丢失的那辆车。"一想起来，他心中就觉得发堵，不由得想到，要强又怎样呢，这个世界并不因为自己要强而公道一些，凭着什么把他的车白白抢去呢？"老舍让我们看到，祥子在要强的同时，开始怀疑自己的要强。祥子拉车时的心态因此发生了变化，他甚至开始羡慕别人的恶习，并且琢磨着要抽烟喝酒，要"自在自在"了。人的堕落往往是从一个念头开始的，在山里将第一个为恶的念头付诸行动后，祥子在这里很快有了第二个堕落的念头。只是这次他却并没有立刻付诸行动，因为他不得不精打细算，他还要攒钱买车。对于此时的祥子来说，买车的希望成了他的精神支柱，却也成了痛苦来源。祥子不再对生活中的享受说不，抽烟、喝酒、喝好茶不是不想的事情，而是"买上车再说"。

　　当希望成为痛苦的来源，那么工作就更是沉重的负担了。还记得第一章中的祥子吗？他会根据工作的实际需要来打量自己，会练腿，会琢磨拉车时候的跑法。对于那时的祥子来说，拉车不仅是谋生手段，也是能够实现自己个人价值的事业。而现在，祥子纯粹将拉车视作一种攒钱的途径，甚至完全顾不得车夫之间的行规了。他开始抢别人的买卖，这使得原本对归来的"骆驼祥子"还有些敬重的同行们开始咒骂和轻看他。

　　我们之前也说了，"祥子"经历了一次人生的起伏之后，"骆驼祥子"的故事开始了。而"骆驼祥子"身上发生的这些变化，是令人沮丧的。

　　就连刘四爷也看不上祥子了，因为祥子拉车的方式伤车，也不再打理车子了，这使作为老板的刘四爷蒙受了损失。但看在女儿喜欢祥子的面子上，刘四爷并没有驱赶祥子。这里有一个巧妙的叙事布局，从刘四爷对祥子的不满里，点明了虎妞对祥子的好感。这条感情线在上一章还只是淡淡的，此时通过刘四爷内心活动的描写，轻轻松松地交待清楚了，这显示出小说家的文字功底：

"你这家伙要是这么干，吐了血可是你自己的事！"

"买车也得悠停着来，当你是铁做的哪！你应当好好地歇三天！"

"好吧，你有你的老主意，死了可别怨我！"

发现没有，在几乎所有人都对祥子心怀不满时，只有虎妞还在关心他，语言依然强势，但温柔。我们现在基本上可以确定，虎妞是一个大龄未婚、相貌丑陋、麻利能干、性格爽快的人。她对祥子有好感，并且一直关心着他。读到这里的一个初步结论是，祥子开始堕落了，而虎妞是个好女人。大家是否同意我的这个结论呢？如果同意的话请千万记住这个结论，这对我们理解后面的内容十分重要。

不久在杨宅拉上了包月车，杨先生两位太太，一大堆孩子，他去了拉车还管扫院子，打水，抱孩子。

图4 《骆驼祥子画传》插画3（孙之俊绘）

除了祥子的变化，本章的另一个内容是祥子在杨宅短短四天的拉包车生活。杨宅是城里的大户人家，杨宅的人虽然生活优裕，但并不体面。两个夫人持家无方，对孩子疏于管教，只顾自己享乐；对待家中仆人恶毒苛刻，尽一切可能压迫与剥削。但杨宅的人对张妈的容忍又反映出他们内心的欺软怕硬，他们是一群没有教养的丑陋的人。

此时已经是民国了，按理说也算走出了封建社会，可是我们还是从祥子的眼里看到了基于阶层差异的理所当然的压迫和剥削。这是"上等人"对"下等人"的压迫，这是"体面人"对"不体面人"的压迫，这是有钱人对穷苦人的压迫。然而，祥子本以为这只是简单的雇佣关系，他出卖体力提供拉车服务，杨家人支付报酬。这里既有对错，也有输赢，可到底谁对了呢？又是谁赢了呢？事实上，错的人却是赢家，我们不禁要问出祥子问过的话："凭什么？"

这些问题我们恐怕没有办法在这一章甚至这本书里找到答案，但是我们要记得这个被提出的问题。文学的任务首先是提出问题，有足够多的人去思考这个问题了，才有解决的可能。

● **理解与不认同**

故事到了第六章，主要内容是祥子与虎妞的一夜情以及祥子关于此事持续不断的内心波澜，中学生在阅读时应关注该部分对整体情节的影响及其背后体现的那个时代的价值观，这一章讲的不只是男女情爱之事。读这一章时，脑子里要有两个概念，一个是理解，一个是认同。

先来说对祥子的理解，祥子的行为和心理活动大家可以理解吗？这应该是不难的，因为他是主人公，老舍一直站在他的角度刻画他的感受、他的行为和他的内心活动。

　　首先，祥子认为和虎妞的一夜情是错误的。作为一个乡下出身的老实汉子，即使逃回北平之后想要自在自在，想要抽烟、喝酒，也知道逛土窑子是不对的。祥子显然认为逛窑子和抽烟、喝酒不一样，后者只是身体的放松与享受，而前者算是胡来了。

　　其次，祥子内心在为自己的行为寻求开脱。他在不主动的情况下喝了酒，继而酒后乱性，在他看来，这一夜情是非他所愿的。然而既然不愿意，又为什么会发生呢？作者也为祥子作足了铺垫：因为工作失意，因为不胜酒力，因为虎妞的诱惑，等等。非他所愿，自然也非他之责。

　　再次，祥子认为虎妞在这件事上是有责任的，或者说，他认为虎妞不是个好女人。这件事既然在他看来不是自己的责任，那么这责任需要有人来承担，这个人自然是虎妞。祥子认为，那晚是虎妞主动引诱他的，而且她也已非处子身，是一个不检点的女人。

　　最后，祥子得出结论，自己需要远离虎妞，最好一刀两断，不再与虎妞发生瓜葛。逃避是有用的，无论是否可耻。

　　那么，我们接下去要想的是，祥子的这一系列想法是可以被认同的吗？从作者的文字出发，看似处处在维护祥子，但其实都是祥子自己在为自己找理由、找托辞。我们作为现代人，在阅读到这样的事件时，不应该轻易认同祥子的想法，而应予以现代性的反思。首先是对于这个事件的对错认定，这是件错误的事情吗？我们在前面两章中已经注意到，虎妞显然对祥子有好感，她十分关心祥子，而且可以说对他是体贴的。祥子一直没有表现出拒绝，而在饮酒当晚，祥子之举虽然并非完全出于自愿，但虎妞的要求只能说是强势的，而非强制的。因此在这个事件中，我们只可以区分出主动者和被动者，虎妞是主动的，祥子是被动的，但是祥子并非不能选择拒绝，他不拒绝本身就是一种选择。当祥子做出了自己的选择之后，是需要为自己的选择负责的，因此，之后祥子以不自愿为由将责任推给虎妞，是不能被认同的。

可能我们还需要强调一下祥子对虎妞的所谓批判，这种对女性贞操的要求在中国的封建社会普遍存在，到了民国这种观念仍然被完整地保留下来，是一种压迫与束缚。在祥子看来，小伙子去逛土窑子只是恶习，这么做不好，但不等于道德上的败坏，他在被劫归来后甚至已经有点羡慕去逛土窑子的人了。但虎妞的失贞以及其行为上的"不检点"，则完全被祥子视为道德的败坏与人格的堕落。这种双重标准本身就足以印证这种观念的不合理性。

我们由此也可以从虎妞的角度来思考一下她的行为，她的所作所为也不难理解。她大龄未婚，一方面是因为自己的性格与长相，另一方面是因为父亲的管束。前文所描述的刘四爷的心理活动向我们透露出一个细节，刘四爷并不希望女儿出嫁，毕竟女儿十分能干，是自己的得力帮手。作品里没有交待刘四爷妻子的去向，应该是已经不在了。那么，在民国初期父亲不愿意女儿出嫁意味着什么呢？意味着父亲很可能不会为女儿找人说媒。在仍然保留着"父母之命，媒妁之言"的风俗的时代里，这意味着到了婚嫁年龄的虎妞如果想要找到自己的婚姻归宿，只能与心上人私奔了。所以，祥子眼中的坏女人，是真正被封建家长制压抑和扭曲的人。

再来说虎妞对待祥子这件事，从第三章到第六章，虎妞对祥子好是一以贯之的。因此，仔细辨析虎妞的行为，"诱"虽有之，但"骗"恐怕是谈不上的。不但没有骗，她还要将车份儿给祥子，甚至考虑了与祥子私奔的可能。在她所设想的私奔中，她有可能无法继承父亲的产业，而祥子却可以因此不必再过每天拉车的苦日子，这依然是一个为祥子着想的方案。诚然她引诱祥子的手段是强势的，也是错误的，但她对祥子的好感是一贯的、纯粹的。在虎妞那一副丑而粗鄙的皮囊里，装着的内心和灵魂要比后来的"骆驼祥子"美丽得多，或许只有最初的祥子能配得上。

我们要想的最后一个问题是，既然虎妞是可以被理解的，那么她的做法和想法是可以被认同的吗？恐怕也不可以。她引诱祥子使了手段，终究是强势的，是不合适的。更重要的是，她作为一个被压抑着的个体、一个父权的受害者，理应去反抗自己的父亲，去争取自己的自由，去追逐自己的个人幸福。在这种压抑下扭曲自己，进而以另一种不合适的方式来发泄一己之欲，这无疑也是一种恶行。

无论什么时代，压抑都是存在的，或许来自具体的个人，或许来自社会的价值观。我们可以选择忍受，也可以选择反抗，但无论如何，我们都不应在压迫中变坏，甚至在压抑中变态。世界上许多恶行都是受害者在其他恶行的压制之下产生的，祥子偷骆驼是如此，虎妞偷汉子也是如此。

无论是对于祥子还是对于虎妞，你读来若不理解，那是没读懂，你若是一味地认同，则更是没读懂。对过去的时代和人、过去的故事和价值观，我们既要用过去的眼光看待以求理解，又要用现在的眼光看待以求谨慎思考。老舍的笔触是现实主义的，他写一个乡下出身的老实人，如果祥子身上没有那些落后思想，便是脱离时代，老老实实地写是老舍作为作家的义务，但读者可不能这么老老实实地读，这是读者的义务。

另外，第六章还出现了小说中另一个比较重要的人物，那就是曹先生。他在这一章里只是一闪身，亮个相而已。我们且放一放，但心里要记得这号人物。

● "小绿洲"的意义

第六章里匆匆路过的曹先生，在第七章里终于让我们得以一窥堂奥。初读本章，我们可以明显感觉到，曹先生和曹宅给人感觉"很不一样"（见表3-1）：

表 3-1　曹宅的基本情况

人物	具体情况
曹宅人	和气，拿人当人，有人情，有体谅
曹先生	服装淡雅，活泼大方，宽容和善
祥子	处境较好：工钱不多，屋子干净宽绰，饭食不苦，工作不累，舒服安定

当然了，小说中对曹先生的描述还不止于此，老舍对这个知识分子的人生观、世界观和价值观做了更多的介绍。这里的人物描写很有趣，老舍一开始尝试用主人公祥子的眼睛来打量曹先生，把刘四爷看作"黄天霸"，把曹先生看作"孔圣人"，这是为了使小说叙述角度保持前后一致。但很快这个"腔调"就维持不下去了，"社会主义""唯美主义"等词毫无老北京范儿，也绝不可能是祥子听闻过的词汇。这个叙述角度上的困难其实十分重要，我们当然不能责怪或者嘲笑老舍未能做到一致，恰恰相反，这个"不可能完成的任务"其实从形式和技巧的角度向我们展示了当时社会的面貌。真正有希望改变社会的人，在当时的社会是很难被理解的，他们说的话、做的事，在底层百姓看来根本不知所云。老百姓可以看出像曹先生这样的人是

好人，是大好人。曹先生可能得到民众的崇拜和支持，但是这种建立在不理解基础上的崇拜足以成为改变时代的力量吗？恐怕很难。

而曹先生也有这样的自知，他认为自己能力有限，不足以改变社会，因此仅仅满足于安排好自己的生活和家庭，做到自身言行一致，不伪善。按照中国传统儒家的价值观，曹先生是做好了"修身""齐家"的人，但是对"治国""平天下"毫不关心。只要家庭美好，他不管社会怎样。这使得曹宅之于社会，像是沙漠中的绿洲。对于这种有些个人主义的价值观，老舍摆明了自己的观点，他觉得曹先生这样的人对于社会来说"意义不大"。诚然，曹先生的这种人生哲学更类似于今天所说的"小确幸"，格局不大，甚至有些自私。但是转念想想，一个安排好自己生活的人，真的对社会毫无帮助吗？他的个人力量在于做好自己的同时，能辐射到身边的人，又何谈自私呢？曹先生的思想境界或许没那么崇高，但无疑是个好人。我们对好人往往有更高的道德要求，而对于恶人，却只要他们放下屠刀就好了。在这方面，老舍也未能免俗。

如何看待曹先生，或许是个见仁见智的问题，但是祥子在曹宅这个"小绿洲"里暂时得到了舒适安定的生活，这是没有疑问的。然而祥子的内心并不平静，还在被虎妞和自己寄存在刘四爷这边的三十块钱困扰着。暂时摆脱了虎妞的祥子，在推卸责任的同时，还想着自己用偷来的骆驼换的钱。而在连续经历了两次重大打击之后，祥子也不再自信，失去了继续要强的动力。在曹宅拉包车这份美差对他来说，也只是"干着好的，等着坏的"。如果说丢车确实是命运对祥子的一次打击的话，那这次祥子的经历还算糟糕吗？在"小绿洲"的祥子暂时获得了安定的生活，可还是又一次堕落了，他从对生活有积极追求到在生活中苦苦挣扎前进，再到如今的得过且过。我们不仅要看到外部环境对祥子的压迫，也要看到祥子自身在不知不觉中的变化。我们不能忘记祥子牵走骆驼的那一刻，一切都开始于那个念头。

说到这里，大家是不是感觉祥子和自己想的不一样？以前觉得祥子是个好人啊，都是坏人和糟糕的环境把祥子逼成这样。现在看来，是祥子自己在堕落。如果你形成这种认识上的改观，那绝对是阅读能力的一次提升，因为你破除了自己从前对作品的刻板印象。

但是啊，千万不要就此认为，祥子就这样一点点堕落下去了，这同样也是需要破除的刻板印象。人性是复杂的，一念成善，一念成恶，而千千万万的念头的交织，才显现着人的心灵与灵魂。紧接着，祥子在拉车时出了意外，摔伤了曹先生，更摔伤了自己。此时，祥子的主动请辞，在祥子自己看来，是将责任和脸面看得比命更重要，而我们则看到了祥子的尊严和良知。我们不仅看到"祥子"的内心里住着一个"骆驼祥子"，也看到"骆驼祥子"的内心里住着一个"祥子"。

第4讲　甜蜜的牢笼
——对金钱和爱情的探讨

● **钱该放在哪里**

故事到了第八章，老舍放缓了叙述节奏，让重新燃起生活希望的祥子把注意力放回到了攒钱买车这件"正事"上。此时再写拉车的常规生活恐怕就比较无趣了，老舍在这里借由攒钱买车这件事，引出了几种不同的钱财处理方式，让我们看到了那个时代的一个侧面。

我们先来梳理一下这几种不同的钱财处理方式，并不用完全按照老舍的介绍顺序。首先，是祥子的方式，他的方式很简单，就是将钱财紧紧攥在手里，不轻易撒手。之前他还会把钱存在刘四爷那里，但从方法上来看这与攥在自己手里并没有两样。这种方法没什么好多说的，甚至这根本就不是理财方法，把钱放进闷葫芦罐儿里，罐子"吃饱了"，车也就能买上了。

其次，是方太太提出而很多人都在实施的方案——存到银行，立个折子。这是比较基础的理财方法，在那个时代，从中产阶级到底层百姓都会选择立折子，可见银行储蓄在当时并非什么新鲜事。

再次，是高妈的方式。她放贷给底层百姓，利钱从三分到一倍不等，这无疑就是如今所说的高利贷了，而高妈却将这么高的利息视为合理，甚至认为自己在做慈善。这种想法或许在今天难以理解，但高妈的这门生意始终是买卖双方你情我愿的，我们不能急于用如今的道德观甚至是司法制度来评判她。事实上，民间借贷的存在，折射出的是底层百姓的生活境遇，他们在遇到经济上的困难时，没有借钱渡过难关的更好方法，于是不得不转而求助于可能把自己之后的生活推向深渊的高利贷。高利贷这种恶劣的金融现象的存在，恰恰是正常的金融服务缺位造成的。

最后，是高妈单独为祥子出的主意，名叫"起会"。这个活动我们如今很少看到了，它是民间集资的一种方式。高妈给祥子出主意，比如找二十个人，假设每人每月出两块钱，那么第一个月就能筹得四十块钱。然后，抽签抽一人，这个人可以获得这全部的四十块。第二个月继续凑四十块，再抽一人领用。如此重复二十次，最终每个人每个月都拿出了自己能力所及的两块钱，而在这二十个月中，每个人都能一次性领走一笔四十块钱的"巨款"。这或许类似于如今的众筹和分期付款两种模式的结合，其运作方式乍一听很公平，但其实有两个重要的影响因素。其一是时间跨度所产生的利息损失，因为在这二十个月中，四十块钱即使是存银行，也能收获一笔利息，所以第一个获得这笔钱的人比最后一个获得这笔钱的人要获得更多潜在的利息收入。其二是契约的不稳定，比如前几个拿到四十块钱的人之后如果不愿意继续交钱，退出这个游戏，后面的人就要蒙受损失。因此，这其实是一个风险很大的金融游戏。高妈在给祥子出这个主意的时候，专门强调了"你使头一会"的作弊手段，虽然她是为祥子考虑，但也证明了起会风险是巨大的。

这四种钱财处理方式各不相同，看似和故事情节关系很小，但却至少让我们看到了两个重要的社会潮流。

一个是资本主义对普通人生活方式的渗透。这段描述中出现的每一个人物，都有私有财产的观念，而除了祥子以外的其他所有人，都将"让钱生钱"视为理所当然。高妈在生活压力的驱使下将"让钱生钱"做得最深入彻底，她甚至从自己的放贷经验中总结出了对资本主义的理解：

资本有大小，主义是一样，因为这是资本主义的社会，像一个极细极大的筛子，一点一点地从上面往下筛钱，越往下钱越少；同时，也往下筛主义，可是上下一边儿多，因为主义不像钱那样怕筛眼小，它是无形体的，随便由什么极小的孔中也能溜下来。

老舍在这里想借高妈的口告诉我们两件事：第一，资本主义社会和之前的封建社会或者奴隶制社会一样，也是一个等级社会。并且，这种等级秩序既是严格的，又是无形的。第二，在资本主义社会中，不公正和剥削压迫是以严格的等级区分形式进行的。

第二个社会潮流是城市文明对乡土文明的冲击。高中有一本必读书叫《乡土中国》，里面的理论拿来看这里的祥子，非常贴切。你看，无论是高妈还是方太太的建议，祥子无一例外都选择了拒绝，你觉得他愚蠢吗？其实并不是这样，在小说的第一章，老舍就告诉我们祥子是个聪明人。他当然也知道高妈和方太太是出于好意，但他从根本上对于这些方式要牵涉到的其他人和其他机构不信任。最典型的就是对银行不信任——把实实在在的现洋交给银行，还你一张纸，上面盖点红印，这分明就是骗人。祥子信任什么呢？信任现洋拿在手里，放在闷葫芦罐儿里，当然了，还信任刘四爷这边的寄存。

这是一种典型的乡土社会的思维方式。祥子相信熟人，但不相信契约，即便有契约，那也要建立在熟人的基础上，因为熟人受到所有熟人的监督，肯定得守信用。而那时的北平已经有了不同于乡土社会的城市文明的色彩，社会结构显然已经从熟人社会向陌生人社会过渡了。在陌生人构成的社会里，人们信契约，不信熟人，即使熟人之间，也会需要契约，因为契约受到法律保护。把钱存进银行之后，折子上的红印显然就是契约，这个契约受法律保护，人们大可放心让自己的现洋躺在银行里，"让钱生钱"。乡土文明和城市文明在这里显示出了巨大的鸿沟，城里的人们在这头，而祥子则孤零零却又固执地站在那头。乡土社会是一个稳定有序的社会，但是和城市文明相比，总体上还是弊大于利的。

探讨完钱的事情，老舍用时间和天气的变化，淡淡地一笔将我们带回到故事中去，我们跟着他继续往下读。

● **人与人的苦乐本不相通**

我们还是要时不时地关注语言大师老舍在小说承转之间的高妙手笔。第八章中间的一笔"初冬天气"真的只是单纯的转折或者单纯的天气情况交待吗？显然不是的，老舍顺着天气的转凉，向我们展示了老弱车夫在冷风中拉车的挣扎。读到这里我们应想起小说第一章作者向我们详细介绍过的车夫界的不同流派和等级划分。按照那个标准，现在的祥子虽然没了自己的车子，积蓄也还不够买车，但是他能够拉包车，还是在通情达理的曹家干活儿，毫无疑问，他仍然算高等车夫。

但是老舍之前并没有告诉我们，不同等级的车夫之间是怎样相互关联的，仅仅是同行关系吗？老舍没说，我们也没多琢磨。而在这一章里，在寒风中，当老弱车夫的苦难状况展现在祥子眼前时，"他没工夫为他们忧虑思索"。不仅如此，祥子作为能够拉包车的"高等车夫"，他不与"低等车夫闲谈"，恰如汽车夫不与洋车夫闲谈一般。对于祥子的这种心态，老舍也丝毫不客气地指出，那是他的"希望"将自己的双眼蒙住了：

个人的希望与努力蒙住了各个人的眼，每个人都觉得赤手空拳可以成家立业，在黑暗中各自去摸索个人的路。祥子不想别人，不管别人，他只想着自己的钱与将来的成功。

老舍在这里第一次立场鲜明地否定了"希望"这个看似美好而崇高的字眼，因为当"希望"和"成功"仅仅与自己一个人有关的时候，这将仅仅是一种私欲。所以祥子有的是"欲望"，而非"希望"，而"欲望"是不可能让他在黑暗中找到自己的路的，只会将他领向更为黑暗的深渊。

事实上我们还能回想起刚从山里逃出来的祥子，彼时他不是他人苦难的旁观者，而作为一个刚刚经历了苦难的人，被其他车夫同行围观着。祥子刚刚经历了人被抢、车被劫的巨大磨难，可对于周围的同行来说，他的经历也只是同行们的谈资而已。人与人的苦乐本不相通，每个人的痛苦恐怕只能自己承受，说出来了，换来的恐怕也只是别人的恶意或者冷漠。

辛弃疾有一首《丑奴儿·书博山道中壁》：

少年不识愁滋味，爱上层楼。爱上层楼，为赋新词强说愁。
而今识尽愁滋味，欲说还休。欲说还休，却道天凉好个秋。

辛弃疾的个人建议是，既然人与人的苦乐本不相通，那么自己的苦痛，最好还是不要与人说。可是真的有这么糟吗？我们大概会反驳说，个人的苦痛倾诉出来，未必总是会招来恶意或者冷漠的，在一个健康和谐的社会里，定会有善意和同情。如果你这么想，那么不妨听听哈耶克的警句，他说：通往地狱的路，往往由善意铺成。这话实在有些耸人听闻，但是仔细想想，如果一个人倾诉自己的苦难，将收获怎样的善意回应呢？如果将这些回应稍作分类的话，可能有以下三种。

第一种是最无力的同情。你说你的故事，他流他的眼泪。这只会让苦难的倾诉者内疚，自己的苦难不但让自己难以承受，还招来了听者的眼泪。

第二种是相似经历的共情。当我们倾诉自己的苦难后，富有同情心或者容易产生共鸣的听者会立刻想到自己身上也有类似的情形发生，于是迫不及待地将自己的相似经历也说出来。此时我们自己的苦难并未化解，还要承受别人的相似痛苦。

第三种是好心建议。这类听者会在听闻他人的痛苦之后提出各种建议，仿佛这些建议能够帮助他人走出困境。然而实际上，这些建议通常没有用，而且即使有用，建议的背后其实有潜台词：苦难者之所以苦难，是因为自己的处理不当，甚至可以说是咎由自取。我们在读到祥子被兵匪劫走的那一段的时候，心中或许也会说一句"活该"吧？

当一切的善意都是从自己的主观立场出发时，它要么是无效的，要么只能将苦难者一步步推向深渊。老弱的车夫未必遇到的都是冷漠的"骆驼祥子"，但是他们还是滑向了他们的地狱。

祥子没心思理会别人的痛苦，因为他自己还有更大的隐忧。年关到了，在这喜庆的日子里，老舍让虎妞站在了曹宅的门口，故事在短暂的平静之后终于要迎来下一次波澜。

名为爱的牢笼

　　小说的主线情节在第九章有了一个巨大的推进，虎妞声称自己怀孕了，并且给祥子出了个先认干爹再当女婿的"良策"。在情节如此明晰的时候，我们应该进入文本里面，好好品一品其中的细节。

　　这一章非常值得反复品读的是老舍对周围环境的描写。祥子和虎妞整个交谈过程前后没有走几步路，相似的景致却被老舍反复摹写，且每次都不一样。当祥子得知虎妞怀孕时，老舍首先让我们注意到街上的安静：

　　街上非常的清静，天上有些灰云遮住了月，地上时时有些小风，吹动着残枝枯叶，远处有几声尖锐的猫叫。

　　这里有烘托、有反衬，可老舍并不是想让读者去领略周围环境的静谧，而是想让读者去感受祥子在得知这个晴空霹雳般的消息时那种暂时失聪的震撼状态。他最害怕面对的人终于出现在他的面前，而且带来的是最坏的消息。在祥子听完虎妞的解决方案后，两人已经走到了桥上，老舍又让我们领略了在桥上的景致：

　　御河的水久已冻好，静静的，灰亮的，坦平的，坚固的，托着那禁城的城墙。禁城内一点声响也没有，那玲珑的角楼，金碧的牌坊，丹朱的城门，景山上的亭阁，都静悄悄地好似听着一些很难再听到的声音。……树木微动，月色更显得微茫；白塔却高耸到云间，傻白傻白地把一切都带得冷寂萧索，整个的三海在人工的雕琢中显出北地的荒寒。

　　依然安静，但是已经是萧瑟而荒凉了，景色背后透出的是看景色的人的眼光，那来自内心近乎绝望的祥子。没错，是绝望。这是一个不那么好理解的反应，在虎妞看来，这件事中祥子无论在哪方面都是得了便宜的。在旁人看来，虎妞或许是老丑和不贞的，但对于祥子来说，娶虎妞绝不至于比被兵匪劫走更悲惨。可是看着眼前一片冷寂萧索景色的祥子却动了求死的念头，那是在他被劫走时也没有的念头。虽然情绪是十分个人化的，但无论怎么看，祥子此时都有些反应过度了，大风大浪也不是没有经历过，为何此时如此绝望呢？

　　事实上，无论是拉包车还是买自己的车，祥子所追求的是自由。祥子一再地省吃俭用、辛苦工作，为的并不是获得更多物质层面的享乐，而是追求将生活把握在自己手中的自由感。祥子在杨宅拉车，虽然钱多些，但被奴役得更严重了，不得自由，因此他选择离开。而在曹宅，虽然钱没有更多，但相对自由，因此他感到安定舒适。可迎娶虎妞意味着进入牢笼，和虎妞生活在一起，意味着这一生获得自由的希望都将破灭。这是他感到绝望的原因。

　　这里还有两个细节值得关注。一个是祥子对待三十块钱的态度，祥子并没有拒绝虎妞递来的三十块钱，恰如他之前离开人和车厂时没有拒绝虎妞推回来的钱一样。祥子从来没有拒绝过虎妞的善意，无论是生活上的关心还是金钱上的施舍，这是他最终无法逃离虎妞的重要原因。我们之前说过，祥子不愿意为自己的选择负责任，而在不愿意负责任的同时，他又从来没有拒绝过利益。他的"希望"很大程度上已经变质为"欲望"，而成为自己欲望的奴隶的祥子是软弱的，注定无法拒绝虎妞。

即使刚刚经历了绝望，祥子还是没能从自己的欲望中抬起头来，而是自欺欺人地认为虎妞怀孕这个事实是梦，而扑满里多出的三十几块钱却是真的。

在欲望的麻痹下，祥子又在堕落的路上前进了一步。这一次他自己去打酒，自己"摸住酒碗，吞了一大口"，没有人逼迫他，没有人引诱他。

另一个细节是虎妞还钱。发现没有，虎妞是在两人告别之后再折返回来将钱交给祥子的。这说明虎妞本是带着钱来的，但是在整个交谈过程中有犹豫，而最后还是选择释放自己的善意。虎妞本是个直爽刚烈的女人，此处也有了细腻的心思，她要在确定祥子一定属于自己之后，才愿意将祥子的钱归还给他。

诚然，我们当然认可虎妞对祥子是真爱，她决定嫁给祥子毫无疑问是"下嫁"。而她的整个计划，处处考虑祥子的名誉和祥子的利益。但是我们之前也谈到，她作为一个被压迫、被控制的人，并没有去反抗压迫、控制她的人，而她表达自己爱的方式也是压迫和控制。祥子能感受到虎妞的好意，因此一直没有拒绝她，但祥子同样感受到了虎妞的控制欲，所以才会认为虎妞为他准备的是一个陷阱。

虎妞企图以男女之爱的名义囚禁祥子，仔细想来，刘四爷又何尝不是以父爱的名义囚禁虎妞。生活中，人与人之间有多少种爱，就可能有多少种牢笼。这既是我们要去警惕的，也是我们要去反思的。一切的"我爱你"，一切的"我是为你好"，背后都不应该隐含着"我想掌控你"。

第5讲　善良的祥子丢了良心
——第二次人格转折背后的德与义

● 不存在抽象的善

老舍深谙张弛有度的道理，在一个情节的小高潮之后，第十章放慢了主线剧情推进的脚步，而把视野转回到整个时代的大背景中。当然了，在此之前，老舍先要对上一章祥子那跌入冰点的情绪做一个暂时的收束。虎妞是真心爱祥子的，可虽然虎妞想嫁，祥子心中却有不能娶虎妞的理性思索：死后没脸见父母；孩子未必是自己的；刘四爷不好惹，未必会带车来；婚后会被虎妞支配。

这些原因到底对不对呢？只能大家自己琢磨了。至少祥子本人是深信不疑的，不仅如此，祥子一直以来的要强和自信也被虎妞事件彻底摧毁，祥子终于认识到洋车夫是一个多么低贱的职业，低贱到不如一只小水筒。

"二十七"毕竟还没到，老舍让祥子怀揣着小水筒，暂时在茶馆里歇口气。而趁着这个空当，老马登场了。老马登场的这部分情节，有两点尤其值得我们注意。

第一点是老马的身份，或者说，是他在车夫界的流派等级。老马的登场，是他突然闯进拉包车的车夫们休息的小茶馆。老舍专门告诉读者，老弱车夫一般是不来小茶馆的，这种等级区分在车夫界算是约定俗成的。但是我们又发现，老马和小马二人，拉的是他们自己的车。按照这个标准，老马是地地道道的"高等车夫"，这种冲突不得不让我们再次翻回第一章，再次仔细分析车夫的流派。老马的出现告诉我们，对于卖力气的车夫这一行来说，年龄和体力是决定性的因素。因此尽管老马拥有自己的车，但是他年龄大了，身体条件不行了，直接导致他的谋生变得困难。谋生难了，自然难有闲钱来茶馆休息，不免要归入第三等车夫中四十岁以上的那一类了。而他晕倒的场景也让在场所有拉包车的车夫意识到，倒毙于途将是他们所有人未来的归宿。回想一下祥子在杨宅的经历，再加上此时小茶馆里其他包车夫艰苦的生存状态，我们应该可以相信，说老马的现在就是包车夫的未来并不是夸张之语。

真是令人意外，祥子想要摆脱虎姐，通过辛苦攒钱奋力争取的，是一种确定无疑的悲惨命运。

也许是物伤其类，也许是眼下自己的处境和老马相比还算过得去，小茶馆里的人们不约而同地选择善待老马。尤其是祥子，他给饥饿的老马和小马递上了十个羊肉包子。这里就产生了第二个需要我们关注的点：之前在第八章里，祥子目睹了比自己更悲惨的老弱车夫，他顾不上同情，我们甚至分析了他缺少同情心的原因。这里我们却看到祥子对老马的善行，我们该如何理解这样的矛盾表现呢？这是人物形象塑造上的不一致吗？

还记得我们前面的结论吗？我们认为"祥子"的内心住着"骆驼祥子"，而"骆驼祥子"的内心也住着"祥子"。这么说有些绕，但实际上我想强调的是人性的复杂性。没有人是纯粹善的，也没有人是纯粹恶的。我们绝不能用非黑即白的标准去评判祥子，也绝不能用这么僵化死板的标准去评价任何一个小说中和现实中的人物。祥子在沉溺于自己的世界中时，会忽略掉别人的苦难；而在小茶馆中，他重视老马的苦难，进而向老马提供切实而具体的帮助。从行为表现上来看，祥子的前后表现是不一致的，但是我们需要注意的是，这两个场景并不相同。祥子在大风天看到老弱车夫时，别人的苦难离他有一段距离，是模糊不清的，是抽象的。而在此时此地的茶馆中，老马的苦难是具体的，他晕倒了，他肚中无食，他家境悲惨。甚至，祥子知道这个"他"叫老马，有名有姓，有血有肉。在具体的苦难面前，祥子没有多想就做了他觉得对的事情。

人性是有局限的，只有具体的苦难和不幸才能激发人们具体的善行。善意通常是抽象的，这是它于事无补的原因。道德说教听上去是那么的抽象，但没有哪种道德标准是抽象的，道德标准的背后都是具体的个人和具体的生活。鲁迅说："无穷的远方，无数的人们，都与我有关。"这句话背后其实有一个很高的要求，那就是我们先要走遍、看遍那"无穷的远方"，见到那"无数的人们"。只有面对具体的人，我们才能发现自己内心的善。或者说，在反思自己的内心之前，要先学会观察和体悟真实的世界。在 2011 年 3 月 11 日的"东日本大地震"发生后，面对官方发布的死亡人数，艺术家北野武说了这么一句话："灾难并不是死了两万人这样一件事，而是死了一个人这件事，发生了两万次。"我想，他的这句话比鲁迅的更具体。

虽然我们的生活中未必会有老马闯入，但我们应该有具体的行善的能力。

● 信了不该信的，叛了不该叛的

虎妞的事情依然作为一个悬念在那里悬着，而祥子又面临着来自命运的又一次打击。

面对老马和小马的不幸，不仅我们能够读出祥子的未来，祥子自己也认识到未来他很可能要面对这样的悲剧。反正未来的悲惨是确定的，那么为何还要委屈现在的自己呢？既然不管现在多要强、多努力，吃多少苦，都无法改变老了要吃更多苦的现实，那么最合理的选择便是在该快活的时候快活了。这种及时行乐的想法早在两千年前就有，汉代的文人五言诗里有这么几句："生年不满百，常怀千岁忧。昼短苦夜长，何不秉烛游！为乐当及时，何能待来兹？"这意思是说，人的生命短暂，因此怀有长久的忧愁是完全没有必要的。在短暂的生命中，我们不但应该及时行乐，甚至应该秉烛夜游，因为人生中大量的时间是黑夜。对于这样及时行乐的念头，我们不能一味地批判，而要思考小说中人物的处境，是什么样的境遇会让人产生放弃反抗的念头？而想要战胜现状，需要怎么做？又需要付出多大的努力呢？另外，即使付出了最大的努力，就一定可以战胜环境、战胜命运吗？我想读到这一章的人已经可以从祥子之前的遭遇里找到答案了。

此时阻止祥子及时行乐念头的依然是他的闷葫芦罐儿和他买车的希望。希望对于祥子来说太重要了，无论是从好的还是坏的方面来看，希望都是支撑祥子一路跑到现在的动力。从好的方面来看，希望支撑着祥子没有倒下，没有放弃，也没有退缩。从坏的方面来看，希望让祥子错过了一次又一次停下来反思自己、思考生活的契机。

紧接着的一个转场，老舍用一场雪把祥子推到了他命运转折的街头。祥子拉着曹先生回家的路上被孙侦探跟踪，于是到左宅躲避。曹先生让祥子回去报信并看家，从曹先生的做派和他反复叮咛要带上几张画的细节中我们大概可以推断，曹先生很可能是参加革命工作的进步人士，后文孙侦探称他为"乱党"，似乎也证实了这一点。我们不妨回忆一下前文老舍灌输给我们的曹先生绿洲式的生活态度，现在看来很可能是虚晃一枪。可问题是，老舍自己跳出来在小说里评价人物的时候，会说谎或者刻意隐瞒吗？我们不必急着下结论，可以先把曹先生当一个革命者来看待。

作为一个革命者，曹先生在遭遇可能的危险时，除了关注革命资料和家人安全之外，还关心祥子的人身安全问题。这一点对于我们理解后面的内容十分重要，因此我们需要先来梳理一下曹先生为祥子考虑的脱身办法：先坐汽车从左宅离开，到家后去书房睡，有动静不开门。如果事急了，从后院跳墙到王家去，藏一会儿再离开。曹先生的安排，既考虑到祥子在路上可能遇到的危险，又考虑到祥子作为一个"外人"而脱身的可行性，可谓严谨妥帖。

我们之前已经了解了曹先生的为人，而这里，他即使自己身陷危机，依然为一个"外人"着想，足见其人品高尚。然而面对这样一个真诚善良的主顾，祥子却选择了背叛。是的，祥子背叛了曹先生，选择相信孙侦探。孙侦探强盗加骗子的嘴脸我们很轻易就能分辨出来，不只如此，文中还反复提到，孙侦探就是祥子曾经在兵营里"伺候"过的孙排长。祥子什么时候去兵营里伺候过人呢？没错了，是被兵匪连人带车劫走的时候。老舍在这里有意模糊了一下信息：前文说骗祥子把车拉出去的是个光头，这里的孙侦探却是戴着帽子的；前文说兵匪让祥子把车拉去"清华"，这里的孙侦探却说祥子曾拉他到"西山"。这些信息的模糊恰好可以和祥子模糊的记忆对应起来。但无论如何模糊，祥子应该都已经意识到，眼前的孙侦探确乎是曾经迫害过他的兵匪的一分子。

祥子选择背叛始终善待他的曹先生，而选择相信曾经迫害过他并且摆明了要再次讹走他积蓄的孙侦探。这样的选择实在令人费解，太违背常情常理了，但仔细想来，这恐怕不单单是信任的问题或者良心的问题。因为孙侦探在哄骗和欺诈之外，还对祥子进行了威胁和恐吓。祥子此时表现出了性格中的懦弱和胆怯，更重要的是在懦弱和胆怯背后的自私自利。祥子只考虑到自己的人身安全，而置曹先生的安全于不顾。利己主义让祥子无法拥有战胜自己胆怯的勇气，笛卡尔曾经说过：无法做出决策的人，或者是欲望过大，或者是觉悟不足。祥子兼具这两种不足，最终使他沦为失去一切积蓄的、身无分文的"背叛者"。

不过，话又说回来，祥子的背叛真的可以完全归咎于孙侦探吗？诚然，孙侦探是个彻头彻尾的混蛋，但是当祥子说出"有工夫挤我，干吗不挤挤曹先生"这句话的时候，也许我们需要找找祥子身上的问题。

信了不该信的，叛了不该叛的，祥子终于孤身走进"寸多厚"的雪中。这场雪看似是为北平下的，是为危难中的曹先生下的，但最终还是为祥子下的。祥子在雪中走向了他人生的又一个深渊。此时的祥子还有什么选择吗？没有了，他连及时行乐这个选择也没有了。

● **曹先生的良心和祥子的良心**

第十二章在描写曹先生和祥子的时候都用到了"良心"这个词，既然如此，我们就有必要近距离地好好观察一下这两个人的良心。

先来看曹先生，他被自己的学生举报了。思想激烈的学生举报了曹先生这个温和的社会主义者，举报的理由是"曹先生在青年中宣传过激的思想"。虽然这只是小说中次要人物的经历，而且老舍也只是捎带手交待了一笔，并未展开描写，但我们也能从中看到这位现实主义文学大师笔下的普遍性。如果你细读中国近现代历史和当代新闻，就能读到为数不少类似的举报事件。按理说，如果在理念上存在分歧，完全可以通过辩论的方式解决。如果诉诸举报，便失去了任何思想碰撞的可能，而变性质为单纯地要搞倒和搞臭论敌的人身攻击了。然而我们知道，阮明的举报理由更多只是一个幌子，真正的理由是他认为曹先生与自己明明有交情，却不给面子，给了不及格的分数。他自认为跟曹先生私交好，便理所当然地认为自己有通过人情获得特权的心理预期，当这种心理预期落空之后，就有了栽赃陷害的念头。

中国人民大学哲学院教授周濂曾经写过一篇短文叫《大学生的"德性"》，里面写到这样一个细节：

某次监考，开考已过 1 小时，一个从未在课上露面的学生匆匆进场，西服革履手提公文包，径直来到讲台前，语带诚恳地索取考卷："老师，我是大四的学生，在东四环那边实习，晚间高峰实在太堵了……"

事实上，这类现象在如今的学校里并未完全消失，学生们虽并不像阮明那般心怀恶意，但一样将基于人情的特权视为自己所应得。学生有时为了更好的学业或职业前途——比如出国留学需要的成绩单，求职时需要的优秀证明——向老师要求比自身学业水平更高的分数。这样的要求看似合情，但并不合理，实际上也不合情。而在面对这样的要求时，拥有裁定权的老师往往陷入两难的境地。如果如曹先生这般直来直去，等待着他的恐怕就是随之而来的举报和诬陷了。当然，不是所有学生都是阮明。所幸曹先生尚有老舍这个"上帝"为他主持公道，既让我们知道了事情的真相，又有对阮明"轻视学问"的判词。但曹先生终不免要到"左先生"那里躲避，不过毕竟，他能有"左先生"保护，这是令人欣慰的。

在当时，曹先生的良心体现在一个十分荒诞的社会环境中。在民国时期，社会主义学说一方面被袁世凯专制政府禁止，但另一方面却是知识分子迅速获得名声的南山捷径。曹先生的良心体现在不愿意"将计就计地为自己造成虚假的名誉"：

凭着良心，他恨自己不能成个战士；凭着良心，他也不肯做冒牌的战士。

曹先生终究是一个洁身自好的独善其身者，他不愿自诩革命者，虽然龟缩在自己的绿洲里，但这份清醒的自我认知本身就是珍贵的。我们每一个人都是社会的一分子，如果我们的力量有限，和曹先生一样无法改变社会，那么至少可以像曹先生那样改变自己。曹先生的良心是通过教育后天培养出来的，是通过自我启蒙而获得的。完成了自身的改变，就是在改变社会，因为你改变的是作为社会一分子的自己。

相比之下，祥子的良心则完全是先天的，完全是发自内心的。正因为完全靠着自己，所以祥子良心发现的过程，格外地让我们捏了一把汗。当无家可归的祥子选择回到曹家时，等于否定了自己之前的愚蠢选择。在这里，他完成了自己十分重要的思想挣扎，一个是为自己开脱，一个是放弃到曹宅偷窃的念头。我们不妨先来梳理一下祥子为自己开脱的理由：让高妈带话，已是补救；论良心，自己并非立意欺人；自己倒霉在先，无法顾及曹先生。身处底层的祥子"要卖最大的力气，得最低的报酬；要立在人间的最低处，等着一切人一切法一切困苦的击打"。对于祥子来说，这是命运的不公。那么祥子的不公是谁造成的，又该向谁讨回这不公呢？这个问题我觉得现如今不必再讨论一遍，如果你没有答案，不妨想想那三匹骆驼。

祥子终究是有良心的，我们在前文中看到了他逐渐堕落的内心，但在这里我们又清晰地看到了他挣扎着拒绝让心灵继续滑向深渊的努力。文中的三段心理描写十分细腻：

自己那么不容易省下的几个钱，被人抢去，为曹宅的事而被人抢去，为什么不可以去偷些东西呢。为曹宅的事丢了钱，再由曹宅给赔上，不是正合适？这么一想，他的眼亮起来，登时忘记了冷，走哇！那么不容易得到的钱，丢了，再这么容易得回来，走！

不，不能当贼，不能！刚才为自己脱干净，没去做到曹先生所嘱咐的，已经对不起人，怎能再去偷他呢？不能去！穷死，不偷！

怎知道别人不去偷呢？那个姓孙的拿走些东西又有谁知道呢？他又坐了起来。远处有个狗叫了几声。他又躺下去。还是不能去，别人去偷，偷吧，自己的良心无愧。自己穷到这样，不能再教心上多个黑点儿！

我们并不需要评判祥子的每一个念头，我们更应该做的，是体会祥子内心的挣扎。在内心的天人交战中，为什么最终是良心的喊声获胜了呢？这个问题太不好回答了，祥子的经历让我想到了《悲惨世界》中的冉阿让，他在走投无路中偷了牧师的银器，但牧师却报之以善良和包容。而正是牧师的善心，使得冉阿让的良心苏醒了。

和冉阿让相比，此刻的祥子没有宗教，甚至也没有一个他者来拯救。我们可以设想曹先生会像牧师包容冉阿让一样包容祥子，这是完全有可能的。不过祥子却做得比冉阿让更好一些，他靠着自己的良心，终于没有让偷窃发生。他已是偷过骆驼的"骆驼祥子"，然而面对曹宅这个他生命中的绿洲，祥子没有让自己再次堕落。面对兵匪和面对曹先生，境遇相似的祥子做出了完全不同的选择，这足以让我们相信，良心是需要被唤醒的。

这里也许还有另一个原因，祥子的内心挣扎中有这样一个声音：

再说，高妈知道他到王家来，要是夜间丢了东西，是他也得是他，不是他也得是他！他不但不肯去偷了，而且怕别人进去了。真要是在这一夜里丢了东西，自己跳到黄河里也洗不清！

这个原因摆在面前，大家是否觉得，祥子的良心倒没有那么崇高了呢？他放弃偷窃的念头，不仅仅是因为内心的善战胜了恶，还因为担心自己被怀疑。可是，现实不就是这样的吗？在现实生活中，道德问题从来都不只是一个单纯的道德问题，道德选择不仅仅是内心修养的体现，还夹杂着许多现实的考量和个人利益的算计。然而这些考量和算计绝不会成为贬低人性的理由，恰恰相反，这些考量和算计的存在告诉我们，成为一个有道德的人，不仅体现着一个人对精神高度的追求，更是一种十分普通的生活需求。

最后提一个细节，在第十二章里，祥子抽烟了。

第6讲　祥子的家和故乡
——戏剧冲突的设计技巧

● **虎妞的计划与四爷的生日**

　　第十三章是整部小说重要的转折点，左宅的王二带来了曹家人出城躲避的消息，让祥子就此失去了在曹宅这个"小绿洲"继续躲避的希望。走投无路的他只能回到人和车厂，回到被搁置了三章的主线剧情中。

　　我们需要再次关注老舍在这里展现出的对于叙事脉络的把控本领。祥子来到曹宅拉包车后，暂时过上了舒适而安宁的生活，直到虎妞告知祥子自己怀孕的消息以及与祥子结婚的整个计划，使祥子的心情濒于绝望。随后老马、曹先生、孙侦探这些人物依次出现，相关的剧情依次展开，虎妞则成了祥子的心事，被埋在那些人和事的下面。当祥子被孙侦探讹走了钱，孤身一人走进大雪中的时候，我们或许会认为身无分文的祥子只能回去找虎妞了。然而内心的良知让祥子回到曹宅，在原来的心路上继续前行，老程给了祥子一个非常中肯的建议。这一部分的叙述节奏让本来可能十分突兀的转折变得十分平缓，故事仿佛不是在跟着老舍的笔尖推进，而是在跟着祥子的内心和实际境遇推进。试想，如果祥子在被讹走积蓄的巨大悲愤中回到人和车厂，那么使他投降的因素只剩钱这一项了。可老舍让我们看到，尽管之前整天抱着自己的闷葫芦罐儿，但祥子并不是仅仅为了钱而活着的人，他选择向生活投降，是因为失去了重新来过的机会。祥子投降的语气中尽管充满了委屈与羞愧，但已经抹去了绝望和悲愤，这也使祥子回到人和车厂后对刘四爷和虎妞言听计从的表现有了合理性。我们无法想象一个刚刚被孙侦探讹走了积蓄，在大雪中绝望流泪的祥子，回到人和车厂后会甘愿被来回驱使。

承上的功夫做好了之后，要考虑的就是启下了。该如何让祥子的回归既不显得突兀，又能够迅速进入正题呢？

答案是刘四爷的生日。

回到车厂的祥子仿佛是立刻回到了虎妞计划中的棋子，按照棋手的安排一步一动。他用死了心的态度去面对刘四爷生日的准备工作，这些落在其他车夫眼中，他成了死命巴结刘家的走狗。显然，在这一章里，祥子暂时成了配角，而寿星公刘四爷则大大咧咧地走到台前，成了主角。四爷为了自己的面子，霸道地安排着一切，而这也恰好是虎妞计划的一部分。当刘四爷说出那句"我要有你这么个儿子，少教我活几岁也是好的"时，虎妞内心自以为得计，恐怕读者在这里也会认为虎妞的计划进行得很顺利。的确，到目前为止，故事都照着虎妞的安排稳妥地进行着，一切顺利，没有什么意外。

但意外还是发生了，而且发生得是那么突然。

● 四爷的脾气与虎妞的计划

如果说在第十三章里，寿星公刘四爷只展现了他的霸道与好面子，在第十四章里，刘四爷则展现出了他更为丰富的性格面貌。小说读到这里，我们对刘四爷似乎还挺陌生的，不妨就在他六十九岁的生日筵席上，近距离地了解一下这位祥子的老板、虎妞的父亲吧。

老爷子对自己寿宴的态度前后有一个十分夸张的反差，从事事满意到最终推翻一切，这个大反转是怎样发生的呢？我们需要详细地捋一捋。首先需要弄清楚的事情是，刘四爷对自己寿宴上的哪些事情感到满意，又对哪些事情感到不满甚至感到生气（见表 6-1）：

表 6-1　刘四爷在寿宴上满意与不满意的事情

刘四爷满意的事情	刘四爷不满的事情
很多人来给他磕头祝寿； 寿宴有所改良，赌钱由押宝改为麻将； 老朋友穿戴落伍且混得不如四爷好	孤苦伶仃，没有儿孙； 看着女客携来小孩子，又羡慕、嫉妒，又不敢亲近； 祥子几乎和人打起来； 对下午来拜寿的感到索然无味； 晚上喜棚中打麻将的亲友让他觉得空寂无聊； 祥子和虎妞的事，令他越想越别扭； 打牌不如押宝和牌九痛快； 抱怨厨子赚钱太多了，菜并不丰盛； 收到的礼金太少，寿宴花了冤枉钱

发现没有？原本令刘四爷感到满意的事情，到后来他都不满意了。人们来祝寿原本是令他满意的，后来却令他感到索然无味，最后甚至因为拜寿的人给的礼金少了而大发雷霆。筵席的改良原是令他满意的，尤其将赌钱方式改为更文雅的麻将，然而到晚上，他却觉得麻将不如押宝和牌九痛快，甚至从至亲好友们围坐打麻将的场景中想到了自己的丧事。至于和其他人的攀比，原本老朋友混得不如自己是最能满足刘四爷面子的事情，可是偏偏这一点，被自己孤苦伶仃、没有子嗣和后代这件

事轻易地推翻了。老舍很适时地告诉读者，到寿宴即将结束的时候，刘四爷"把白天所觉到的满意之处，全盘推翻"。

不要觉得刘四爷这种由满意到全盘推翻的转变是夸张而不合常理的，事实上他性格中的这一面，体现的是一种普遍的人性。伏尔泰说："人的本能是追逐从他身边飞走的东西。"刘四爷硬朗地拼了一辈子，追逐到很多东西，没有让它们飞走，这是他比别人强的地方。但人入老境，终于意识到自己身边还是飞走了很多东西，而失去这些东西的失落感，是无法用财产、事业、面子、排场来弥补的。哪怕是在自己的寿宴上，这种悲凉感还是会逐渐放大，以致把喜棚看成了白棚。而原本的满意与这一点"凄凉难过"相碰撞时，霸道惯了的刘四爷不免会想要闹脾气，可偏偏这是他自己的寿宴，不好发作。不得不压下来的脾气，成了埋下的炸弹，随时可能被引爆。

不得不说，这是老舍的高明之处，在一点点展现刘四爷的性格和脾气的同时，整部小说的一个高潮就这么自然而然地被推了出来。刘四爷如今处在一个欲发作而不得的状态中，只需要一个触发点，刘四爷、虎妞和祥子的命运将就此改变。这个触发点虽然在情绪上已经具备了，但如何能够再发生得顺畅一些呢？老舍用到了人的精神状态与情绪的关联这个细节。文章里的几处细节看似交待得很随意，先告诉我们刘四爷上午的精神还不错，等到了下午，"他的气儿塌下点去"。下午犯困是一种常见现象，而精神状态欠佳必然会引起情绪低落，于是才有了"下午三四点钟还来了些拜寿的，老头子已觉得索然无味"这样的情况发生。到了晚上七点，"刘四爷有点发困，可是不服老，还不肯去睡"，这显然已经是在硬撑了，强打起的精神让刘四爷的情绪更加糟糕，到了全盘否定自己寿宴的境地。此时如果刘四爷一路骂过去，至多就是发生一次小小的不愉快，睡一

59

觉也就过去了，但必须要有个脾气同样糟糕的人与他产生情绪对立，才能让冲突发生。

这个脾气同样糟糕的人不是别人，就是刘四爷的女儿虎妞。这一章里同样交待了虎妞的精神状态和情绪的变化过程：

上半天倒觉得这怪有个意思，赶到过午，因有点疲乏，就觉出讨厌，也颇想找谁叫骂一场。到了晚上，她连半点耐性也没有了，眉毛自己较着劲，老直立着。

于是，看似有些意外，又毫不意外地，刘家父女把话说开了。老头子突然的脾气中止了虎妞的计划。为什么？原本在场面上刘四爷也算挺看得起祥子，他为什么会果断阻止虎妞嫁给祥子呢？这个倒也不难理解，祥子出身低微，只是个"臭拉车的"，刘四爷不想自己奔波一辈子的产业最后归了祥子。

老舍在描写刘四爷的内心活动时，有一句值得细品的话：

姑娘再跟人一走！自己一辈子算是白费了心机！

我们知道，刘四爷也是底层苦出身，他的个人奋斗史虽算不上干净清白，但绝对可以算得上是"要强"的。刘四爷这般辛苦奋斗，他的心机到底是什么呢？如果祥子不配娶虎妞，那么在刘四爷心中，怎样的人有资格娶虎妞呢？我们不是刘四爷肚子里的蛔虫，怎么想都近乎猜测。在我看来，刘四爷的"心机"就是将财产和事业始终攥在自己手里，保持绝对的掌控权。也正因为这个"心机"，在刘四爷看来，谁都没有资格娶虎妞，虎妞出嫁只会让他失去对自己财产的掌控权。这一点从刘四爷长时间地耽误着虎妞的婚事中可以得到印证。

● 家和故乡

剑拔弩张的局面结束得意外迅速并且平静。虎妞以其豪迈而麻利的做派，干净利落地在刘四爷的寿宴上对自己的计划做出了调整，又以同样豪迈而麻利的方式将新的计划迅速落实。祥子和虎妞结婚了，祥子在北平有了自己的家。

我们此时可以稍微关注一下时间。刘四爷的生日是腊月二十七，虎妞和祥子成亲则是在正月初六，这中间隔着九天。这九天是中国传统春节最核心也是最重要的日子，但对于人和车厂的这三人来说，发生了什么呢？老舍只是略作交待，并没有详细展开。虎妞在忙着筹备与祥子结婚的事情，祥子在天顺煤厂待着，至于前两章的主角刘四爷，则干脆只字未提。但我们可以推测，他们都没有心思好好过年，没有吃年夜饭，没有收发红包，没有放鞭炮。这是一个冷冷清清的年，而刘四爷所担忧的凄凉晚年，一夜之间便到来了。

先把刘四爷搁一边儿，我们来看看主人公祥子吧。在第十五章里，祥子的人生在再一次被动转折之后，终至他之前最恐惧的局面——他和虎妞结婚了。但是这同时意味着，祥子有了自己的家。这一点很重要，虽然祥子自己对此毫无欣喜之感，但是我们作为读者不要忘记，祥子之前是个居无定所的苦力车夫，拉包车的时候住杨宅、曹宅，不拉包车的时候住车厂，自始至终，祥子在北平是没有自己的家的。我们同时也不要忘记，祥子的双亲早已故去，他在北平以外的地方也没有家了。无论祥子怎么想，虎妞都实实在在地给了祥子一个家。从故事开始以来，祥子头一回有了家，从客观生活境遇来说，这是祥子物质生活水平最高的时刻。

可祥子终究是觉得不舒服的，他的人生从此被束缚、被摆布。尽管有了自己的家，并且吃穿不愁，但他感觉到自己仿佛是笼中的兔子，是新家里的一个摆设，这种被支配和被掌控的感受我们前文已经分析过。如今这被束缚的恐惧终于变为现实，祥子切实地感受到自己的无能。祥子必须在虎妞这样的老婆手里讨饭吃，他的身量和力气都没用，要强和上进心都要暂时放在一边，首先要伺候老婆。这一段近乎悲愤的内心控诉，让人读来可能会为祥子感到不平。但是我们是否注意到，如果将性别换成女性，祥子将要承受的一切，在相当长的历史长河中，都是天经地义的。诚然，虎妞用婚姻的牢笼困住了祥子，然而这个牢笼，一直以来都是男性理所当然地用来困住女性的。我们在之后的故事里看到的樊笼中的女性，每一个都比祥子要悲惨得多，只是和祥子经历相同或相似的女性恐怕根本没资格自称悲惨。

试想，如果让女性去承受如今祥子所要承受的一切，会是怎样的一番景象呢？一个又老又丑而且蛮横霸道的丈夫，有一笔还算丰厚的财产，上下打点好了房舍，安排好了婚礼。在婚后牢牢掌控着妻子，不让妻子外出挣钱，但是每天会为妻子做饭，并且只要求妻子吃完饭后帮着一起刷碗。这样的全职太太生活，即使在当下的时代也是一种正常状态，何况如今全职太太的丈夫们，恐怕是不会做饭刷碗的。

说到这里，我们回头再看看虎妞。我有一个大胆的想法，大家试着模仿虎妞的口吻，把初六、初七这两天里虎妞的心路历程摹写出来。这个尝试不仅事关对虎妞这个人物的理解，而且更需要我们面对自己内心的想法。我们大可以以己度人，也可以以今非古。老舍把虎妞的内心想法写给了各位：

她要充分地享受新婚的快乐。虽然结婚不成个样子，可是这么无拘无束的也倒好，正好和丈夫多在一块儿，痛痛快快地玩几天。在娘家，她不缺吃，不缺穿，不缺零钱，只是没有个知心的男子。现在，她要捞回来这点缺欠，要大摇大摆地在街上，在庙会上，同着祥子去玩。

我衷心希望各位能把老舍笔下、祥子心中那个野兽似的虎妞，还原为一个有血有肉、有情感也有理性的人。我们要时刻牢记，读小说的时候不能仅仅让自己被笼罩在"主角光环"下，主角是人，配角也是人，正面人物是人，反面人物也是人。用看人的眼光看作品中的一切人物，可能主角、配角、正面人物、反面人物这些标签就会消失。

到了第十五章的后半段，祥子内心产生了一个如今的读者可能不太好理解的波澜。祥子想要一走了之的念头，是被自己对天桥的留恋打消的。郭德纲有一段著名的相声名叫《论五十年相声之现状》，里面有一段对于老北京天桥的描绘。这段描写某种程度上为我们解释了为什么天桥上的热闹足以让祥子回心转意，让他愿意留在北平，留在虎妞身边。

原因是两方面的。从浅层说，天桥给祥子带来了可以忘记一切烦恼的最单纯的快乐。郭德纲在相声中提到，底层卖力气挣钱的苦力们，每天但凡挣到了足够自己和家人活一天的工钱，便不再去赚钱。余下的时间，他们更愿意去逛天桥。天桥上的各种娱乐活动体现了人们即使在物质生活极其艰苦的环境中，还是保留了对精神生活的渴求。从深层说，天桥更让祥子对北平生出了熟悉感和认同感，无父无母无家乡的祥子，立在天桥上时，其实已经把北平当作了自己的故乡。尽管新家有千般不如意，但故乡却已经令祥子割舍不下。

第7讲 大杂院里的日子

——底层人物与底层生活

● **不存在的人们**

第十六章的开头，我们依然要关注一下时间。上一章讲到祥子和虎妞于正月初六结婚，第二天虎妞就否决了祥子继续出去拉车的提议。这一章的故事开始于元宵，即又过去了八天。而两天以后，也就是十七那一天，祥子外出拉车了。此时距他结婚刚刚过了十天，这十天里虎妞对祥子如何呢？老舍用一句非常朴实的话，就将虎妞对祥子的爱和控制写清楚了：

　　她不许祥子有任何主张，可是老不缺着他的嘴，变法儿给他买些做些新鲜的东西吃。

不得不说，虎妞用爱织就的牢笼越来越紧，越来越压抑，因此祥子一直觉不出虎妞的好来。与之相对的，尽管虎妞原本打的人财双收的如意算盘可能会落空，她有可能真的沦为"车夫的老婆"，但是在一番心理斗争后，虎妞的态度还是坚决的："任凭他去拉车，他去要饭，也得永远跟着他。"反观祥子，他只在虎妞答应买车时，觉出了虎妞的一些好处。读到这章结尾的这一句时，我并不反对大家心中默念一句："呸！渣男。"

而在虎妞答应买车之前，在她好吃好喝地伺候着祥子的时候，祥子想到的只是自己的身体状况。正是出于对自己身体状况的担心，祥子决定不顾虎妞的反对上街拉车。我们不免就要想了，好吃好喝的舒适生活为什么会把祥子的身体掏空呢？如今看来，这个似是而非的理由并不十分好理解，而此时老舍却让一个四十多岁的高个子车夫向我们展示了这个车夫生活中的悖论。一方面，车夫拉车挣钱是为了提高生活水平，其中理所当然可以包括组建家庭、结婚生子，这是每一个普通人的正常生活追求。但另一方面，车夫一旦有了妻小，可能会慢慢成为干骨头架子，逐渐无法胜任拉车的劳动强度。因此，车夫最好不结婚，打一辈子光棍。于是，车夫拉车受苦的最终目标只能是勉强温饱，然后在四十岁以上的某一天，倒毙于拉车的途中。从小说的第一章开始，老舍就在一点点地铺陈和强化车夫这个职业的悲惨命运。眼前的这个高个子车夫已然因为错误地选择结婚生子而沦落为低等车夫，而闯进茶馆的老马和小马仿佛又浮现在祥子的眼前。

　　拉洋车几乎是最低贱的职业了，然而洋车夫却不是民国的北平城里命运最悲惨的人。事实上，我们之前根本看不到这些命运最悲惨的人，对于城市来说，这是一些"不存在的人们"——卖力气的底层劳动者的家眷们。他们过着怎样的生活呢？那些孩子帮家里打粥、拾煤核，在肮脏而无人打扫的院子里玩耍。家中的老人无衣无食，躺在冰凉的炕上，生活上依靠年轻人，不免受年轻人的气。至于妇女，恐怕最为悲惨：她们不仅得照顾老小，还得敷衍挣钱的男人；怀孕也只能吃窝窝头与白薯粥；在照顾家人之余照常工作，给人家洗、作，缝缝补补；浑身都是病，从病中走向死亡。年轻姑娘或者继承母亲的一切，或者长大后被父母卖了。

从这些描述中我们可以发现，卖苦力的年轻男人们的家眷，除了"打粥"这件事之外，就很少再离开这个肮脏的大杂院了。他们对于这座城市来说是不存在的，他们的生老病死也是无足轻重的。老舍对女性的悲惨命运着墨甚多，她们是底层中的底层。是的，底层下面还有底层，在一个资源分配极度不公平的时代里，人的阶层划分会被不断细化。我们在前面看到车夫这个低贱的职业里尚有三六九等的划分，而在最低贱的大杂院里，还要再进行阶层的划分。

进一步思考，社会阶层划分的根本依据是劳动者的生产能力，通俗地说，是赚钱的能力。年轻的苦力男子在社会上地位是低的，但是在大杂院中，却是最有赚钱能力的人。而大杂院中的女性，给家里带来的收入十分有限，因此便落入了"底层的底层"。反观虎妞，她在穷苦人面前展现出得意与优越感，当然是一种同情心和同理心缺乏的表现。但仔细想想，她并没有得到刘四爷一点家产，她的钱是多年帮助父亲打理车厂生意攒下来的，我们完全可以认为，虎妞凭本事赚钱。我们必须承认，是虎妞自身的经济生产能力而非她的社会地位，使她在这个大杂院中表现得与众不同。

经济独立是人格独立的前提，虎妞因为父亲的生意而获得了工作赚钱的机会，并用自己赚的钱建立起了自己的家庭。院子里很快要出现另一个女性，她也因为父亲的事，要靠自己来赚钱养活整个家庭。

● 正义是谁的利益

到了第十七章，老舍让时间直接来到了春天。老舍对于春回大地的描写，并不侧重于春日里北平的美好，而是关注大杂院中穷苦人依旧不幸的命运。生活在大杂院里的人，四时都有不同的苦恼，没有了寒冬的折磨，却需要忍受没有施舍和米价上涨的生活压力。难怪老舍要感叹："春到了人间，在这大杂院里只增多了困难。"这是非常典型的以乐衬哀的写法，明明是充满同情的内容，笔法却凌厉干脆，毫不柔软。老舍想以此让读者感受穷苦人们所感受到的残忍，哪怕是春天，也依旧是残忍的。

在这个残忍的春天里，老舍让我们看到大杂院里有两个女人失去了父亲的依靠。

第一个是虎妞。

祥子给虎妞带来了刘四爷卖厂退休的消息，让虎妞终于流下了不带任何虚伪与狡诈的泪水。至此我们可以正式确认，虎妞的计划失败了。原本虎妞希望既得到祥子这个人，又得到父亲刘四爷的钱。祥子总算被她连骗带吓唬地留在了身边，可刘四爷的产业却终于如刘四爷说的那样，一个子儿也没给虎妞留下。前文我们读到过刘四爷对虎妞的疼爱与让步，也读到过虎妞对刘四爷的帮助和孝顺，如今在虎妞和刘四爷的父女关系走到末路的时候，我们有必要来回味一下，他们之间到底有着怎样的父女情分呢？

事实上，两人的父女情分是建立在利益之上的。一方面，刘四爷疼爱虎妞，继而对归来之后的祥子多有包容，因为虎妞是自己生意上的得力助手；也因为虎妞的麻利能干，刘四爷不愿意让虎妞出嫁，耽误了她的终身大事。另一方面，虎妞对父亲的帮助和服从是建立在未来能够得到父亲产业的基础之上的。因为血缘关系，两人有很多的利益捆绑，而当利益冲突发生的时候，两人的情分便显得微不足道，最终灰飞烟灭了。这样的父女感情是物质的、虚伪的、算计的。

失去了父亲这个依靠，虎妞未来只能依靠拉车的祥子和自己剩下的积蓄了。这使得虎妞和祥子的关系从控制与被控制，逐渐向经济合作的关系倾斜。虎妞出本钱，祥子出力气，这样的合作模式终于让祥子再次拥有了自己的车。这是祥子的第二辆车，祥子照样是高兴的，但是远没有第一次兴奋和激动了，甚至还有些不满。祥子的不满是因为二强子卖车的理由："打死老婆才出手的车。"这句谶语成了故事后面走向的重要伏笔。

通过卖车买车的事，牵出了大杂院里另一个失去依靠的女人：小福子。

小福子的出现并不是突兀而勉强的，老舍在上一章着力向我们展示了大杂院中苦力们"不存在的"家眷，以及家眷中最底层的女性的生活状态。其中留下一个尾巴，告诉我们姑娘中"长得有个模样的"，早晚会被父母卖出去"享福"。于是在这一章里，我们看到了一个"享过了福"的小福子。

小福子和虎妞不一样，她从一开始就没有父亲可以依靠。二强子卖了女儿小福子，得到二百块钱，但因为酗酒和做买卖失败赔去大半。他用剩下的钱买了洋车谋生，却又酒后家暴，打死了老婆。为了给老婆办后事，最终把洋车卖给了祥子。

如今小福子回到家来，他的父亲依然靠不住，甚至父亲和两个弟弟反过来要依靠小福子。她不得不干起肮脏的勾当，而这也使她和虎妞的生活发生了交集。我们如今来审视这段情节，首先要用如今的价值观去理解。毫无疑问，小福子的营生是有违道德，更是触犯法律的，虎妞可以算是从犯，二强子则是教唆犯。不仅如此，这一章里我们看到更多跨越法律和道德底线的事件。二强子卖女儿是犯罪，二强子家暴妻子致其死亡也是犯罪。

然而我们却发现，老舍并没有让道德的审判和法律的制裁在小说里发生。老恶棍二强子依然醉酒、家暴，坐吃山空。难道在民国的时候，他的这些行为都是合法的吗？当然不是。我们很无奈地发现，在生活的底层，在这些"不存在的人"身上，我们甚至看不到一丝公平和正义之光照耀的可能。祥子被兵匪抢走了车，被孙侦探讹走了钱，也同样无处去讨回公道。有这样一句铿锵有力的宣言："正义也许会迟到，但绝不会缺席。"这恐怕不适用于老舍笔下的民国。如果正义迟到得太久，那其实就等同于缺席了。

老舍显然不是很想计较正义到底是"迟到"还是"缺席"，他冷峻的叙事让人想到了柏拉图《理想国》中的一次著名争论。当时色拉叙马霍斯宣称"正义就是强者的利益"，而苏格拉底则坚信正义应该代表着弱者的利益。显然，老舍故事中的正义是前一种，因此根本不会在弱者身上发生，但我们却应该追求并珍惜苏格拉底所坚信的正义。老舍向我们展示了那个时代的黑暗，为的是激发我们对光明的热爱。

● **虎妞有了，祥子病了**

读到第十八章，时间来到了六月，作者跳过了虎妞与祥子婚后的整整半年时间。这半年里，大杂院里的很多事情仍在继续。穷苦人的穷苦还在继续，二强子的罪恶也还在继续。法律和道德都没能制裁或者声讨二强子，只有虎妞能够把他勉强挡在门外。

二强子是一个与祥子形成鲜明对照的人物：他们都经历了生存的困境，都成为过拥有自己的洋车的"漂亮车夫"，但是二人在困境中的表现却天差地别。在生活的绝境中，二强子飞快地完成了他的人格堕落，在困境中成了一个人人侧目的恶棍。老舍不是没有写出二强子的可怜，但是在拉上了自己的车子后，二强子何尝没有改变境遇的机会呢？二强子的可怜很大部分需要由他自己负责，而他更要为家人的苦难负责。

与之相反的是祥子。只要有一丝机会，祥子就不放弃改变自己境遇的希望，并且甘为这个希望付出巨大的努力。苦难的生活也许会诱使人们堕落，祥子不是圣贤君子，内心中已经多次想过要就此堕落，而事实上他也的确在堕落的路上走出了几步。但即使已经向生活投降了，祥子也始终能保持理性和良知，保持他的要强和倔强。孟德斯鸠说："人在苦难中才更像一个人。"考虑到祥子和二强子这两种情况，我们或许可以将这句话改成：人在苦难中才更能昭示自己是什么样的人。

这一章在整部小说里相对简短，但是在剧情发展上无疑是重要的。虎妞怀孕了，这次是真的。我们感受到祥子的家庭生活正在向前稳步推进。但坏消息是，祥子病了。祥子的病是本章后半部分着力描述的一个事件，老舍进行了逐层铺排：在六月十五那一天，祥子出门前喝了凉水，天气极热，祥子又坚持要出一趟车，结果出汗之后淋了雨。这次生病对祥子的心理打击很大。我们都听说过心理学上的墨菲定律：如果事情有变坏的可能，不管这种可能性有多小，它总会发生。在身体不适而天气又极度炎热的时候，祥子本应不出车，然而他却选择去拉一趟车：

假若拉完一趟而并不怎样呢，那就证明自己的身子并没坏；设若拉不下来这个买卖呢，那还有什么可说的，一个跟头栽死在那发着火的地上也好！

如果按照祥子内心的预设来看待拉完这趟车的结果，我们发现并没有那么糟。首先，这个买卖是"拉下来了"，工作也完成了。其次，祥子的身子并不能说是"坏"了，暂时只是病了。但毕竟，祥子的身体状况不如从前了，他未来似乎必然会成为老马和高个子车夫。

在这一章的最后，老舍再一次让我们读到了他的悲悯与冷峻：

雨下给富人，也下给穷人；下给义人，也下给不义的人。

这句话传递出来的哲理，是老子在千年前就点明的："天地不仁，以万物为刍狗。"而老舍却不关注天地，他关心的终究是人间，因此他紧接着又说：

其实，雨并不公道，因为下落在一个没有公道的世界上。

人间不公道，天地也不公道，大杂院里的人们该如何是好！

第8讲 堕落的祥子
——人物命运及个人选择

● **愚蠢和残忍**

祥子的病还没好全，虎妞却死了。时间从六月飞快地推进
到了第二年二月，老舍加快了他的叙述节奏，仿佛不想让读者
看到祥子在家庭生活里迁延太久。虎妞和祥子的家庭生活像一
卷潦草的画卷，开头匆忙起笔，还来不及多涂抹几笔，便被命
运的手搅着卷轴匆匆收起。

在第十九章中，祥子和虎妞两个人物的变化都与身体状况
有关，他们二人的身体状况在如今都是毫不犹豫要到医院就医
的。但无论是祥子，还是虎妞，他们两人对疾病的应对方式都
与今日大不相同。面对祥子的病，虎妞从娘娘庙求来香灰和两
三味草药，继而请大夫扎了两针，服了剂药。因为不舍得吃药，
祥子陆续在家静养了两个月。而面对虎妞的难产危机，则选择在
临产前先请收生婆照看，收生婆无法解决问题后，又请虾蟆大仙
陈二奶奶画催生符与丸药同服，还让祥子跪高香。大仙失败逃跑
后，因医院费用过于昂贵，祥子只能坐视虎妞死去。

当祥子坐视虎妞死去时，老舍给出的评价是：

愚蠢与残忍是这里的一些现象，所以愚蠢，所以残忍，却

另有原因。

老舍的这句话，留下了至少两个问题。首先，在这一章里，我们看到哪些愚蠢与残忍的现象呢？而更重要的是，这愚蠢和残忍背后的原因又是什么呢？

愚蠢的现象比较容易发现，祥子有病，虎妞难产，却都不首先选择就医，而选择迷信，耽误了治疗的时机，以致祥子的病久不能痊愈，而虎妞则直接身死。此外，虎妞的愚蠢还体现在对怀孕时身体保养的认识上，多吃少动的生活习惯是她难产的重要原因。

残忍的现象在祥子身上体现为不舍得吃药和病未痊愈便勉强出车，而在虎妞身上则体现为丈夫无钱让她就医，她只能等死。

愚蠢本身既是现象，也是原因，而残忍的另一个重要原因是贫穷。

大家有没有一种小说越读越快的感觉，命运的车轮一直在祥子身后追赶着，这一次真的追上了他。这一章里出现了祥子一生中最大的希望，是将为人父的希望。然而这希望在即将实现的当下就此破灭，老舍恐怕是真的在践行"将美好的东西毁灭给人看"这样的一个悲剧定义。

被命运碾过的祥子，该如何去应对呢？

● **普通车夫祥子**

祥子的家没了，车也没了。之前的谶语终究成为现实，祥子不得不卖了自己的车给自己的老婆下葬。对于自己的命运，祥子给出了"三起三落"的感慨，这感慨可能更多的是针对他最看重的车子：祥子最开始买了车，随后被抢；卖了骆驼的积蓄让他得以继续攒钱买车，但积蓄又被讹；与虎妞结婚后，靠虎妞的钱再次买上了自己的车，而为了给虎妞办后事，最终又失去了自己的车。

祥子来到北平之后，车几乎就是他生命的全部，他是个不折不扣的"车迷"。至于没有了家，祥子的反应似乎麻木得多，他只管掏钱、典卖、打包。这个家的组建本非出于自愿，因此如今散了，祥子回到原来的生活状态，也并没有绝望到忧闷欲死的程度。加之之前的两次起落和在虎妞控制下的压抑感，家散了对于祥子来说同时意味着牢笼倒塌了，这一次的人生起落，未尝不可以视作一个重新开始的起点。

在这里我们要再提起一下前文的话题——残忍。祥子坐视虎妞死去究竟有多残忍呢？这种残忍真的主要是因为愚蠢和贫困吗？读到这一章，不知大家有没有这样的疑问：为什么在虎妞难产时，祥子不选择卖车救人呢？从时间上看，可能有些紧。但从金额上看，祥子的车无论卖多少钱，都应该能够应付虎妞就医。同样的例子还有二强子，在妻子病危时，二强子的时间更充裕，但是二强子同样没有卖车救妻。在妻子病危时，卖车筹钱这个选项根本不在祥子和二强子的视野中。他们是真的心疼车、心疼钱吗？当妻子死了之后，他们都不约而同地选择卖车筹钱来葬妻，显然不能认定他们是毫无人性的守财奴。

这恐怕是那个时代人们的普遍观念：对于穷人来说，相比活着，人们更看重死去。活着的人是为钱奔波的，是为钱而活的。钱对于穷人来说，只要超过赖以生存的数额，便是奢侈的，是能省则省的，是不必要花的。这种在金钱上的克扣，一方面看是艰苦朴素，另一方面看则是残忍了。祥子对自己是残忍的，病能忍则忍，药能不喝则不喝。这种残忍无一不是把自己放在了比金钱更低的位置上——穷苦人不能多花钱，不能待在家里不挣钱，这些都是浪费。对虎妞，祥子已经在穷人的范围内做到了最大的慷慨，但绝没有慷慨到不顾之后经济来源的程度。卖车救妻子，救不回来，那便是浪费钱。若是救回来了，以后吃饭的家伙没了，积蓄用尽了，有两到三张嘴要吃饭，这日子该怎么过呢？

可是人死了就不一样了。在封建的传统观念里，慎终追远是基本的传统道德。对于穷人来说，活着的时候已经没办法享受生的快乐，死后若不能享受入土为安的整套礼仪，不仅是个人的不幸，更会令家中还活着的人"丢脸"。老舍之前一再提及，所有的洋车夫，最终的命运都是一头栽在路上死去。其中相当一部分车夫恐怕没有家人，或者他们的家人是赤贫的，这导致他们将无法入土为安——这是车夫为最低贱的职业的原因。而另一个现实的因素是，对于祥子和二强子来说，埋葬一个逝者固然意味着巨大的花费，但同时也意味着没有随后的更多的经济压力。因此，如果非要卖了车来为重病的人做些什么的话，无论是出于传统观念还是现实考量，都应该是办身后事。

这就是穷苦人的残忍。

还是说回祥子，回到车厂拉车的祥子，不再是原来的那个祥子了，他成了一个普通车夫。祥子依旧比一般的车夫跑得麻利，也仍然不大爱说话。不同点是他已经有了烟瘾，而且在拉车时不再拼命地跑，而是特别小心。祥子不再好胜，不再想从拉车里赢得光荣与称赞。此外，为了消除寂寞感，祥子在车厂交上了朋友，他开始合群，会让烟陪酒，还会为朋友的红白事随份子，尽人情。

这些改变并不那么糟，甚至我们在此时的祥子身上看到了一些人情味。此时的祥子已经经历了三起三落，已经失去了家人，他太需要朋友了。从前的祥子坚信，靠着自己的努力和要强，顶天立地的他可以独自生活，独自追逐自己的希望和美好未来。而如今，祥子的眼睛开始看向其他车夫，他看到他们的真哭和真笑，并试着让自己融入他们。祥子不再是那个高等车夫，或者说他不再是那个为了成为高等车夫而不懈努力的祥子了，他只是一个普通车夫，一个有了人情味的普通车夫。

然而得来这点人情味，对于祥子来说代价是高昂的：

以前他所看不上眼的事，现在他都觉得有些意思——自己的路既走不通，便没法不承认别人做得对。

成为一个合群的、有朋友的车夫，不仅仅是放下架子抽点喝点那么简单。祥子否定了自己之前的生活和追求，否定了自己之前的生活道路，而在别人的道路上深一脚浅一脚地走着。但是那终究是别人的路，一个人不可能在别人的路上长久地走下去，祥子迟早会回到自己的道路上去，只是方向已经反了。我们即将见证的，是一个停止向上挣扎的祥子，他以自由落体般的速度向下坠落。

● **人不为己，天诛地灭**

第二十一章委婉地记叙了祥子和夏太太两人偷情的事，而这次偷情成了祥子堕落的契机。

老舍在这里向我们展示了祥子身上那种以男性为中心的女性观。尽管祥子对身边的女性大体还称得上是善待，但是其内心对于女性其实并不算真正的尊重，而带着评价和审视的态度。虎妞的社会地位比祥子高，但是他厌恶她，因为虎妞老丑而霸道，且私生活混乱。同时，祥子坚信，自己的身体不好是虎妞害的。夏太太年轻貌美，但祥子也看不惯她，认为她和虎妞是"一路货"，同时祥子又认可夏太太比小福子美多了。当祥子意识到夏太太可能在引诱他时，对于这个"香粉香水地沤着，绫罗绸缎地包着"的女人完全没有拒绝之力。也许在祥子心中，小福子是他的真爱，但是这份情感也建立在他对小福子的审视基础之上。她美，她年轻，她要强，她勤俭，她是他理想的伴侣，像一个理想的住处、一件合身的衣服。

在一个不平等的社会中，但凡有阶级间的不平等，往往同时伴随着男女间的不平等。这种不平等不仅表现在外在的物质生活和制度设计上，更深深地印刻在每个人的观念中。在老舍所书写的年代和之前漫长的中国古代，女性在社会上的标签就是男性的附属品。在男性眼中，女性很少被当作人来平等地对待，而是被当作物件来对待。

祥子的思想并没能超越那个时代，他也是那个把女性当作物件来审视的男性。这是他的局限，也是他的缺陷。

祥子本人并没有从自己身上看出什么缺陷来，因为他发现，即使自己的这段经历特殊，也是"和别人一样"的。既然别人也这样，那么自己这样做当然是值得原谅的了。我们在生活中也喜欢找这样的借口，但凡自己做错了事，只要其他人也这么做，我们就能立刻自我安慰：原来别人也这样。如果一样的人多了，甚至会理直气壮地觉得自己是对的。毕竟，只要继续在别人的路上走，就算走错了，也不全是自己的错。我们要时刻警惕，所谓的从众，不是盲目，也不是愚蠢，从众更多的时候是一种平庸的坏，是揣着明白装糊涂。回到故事里，以从众为借口的祥子终于无可阻挡地走向了自己的堕落之路。祥子没有了正气，烟酒成瘾，贪图享乐，在工作上则更懒，不肯多卖力气。他的脾气变大，敢于打骂巡警和客人。最后，也是最重要的，祥子不再爱惜车子。

祥子的身量还是那么高，可是不再有正气，只剩麻木和自欺来应对生活的无聊、痛苦、无望。他"越不肯努力便越自怜"，进而"自怜便自私"。祥子成了一个"拔一毛而利天下，不为也"的人，他只爱自己，只为自己而活。又因为自己已然一无所有，因此无所畏惧，能骂能打，又不怕骂不怕打，这些使祥子飞快地堕落成流氓混混。

老舍一方面不紧不慢地向我们展示祥子的堕落，另一方面一再地提醒我们，祥子变成现在这个样子，时代和环境有很大的影响。此时祥子将自己过去的生活经验总结为："当初咱倒要强过呢，有一丁点好处没有？"老舍更是将祥子的总结引申开来：

经验是生活的肥料，有什么样的经验便变成什么样的人，在沙漠里养不出牡丹来。

沙漠倒是可以养出骆驼来，但这匹骆驼却不再吃苦耐劳。"苦人的懒是努力而落了空的自然结果，苦人的耍刺儿含着一些公理。"刺儿头祥子如今只相信"人不为己，天诛地灭"，似乎不愿意再回到从前吃苦努力的生活状态中去了。

现实似乎是这样，但是和刘四爷的偶遇，却意外地让祥子重新振作了起来。

第 9 讲　只是骆驼

——祥子最后的职业的象征意义

● ┃　**必然破灭的最后希望**

　　第二十二章开头老舍对祥子心理活动的描写值得多讲几句，这个问题还是挺重要的。大家有没有想过，为什么上一章结尾祥子把刘四爷赶下车，对他喊一句"管不着"就代表战胜刘四爷了呢？更重要的是，为什么战胜刘四爷这件事让已然颓废的祥子重又振作起来呢？

　　我们先看第一个问题，尽管祥子能够重新振作起来是令人高兴的，但是我们应该要心知肚明的是：祥子并没有胜利。祥子只是暂时实现了阿 Q 一般的精神胜利，鲁迅早已告诉我们这种"精神胜利法"实际上是一种自我麻醉。从客观结果上来看，当他说完"管不着"并扬长而去之后，刘四爷依然是刘四爷，祥子依然是祥子，既然刘四爷没输，祥子何谈有赢？

　　我们也必须承认，祥子的回应给刘四爷带去了精神上的打击。独女去世已是人生一大悲哀，何况还不知该到何处悼念，这对于已经七十多岁的刘四爷来说是十分凄凉的事。但如果祥子的胜利是从这个角度出发的话，那么他无疑是卑鄙的。祥子的精神胜利，完全建立在刘四爷的痛苦之上。更何况，虎妞是刘四爷的女儿，同时也是祥子的妻子。重新提起虎妞的死，祥子不以为悲，反以为乐，这种道德上的堕落，是不能被原谅的。

那么，为什么这种不道德的精神胜利，会让祥子燃起重新振作的勇气呢？在这里我想借用一下尼采的权力意志学说。尼采认为，所谓的幸福，就是感到自己的权力在增长，感到面前的阻力被克服。简单地说，权力意志的伸张就是内心燃起"我可以的！我做到了！"之类的感觉。我们用这个观点来看待祥子，会发现他一开始要强上进、努力拉车，是因为他在拉车这件事里感受到了自己的权力的伸张，他能做到，而且做得很好！在一次次的打击之后，当他再次面对生活，面对拉车这件事，他变得软弱了，他做不到了。权力感的丧失让祥子不再有继续要强的动力，而他从此在街面上耍流氓，则是用消极的方式在伸张自己的权力。无论是叼着烟卷，还是和巡警斗气，这种种自我意识过剩的"叛逆"行为，可以说都是错误的、不道德的，然而却有力量的生活方式。祥子没有别的办法，只能用这种荒唐的形式宣泄自己的情绪。而此时，刘四爷出现了。哪怕是在祥子努力拉车的年月里，他面对刘四爷也始终是低声下气的。想不到自己这次可以把刘四爷赶下车来，撂在原地，还能给他结结实实地添堵，祥子做到了！自己从前要强时候都没能做到的事情，如今却做到了，那么只要自己再次振作，一定可以重新争取到属于自己的美好和幸福。此时的祥子依然"有志气，有力量，年纪轻"，他依然有再次要强的资本，同时我们也惊喜地看到祥子状态的转变：

心一变，马上身子也强起来，不成问题！

然而，大家一定已经读到了这一节的小标题——"必然破灭的最后希望"。为什么说这个希望是必然破灭的呢？这里提前剧透了，但是我想说的是，这并不是老舍刻意安排的悲剧，而是祥子这个选择带来的必然结果。因为这一次祥子将重新振作的希望寄托在了别人的身上，要知道，之前的祥子，无论经历怎样的起落，都是靠自己挣扎着爬起来的。

祥子重新振作之后首先琢磨的是：

可以投奔的，可依靠的，人，在他心中，只有两个。

之前的自信似乎突然就被搁在边上了，祥子此刻需要的是"圣人"曹先生的帮助和爱人小福子的鼓舞。更重要的是，这两者都满足，他才可能鼓起勇气来好好生活。打个不那么恰当的比方，这像极了每天立志要好好读书的我们，怎样才愿意好好读书呢？天气要好，笔要写得顺手，偶像要发新歌，游戏要打赢三局，这些条件都满足了，才愿意好好读书。而一般情况下，这些条件基本上不可能全都满足，即使满足了，也只是暂时的。祥子也是如此，即使圣人和爱人都如愿给了他帮助，可他的希望既然在别人身上，就意味着他放弃了对自己生活负责的意志，这本身就等于失败。

我们还要注意到，曹先生以他的善良仁慈和他美满幸福的绿洲接纳了祥子。这是曹先生的高尚，但也是他的局限，他对祥子的帮助仅限于把他拉进绿洲。他富有同情心，可是他最终也没能真正地拯救祥子。曹先生是一个知识分子、一个社会主义者，但是并没能对祥子进行思想启蒙，没能引导祥子去反省自己的生活，在曹先生登场的时候，我们便已知晓了他的局限。我们不该责怪他，但还是会感到遗憾，毕竟曹先生是整部小说里唯一有可能拯救祥子的人。

● 不再是车夫的祥子

在小说的最后几章，之前的人物一一出现。刘四爷和曹先生先后出场，到了第二十三章，老马也再次出现在祥子和读者的面前——以一种极其凄凉的状态。老马这个角色在整部小说里虽然只出现过两次，但是他的重要性决不允许我们只用一声叹息去回应。老马和祥子是需要放在一起看的两个人物，他们之间不仅有命运上的呼应，更有思想观念上的反差。这种呼应和反差，形成了一种巨大的艺术张力。

说到思想，我们读到这里，差不多也可以用这个词来考量祥子了。第二十二章提到，曹先生没能在思想上启蒙祥子，没能让祥子反思自己的生活。但是在这一章里，老马却意外地完成了这个启蒙。祥子在思想上是典型的个人主义者，他的命运"三起三落"，他的人格由崇高逐渐走向堕落，但他的人生观和价值观是始终如一的，即老马所谓的"独自混好"。之前想着买车，那是他的希望。为了这个希望，祥子不与其他车夫多来往，没有不良嗜好，却也顾不得同情在寒风中受苦的其他车夫。他上进、要强都是为了自己。与虎妞结婚后，他只想着自己被束缚、被控制，而当虎妞为他买车，满足了他的愿望后，才念及虎妞的好来。当一切希望破灭后，他更是只考虑自己，自怜而自私。个人主义有其积极进取的一面，也有其消极颓废的一面，祥子从这一头滑到了另一头，前后判若两人，但始终没能摆脱个人主义的局限。

老马说，车夫想要"独自混好"是不可能的。事实上，所有底层穷苦人都不太可能做到"独自混好"。底层穷苦人的悲剧根源是时代和环境的压迫，而要改变现状，决不能靠单打独斗，无产者只有团结起来，才有推翻旧世界的可能。为了说明这一点，老马讲了一个蚂蚱的比喻：

看见过蚂蚱吧？独自一个儿也蹦得怪远的，可是教个小孩子逮住，用线儿拴上，连飞也飞不起来。赶到成了群，打成阵，哼，一阵就把整顷的庄稼吃净，谁也没法儿治它们！

祥子听懂了这个比喻吗？不知道。他后来的确去参加了不少底层人民的活动，投入到集体中去，成为"群"和"阵"中的一分子。但是他进去的目的又仅仅是骗点钱，让自己活下去。祥子依然是那个个人主义的祥子，很可惜他终究没有醒悟。老马一生的经验并没能唤醒祥子，他依然在自己的个人主义思想里一步步走向他的末路。

我们需要思考一下蚂蚱这个比喻：蚂蚱们打成阵，力量是巨大的，但是把庄稼吃光，这便是对的吗？我们该如何处理个人和集体之间的关系呢？这个问题挺要紧的，不仅关于读书，更关于我们每个人之后的人生道路和人生选择。

纯粹的个人主义没有出路，但纯粹的集体主义恐怕也是灾难。在如今的社会，我们不能再执迷于信奉个人主义，从而沦为精致的利己主义者，但也不能毫无主见地将自己交给一个群体，沦为集体的附庸。我们首先要有对自我和对社会的清晰认识，进而规划好自己的人生道路，在此基础上，投身于社会。每个人不仅要为自己负责，同时也要清楚，个人是属于社会的，我们要尽自己所能，为社会、为集体贡献自己的力量。

在老马的指点下，祥子来到了白房子。爱情的希望破灭了，破灭在这个最卑微、肮脏的地方。在扼腕叹息的同时，我们不免要多问一句：祥子本可以早些去找曹先生，这样便能在小福子自寻短见之前找到她了，为什么他没能及时去呢？是的，因为祥子没能尽早振作起来，若不是刘四爷的出现，他恐怕此时也不会振作起来。正是个人主义的自私和利己，戳破了祥子自己最后的希望。

曹先生救不了祥子的命，祥子彻底放弃了自我，以一种求死的方式生活着。一个人如果连自己都想要毁灭，就不怕毁灭身边的任何人。祥子不再是一个车夫，甚至不再是一个人，祥子变成了走兽。是的，不再有祥子了，只有"骆驼"。

● 最后的工作

老舍有一篇著名的散文，题目是《想北平》。在这篇文章里，老舍表达了自己对北平热烈而深沉的爱。而在这部小说的末章，老舍再一次表达了对北平的歌颂：

> 它污浊，它美丽，它衰老，它活泼，它杂乱，它安闲，它可爱，它是伟大的夏初的北平。

三组反义词之间存在着巨大的力量，它们不是彼此否定的，告诉我们在北平它们同时存在，并且不能彼此掩盖。一座城市就像一个人、一个群体、一种思想，是复杂的、多面的，但北平的"伟大"是不容置疑的。

可是人们根本不关心北平的美好和伟大，而争着观看游街与枪毙。这一幕描写让我们看到了生活在北平的穷苦人的另一面：

> 到八点半钟，街上已满了人，兴奋，希冀，拥挤，喧嚣，等着看这活的新闻。

生活在底层的、没有觉醒的愚弱的个体，就算聚集起来，也只能做看枪毙和啃咬庄稼这样的事。一个个个体"打成阵"，绝对不构成推翻旧世界的力量。他们对别人的痛苦视而不见，不仅乐在其中，简直可以说是沉迷其中而不能自拔：

车夫们忘了张罗买卖，铺子里乱了规矩，小贩们懒得吆喝，都期待着囚车与阮明。

这一段描写让我禁不住想起了《陌上桑》里的诗句：

耕者忘其犁，锄者忘其锄。来归相怨怒，但坐观罗敷。

老舍用极其冷静的俏皮话让我们看到底层人民的巨大局限，他更用冷峻与清醒的笔调，将这种局限可能造成的巨大灾难点了出来：

这些人的心中没有好歹，不懂得善恶，辨不清是非，他们死攥着一些礼教，愿被称为文明人；他们却爱看千刀万剐他们的同类，像小儿割宰一只小狗那么残忍与痛快。一朝权到手，他们之中的任何人也会去屠城，把妇人的乳与脚割下堆成小山，这是他们的快举。他们没得到这个威权，就不妨先多看些杀猪宰羊与杀人，过一点瘾。连这个要是也摸不着看，他们会对个孩子也骂千刀杀，万刀杀，解解心中的恶气。

鲁迅在《呐喊》的自序中描述自己在日本学医时是看客，也对此发出了同样冷峻的抨击："凡是愚弱的国民，即使体格如何健全，如何茁壮，也只能做毫无意义的示众的材料和看客，病死多少是不必以为不幸的。"

北平的伟大虽然不会因为这些看客的存在而改变，但北平的伟大需要等这些看客都觉醒之后才能够被唤醒。也只有在那个时候，才能有更多人看到北平的美丽、活泼、安闲、可爱。

在这些看客中，不包含祥子。因为他内心最后的良知不允许他去观看被自己出卖的阮明，他躲在暗处，盘算着如何花掉出卖阮明换来的六十块钱。

在这里我们需要多想一个问题：老舍为什么要将被出卖的阮明描绘成一个卑鄙贪婪的人呢？这恐怕是为了告诫读者，要警惕同情心的滥用和二元对立式的思考。叛徒固然可恶，但未必被出卖的就是好人。阮明不仅是一个卑鄙而贪婪的人，更将自己的罪过归咎于社会，他认为自己的错不完全是自己的错。社会的引诱力和金钱的诱惑力，让阮明和祥子都堕落了。但事

他找人写了个密告，控告了阮明，并且得了六十块钱，他低着头在德胜门城根慢慢地走，到城外松林裹去追憶小福子。

图 5 《骆驼祥子画传》插画 4（孙之俊绘）

实上，他们需要为自己的堕落负主要责任。贪婪、堕落和逃避责任是这两人身上共同的恶，无论是谁出卖了谁。

　　小说的最后，祥子成了一个职业送殡人。这最后的职业非常具有象征意义，老舍说："他等着吸那最后的一口气，他是个还有口气的死鬼，个人主义是他的灵魂。这个灵魂将随着他的身体一齐烂化在泥土中。"作为肉身的祥子——或者称他为"骆驼"——还活着，但作为人的祥子其实早已不存在了，他是个还剩一口气的灵魂。老舍为什么不让祥子一死了之，而要让他去送殡呢？希望读到这里的你能够认真思考一下这个结尾。我说一下自己的想法：老舍不让祥子死，是因为"祥子"并没有死。那个时代还有很多"祥子"：既有"体面的、要强的、好梦想的、利己的、个人的、健壮的、伟大的"祥子，也有"堕落的、自私的、不幸的、社会病胎里的产儿，个人主义的末路鬼"。只要底层穷苦人民没有真正觉醒，没有真正团结起来，没有为自己和社会负起责任，"祥子"的灵魂——个人主义的灵魂就会永远在这个社会里游荡。

　　小说读完了，回想一下，自己的身上，有没有游荡着这样的灵魂呢？

第 10 讲　故事和说故事的人
——叙事的策略和时间的安排

● **故事的套路**

整部小说读完了，我们来聊聊小说叙事的套路。

套路本不是个新词，但是最近几年却被赋予了新的含义，甚至被活用作一个动词。无论是这个词的本来含义，还是网络上的新含义，强调的都是做事的固定模式。小说是文学艺术的一个门类，作为强调创意的艺术，其创作有固定模式吗？当然有！这种模式虽然称不上是强行确定下来的规则，但却是艺术家在进行创作时普遍遵循的法则。小说的创作不是对法则的打破，而是利用这些叙事的法则，在作者和读者共同认可的语境下，展开故事的讲述。讲规则，遵循法则，并不是说艺术家在创作时不输送创意，而是把基础的故事讲述交给规则和套路，以便全力投入到更复杂层面的刻画中去。这一节我们介绍两种讲故事的套路，看看老舍在讲述祥子的故事的时候，是如何运用这样的套路的。

首先，我们来关注祥子命运的所谓"三起三落"。整部小说中，祥子买到了车或者攒够了买车的钱，共三次，但是三次都失去了车或者钱，命运的起伏构成了整个故事激荡而又令人绝望的悲剧底色。然而我想说，这种起伏的命运并非祥子所独有，而是一种典型的套路。在这种套路里，由于情节和场景通常被重复三遍，所以我们称之为"三叠式结构"。这种结构套路简单而且稳定，因此在民间故事和古典小说中被大量使用。比如在《西游记》中，有著名的"三打白骨精"的故事，白骨精先后变成村姑、老妇和白发老公公，最后终于被孙悟空消灭。故事的情节被简单地重复了三遍，打人的都是孙悟空，挨打的都是白骨精。同样的结构在《三国演义》中也能够找到，最有名的恐怕要数"三顾茅庐"了，刘备三次前往隆中拜访诸葛亮，终于请动诸葛亮出山。毫无疑问，"三叠式结构"是一种历史悠久的说故事的方法。

不过，"三叠式结构"并不是简单地重复相似甚至相同的情节。在这种结构里，重复的场景、细节提供稳定的故事和稳定的主旨，而变化的细节又让叙事依次形成开端、发展、高潮，人物在这样的情节推进中逐渐成长，性格品质逐渐清晰，令人印象深刻。在"三打白骨精"里，随着白骨精一次次地进犯和唐僧一再地迂腐抉择，孙悟空机智勇敢的品质也逐渐展露出来，他最终坚持自己的判断，消灭了妖怪。而在"三顾茅庐"的故事里，一次次的登门拜访展现了刘备真诚和礼贤下士的品质，而诸葛亮也在看似孤高的神秘作风背后展现出了雄才大略，并以《隆中对》定下了之后三分天下的格局。"三叠式结构"在这里并不是只是所谓的"重要的妖精打三遍"或者"重要的人才请三遍"的简单重复，它支撑起了整个故事的框架，甚至为故事提供了灵魂。

回过头来看《骆驼祥子》。在这部小说里，祥子的"三起三落"结构虽然大体相似，但其情节上是有内在推进的。第一次买车，祥子干劲十足，钱攒得很足，买的是新车；第二次祥子只攥着卖骆驼换来的三十块钱，还没买上车，钱便被讹走了；

第三次祥子已经没了积蓄，全靠虎妞的私房钱买车，买的还是一辆不吉利的二手车。"三起"已然一次不如一次，"三落"则不可避免地一次比一次摔得更惨。在这三次起落中，各种人物逐次登场，进入到祥子的生活中，影响着祥子的命运走向。

祥子一开始要强肯干，在失去积蓄、失去自己的车子的过程中，逐渐失去了对自己命运的掌控权，一步步走向堕落。老舍给祥子的盖棺定论是"个人主义的末路鬼"，如果关注这三次起落中祥子的个人表现，就会发现他始终是一个个人主义者。祥子要强的时候关注的是自己的车、自己的钱、自己的壮硕身体、自己的工作，他不是没有关注过身边的其他人，但他始终是为自己而活的。他为着自己的生存而屈服于刘四爷，他为着自己的欲望而与虎妞发生关系，他又为着自己的生活而一再排斥和虎妞共同生活。个人主义虽赋予祥子积极要强的精气神，但也是深埋在他体内的毒瘤。一旦生活中的种种不公和悲惨袭来，体内的毒瘤发作，祥子便成为一个自私的、懒惰的、行尸走肉般的"末路鬼"。"三叠式结构"对于《骆驼祥子》的影响可能比"三打白骨精""三顾茅庐"要更大，在相似的三次起落之后，祥子的人物形象在个人主义的底色下，已经发生了翻天覆地的变化。

事实上，"三叠式结构"绝不是什么古旧而老土的叙事结构，这种套路在当代的影视作品中也被大量运用。比如《钢铁侠》中，托尼·斯塔克一次次穿上钢铁战甲；比如《黑客帝国》中，尼奥一次次进入矩阵母体；比如《我不是药神》中，程勇为了救患者，一次次去印度带回仿制药。"三叠式结构"很简单，却能够帮助叙述者把故事讲好，进而在一个完备的故事里进行深入探索。

除了"三叠式结构"外，我们还可以通过一个"故事公式"

来理解《骆驼祥子》的讲述脉络。这个公式我最早是在许荣哲的《小说课》里读到的，大致由以下七个问题组成：

1. 主人公的目标是什么？

2. 主人公的阻碍是什么？

3. 他如何努力？

4. 结果如何？

5. 是否发生可以改变结果的意外？

6. 意外发生后，剧情如何转弯？

7. 最后的结局是什么？

许荣哲进一步将这七个问题简化，得到了以下结构：

目标——阻碍——努力——结果——意外——转弯——结局。

那么，用这七个问题来看《骆驼祥子》的故事，也可以解释得通（以祥子的一次起落为例，见表 10-1）：

表 10-1　许荣哲"故事公式"解析下的《骆驼祥子》

主人公的目标是什么？	买上自己的洋车
主人公的阻碍是什么？	没钱
他如何努力？	拉车攒钱
结果如何？	买上新车
是否发生可以改变结果的意外？	连车带人被兵匪劫走
意外发生后，剧情如何转弯？	带着三匹骆驼逃回城中
最后的结局是什么？	卖了骆驼，得到三十块钱，继续拉车

事实上，你会发现，用这七个问题来看祥子人生的一次起落是有效的，但整个故事远不止这七个问题，如果你愿意，可

以在故事中划分出多个类似这一次起落的循环和轮回。巧合的是，这几次轮回叠加起来，恰好是前面说过的"三叠式结构"，这便是故事套路的奥妙之处了。而我们在这一次次轮回中，也能体味到祥子的不幸与绝望。

● 时间的流逝和跳跃

讲故事需要有套路，这个套路可以是宏观上的"三叠式结构"，也可以是微观上的让故事分七步逐步推进。而有了套路之后，讲故事还需要什么呢？

是时间。

故事的创作在空间层面有很多选择。老舍让祥子的故事发生在北平，如果他愿意，也可以让这个故事发生在济南。老舍甚至可以让故事发生在他曾经生活过的英国伦敦，只不过这样一来，我们的主人公最好名字改作 Mr. Lucky（幸运先生），拉的洋车形制或许也需要修改。事实上，每一部小说都能在空间或者社会环境的选择上尽情挥洒，故事可以发生在很多空间里，甚至是很多彼此不相关联的空间里。而一些足够前卫先锋的小说甚至可以不需要空间，又或者说，这些故事可以发生在精神空间里。

但是，让作家别无选择的是，一部小说的故事，必须要经历一定的时间长度。"三叠式结构"需要在一个时间跨度里完成，七步推进需要置于时间的变化中。我们传统上将小说故事划分为开端、发展、高潮、结局四部分，而情节的展开也要经历一个时间的跨度。作家通过时间的变化来展现人物的命运，再由人物的命运来表达作者的道德判断，带来思考和意义。

时间和空间有什么关系呢？格非有这样一个比喻：如果把

时间比喻为一条河流的话，那么空间就是河流上的漂浮物，或者说河两岸的风景。两者相映成趣，相得益彰。格非指出，在一般的传统文学里，空间永远是附属于时间的。因此我们在阅读小说的时候，必须关注整个故事推进的时间要素。

依据时间来梳理整部小说，我们会看到一个怎样的故事面貌呢？

故事的一开始，二十多岁的祥子决定去拉车，他花了两三个星期练腿，随后正式开始了他的拉车生涯。时间在此处突然出现了一个巨大的跳跃："整整的三年，他凑足了一百块钱！"这三年的时间一笔带过，看来祥子第一次买车的积累过程在这个故事中不是重点，这个过程是顺当的。老舍讲这个故事当然不是为了讲祥子的顺当，于是他毫不犹豫地让时间快进。这个快进的幅度有多大呢？我们随后会感受到。

随后，战争的消息到来，在"祥子的新车刚交半岁"的某一天，他冒险拉车出城，连人带车被劫走。这里老舍依然在让时间快进，半年就这么再次被跳过，以便让厄运更快地追上祥子。事实上，老舍的大手笔不止如此，在这之后，他继续跳过祥子被劫到兵营里的悲惨生活，甚至不让我们知道这个时间段究竟有多长。从后面其他人的反应来看，祥子没有离开太长时间，并没有满一年，很可能也没有满半年，不过，也不是几天或者几个星期那么短，毕竟虎妞打趣说祥子是不是去挖金矿了，可见几个月应该是有的。我们可以确定的是，在一段模糊的时间后，祥子牵着三匹骆驼逃回了北平。在海甸的一家小店里躺了三天之后，祥子走回了北平，在"太阳平西"的时候回到了人和车厂。到这里，快速的时间推进告一段落，这之前的四年不到的时间，是故事的开端。我们为了梳理方便，取个整数吧——祥子攒钱三年，拉新车半年，被兵匪劫走半年——共约四年。

祥子重新开始拉车，并且很快拉上了杨宅的包月，但是他拉了四天，便离开了。初秋的夜晚，祥子回到人和车厂，与虎妞发生关系。第二天，祥子照样拉车出去，晚上遇到曹先生，约定两天后去曹宅拉包车。在这将近一周的叙事中，加了一句作者对祥子的评论性旁白：

他自己的那辆车是去年秋初买的。一年多了，他现在什么也没有，只有要不出来的三十多块钱……

从这句旁白来看，我们的估算是准确的，祥子花了三年时间攒钱买车，随后又过了一年时间，来到故事发生的当下。祥子的故事是从秋天开始的，时间由此循环下去。而在这第五年的秋天，老舍为祥子埋下了虎妞和曹先生两个伏笔，一个通往光明，一个通往黑暗。

中秋节后十多天，一天晚上，祥子拉车摔伤了曹先生和自己。这次小小的波折对于整个故事并没有产生什么决定性的影响，但如果大家注意到时间的话，应该能够意识到，此时的叙事节奏明显被放缓了。因为节奏慢了，祥子的各种念头便有时间叙述了，甚至是一些胡思乱想，诸如对于自己眼下的悲惨处境感到自怜，或者对于自己与虎妞的关系感到懊悔，又或者只是单纯地在盘算着自己的积蓄该如何处理。当祥子决定将三十块钱放在闷葫芦罐里时，时间来到了初冬。在越来越冷的天气里，我们看到了祥子对街上穷苦人的漠视——这一年的祥子，跟从前有些不一样了。

"街上慢慢有些年下的气象了"，祥子的命运也将再次迎来转折。腊八之后的一天晚上，虎妞以怀孕为由来找祥子逼婚，并与祥子约定腊月二十七为刘四爷祝寿时向刘四爷摊牌。于是，腊月二十七这一天成为小说里一个非常重要的时间点。这个时间点被悬置在此处，本身成为一个悬念。读者会很想知道在腊月二十七那天将发生什么，可是老舍并没有让时间简单地一跃而过，从腊八到腊月二十七的这十多天里，祥子遇见了老马和小马，又被孙侦探跟踪并讹走了积蓄。从"三起三落"的大结构来看，在这十多天的"空档"里，祥子经历了自己的第二"落"。落到低谷的、一文不名的祥子终于在腊月二十七之前回到了人和车厂，出现在了虎妞眼前。接着，老舍不紧不慢地将刘四爷寿宴的整个过程铺排出来，一切原本顺顺当当，然而，在腊月二十七的夜里，一切突然都搞砸了，虎妞的如意算盘没打响。

寿宴上不欢而散后，过了十天，时间来到正月初六。在虎妞的安排下，祥子与她结婚了。短短一季，故事就来到了高潮。老舍对这第五年由秋到冬的几个月时间发生的事精雕细琢，刻出了整个故事里最精彩的核心。而从这里开始，时间又暗暗变快。虽然叙事节奏依然不紧不慢，可老舍却将关键日期一一透露给读者。

虎妞和祥子新婚的第二天，也就是正月初七，祥子出门洗澡，心理斗争，随后两人就别别扭扭地生活在了一起。一直到元宵节，也就是正月十五，都相安无事。正月十七那天，祥子开始外出拉车，几天后得知刘四爷卖厂离开。而虎妞也同意拿出自己的钱给祥子买车。随后，祥子将人和车厂的事打听清楚，虎妞买下了大杂院里二强子那辆不吉利的二手车。祥子命运的"三起三落"中的最后一"起"也完成了，至此我们再来计算一下时间：在故事开始四年之后，从第五年的秋天到次年正月是故事的核心部分，这样的叙事让人感觉很漫长，其实这部分事件发生的时间不到半年。

这半年之后，老舍让时间再次开始跳跃，直接从正月跳跃到四月半。小福子回到大杂院，与虎妞做伴，并在虎妞的住处做暗娼。紧接着，来到六月，此时虎妞已有身孕。老舍让时间在此稍作停顿，六月十五那一天，祥子拉车时遭受日晒雨淋，随时病倒。这个停顿是短暂的，或者说，这个停顿本身是为了后面更大跨度的跳跃。因为病倒，祥子在家躺了十天，他挣扎着却不能拉车。此后又歇了一个月，尝试出去拉车，结果发了痢疾。直到八月十五，祥子出车，这场病迁延了两个月。时间再次来到八月十五，也就是说，故事的第五个年头过完了，同时，距离祥子从山中逃回也已过了一年。

到过新年时，虎妞待产。过了节后，虎妞随时可能临盆。"灯节"左右，祥子几次请接生婆，闹到月底，确认虎妞难产。此时距离虎妞与祥子结婚，刚好过去一年。在求神无用、送医无钱后，虎妞和其腹中的孩子终于死在正月底某一天的夜里十二点。

至此，我们可以认为，祥子命运的第三"起"就此完成，而家破人亡却是祥子堕入深渊的起点。与之前清晰地讲明日期不同，这最后一"落"推进的时间，则模糊了起来。

祥子卖了车给虎妞办完后事，搬离大杂院。休息一天后，继续开工拉车，不久后，他到夏宅拉上了包车，又过了几天，被夏太太引诱。祥子因此染上性病，随后离开夏宅。这部分故事的推进，时间是模糊的，到底过了多久呢？我们读得再仔细一点，会发现祥子和夏太太发生关系的时间是"菊花下市的时候"，也是秋天。因此，这段模糊的时间，距离虎妞去世、祥子离开大杂院和小福子至少有大半年了。而且又一次到了秋天，也就是说，故事的第六年已经过去了。距离故事的高潮已经有两年之久。这两年真的是沧海桑田，两年前祥子从山里逃回，除了三匹骆驼之外一无所有，如今他依然一无所有，然而人却不是两年前的那个祥子了。在这里有一段内心独白，祥子自认为，要是在"两年前"，不会受到诱惑。想必祥子本人也意识到了这两年来他的改变。祥子在这段模糊的时间里一天天地堕落下去。在他反击了刘四爷、失去了小福子这根最后的救命稻草之后，彻底走向绝望。

故事的尾声是这么开头的：

冬天过去了，春天的阳光是自然给一切人的衣服，他把棉衣卷巴卷巴全卖了。他要吃口好的，喝口好的，不必存着冬衣，更根本不预备着再看见冬天，今天快活一天吧，明天就死！

祥子从山中回北平至此，过去了三年，加上最开始攒钱买第一辆车的时间，整个故事发生在七年之内。后三年里，祥子经历了完整的命运悲剧，完成了人性的堕落。小说的尾声，时间是以季节来标记的，时间仿佛抛弃了祥子，让他游离在时间构成的故事之外。

在小说的最后一章，时间从春天进入了夏天："又到了朝顶进香的时节，天气暴热起来。"阮明在这个夏天被枪毙，是祥子出卖的，为了六十块钱。到了秋天，祥子已经不再拉车，他打零工、住小店，成为送殡队伍中的一个孤魂野鬼。小说没有写到这一年的冬天，也没有正面交待祥子的死亡。但是，祥子已然是鬼而非人了，又何必去在意他能不能再看见冬天呢？

在《骆驼祥子》的故事里，时间的河流流淌了七年，祥子在其中起起伏伏，逐渐走向了末路。从时间这个角度来看一遍故事，是不是别样的清晰和透彻呢？

托马斯·福斯特（Thomas Foster）在谈论小说阅读方法的时候，十分重视对叙述者的分析。即使很少读完一本长篇小说，我们也可以通过自己的阅读经验大致了解到，小说的叙述视角有第一人称、第二人称、第三人称三种。第一人称通常很好辨认，第二人称叙述在小说里很少见，而大部分小说是用第三人称来完成叙述的。托马斯·福斯特接着将第三人称叙述视角按照时代进行了划分，他说："在 18 世纪，叙述者通常是全知全能的，如同一个亲切的伙伴……到了我们 20 世纪，第三人称叙述者经常是客观、超然而冷静的。"这个说法很笼统，因为作为叙述者的老舍，在《骆驼祥子》这部作品里，就同时显示出了全知全能的亲切感和客观超然的冷静态度。

我们不必管所谓的时代划分，先来了解一下第三人称叙事的全知视角。一般来说，第三人称的叙述者能够出现在作品的任何地方，他知道每一个人的想法和行为，可是这个叙述者却不参与故事，他存在于故事之外。但反过来，这种全知全能又成为对叙述者的要求。叙述者既然知道一切，就应该呈现他知道的一切。叙述者既然在这个故事面前类似上帝，构建起一整个世界，就必须将这个世界的每个角落都交待清楚，不能有所隐瞒，也不能有所遗漏。

全知叙述者对故事的各种细节能够知道且必须交待到什么程度呢？作为叙述者的老舍，可以在纸面上构建起一个世界，这是一个车夫的世界。老舍在开头写车夫的流派，不但将车夫世界的三六九等安排得妥妥帖帖，更深入到各个等级的车夫的生存状态和情绪状态中。这是全知叙述者"神力"和"义务"

最突出的表现，即对故事中人物的内心的剖析。比如下面这一段：

那四十以上的人，有的是已拉了十年八年的车，筋肉的衰损使他们甘居人后，他们渐渐知道早晚是一个跟头会死在马路上。他们的拉车姿势，讲价时的随机应变，走路的抄近绕远，都足以使他们想起过去的光荣，而用鼻翅儿扇着那些后起之辈。可是这点光荣丝毫不能减少将来的黑暗，他们自己也因此在擦着汗的时节常常微叹。

这"四十以上的人"并不特指一个实际存在的人，而是指车夫中的一类人。这一类人里都有谁，姓甚名谁，家住何处，在这个故事里扮演什么角色，我们一概不知，老舍本人也一概不知。但是老舍却知道"他们渐渐知道早晚是一个跟头会死在马路上"，知道他们会"想起过去的光荣"。这都是四十岁以上车夫内心隐秘角落的情绪，老舍从何得知呢？老舍还确信他们的这点光荣"丝毫不能减少将来的黑暗"，这恐怕是这些车夫本人也不知道的事，可是老舍却知道。他到底是真的知道这些人的内心以及未来，还是说他根本只是在杜撰？细究老舍断言的真实性是不必要的，要知道，他的声音对于这部作品来说是上帝的声音。上帝说要有光，于是就有了光，而当老舍这么说的时候，这便成了事实。四十岁以上的车夫，注定内心失落、未来黑暗，而随后在故事中出现的一个个有名字的或者没名字的四十岁以上的车夫，无不符合这一事实。

全知叙述者通过对规则的掌握，成为故事中的真理掌握者。我们在故事中需要遵守他的规则，需要相信他说的话。而当我们从故事中离开的时候，也可能会用这个叙述者定的规则和确认的事实来看待生活、丈量生活。这是故事的力量。

对于主人公骆驼祥子，老舍更是毫不犹豫地进入其内心。在老舍面前，祥子是透明的，老舍看透他踏出每一步时的内心变化。在祥子刚出道拉车时，老舍就开始了对祥子内心的窥探：

在他赁人家的车的时候，他从早到晚，由东到西，由南到北，像被人家抽着转的陀螺，他没有自己。可是在这种旋转之中，他的眼并没有花，心并没有乱，他老想着远远的一辆车，可以使他自由、独立，像自己的手脚的那么一辆车。有了自己的车，他可以不再受拴车的人们的气，也无须敷衍别人，有自己的力气与洋车，睁开眼就可以有饭吃。

与其说这是心理描写，倒不如说是在评论："他的眼并没有花，心并没有乱，他老想着远远的一辆车，可以使他自由、独立，像自己的手脚的那么一辆车。"老舍看穿了他的内心，像是一个有经验的医生在给病人看病一样，从眼睛看到内心，看到祥子心思里的那辆车和车对祥子的意义。而当祥子买上了车，给自己和车过"双寿"的时候，与其说是老舍在描写人物心理，倒不如说是老舍设想了一段充满仪式感的一日安排，然后安到了祥子的内心：

怎样过这个"双寿"呢？祥子有主意：头一个买卖必须拉个穿得体面的人，绝对不能是个女的。最好是拉到前门，其次是东安市场。拉到了，他应当在最好的饭摊上吃顿饭，如热烧饼夹爆羊肉之类的东西。吃完，有好买卖呢就再拉一两个；没有呢，就收车，这是生日！

我们阅读小说，看到种种心理描写时，不要立刻被那个全知全能的故事中的上帝所迷惑。因为有些想法并不属于这个人物，只是叙述者借人物的口或者内心独白讲出来给读者听。老舍在此处只是想让读者看到这个安排，但不想让读者去深思这个安排何以出现。毕竟在现实生活中，他人不明言的想法，我们如何知晓？

我们一方面要认识到小说是对生活的"弄虚作假"，认识到这是虚构的。本来嘛，小说就是编故事，不必较真。另一方面要注意，因为有了全知叙述者的编造，读者得以听到平日生活中绝对听不到的声音，而这些声音却未必是不存在的——分明存在，我们听不到而已。于是，在一个不必较真的故事里，全知叙述者利用他在故事中的特权，把真实的声音传递了出来。

在祥子打算逃跑的时候，我们还看到以下叙述：

一直到半夜，他还合不上眼。希望使他快活，恐惧使他惊惶，他想睡，但睡不着，四肢像散了似的在一些干草上放着。什么响动也没有，只有天上的星伴着自己的心跳。骆驼忽然哀叫了两声，离他不远。他喜欢这个声音，像夜间忽然听到鸡鸣那样使人悲哀，又觉得有些安慰。

整个逃跑计划只存在于祥子的内心，或者说，是作为叙述者的老舍把这个计划安进了祥子的脑中。读者听到了祥子内心的声音，了解了这个计划，便更能了解到祥子因为这个计划而产生的"快活""惊惶"和"悲哀"，这些本来是属于祥子的情绪，而这个叙述视角使祥子的情绪自然而然地产生。

由此我们可以总结，全知叙述者通过对人物的掌控，既可以将自己的想法安在人物身上，借人物的口来说自己的想法，也可以根据人物在故事中的具体状态，传达出人物的切身感受。这两种声音都是我们在日常生活中听不到的声音，而在全知叙述者的讲述中，得以被听到、看到。在故事的具体展开中，这两种声音通常会交织起来，比如祥子逃跑路上的这段叙述：

祥子已经跑出二三十步去，可又不肯跑了，他舍不得那几匹骆驼。他在世界上的财产，现在，只剩下了自己的一条命。就是地上的一根麻绳，他也乐意拾起来，即使没用，还能稍微安慰他一下，至少他手中有条麻绳，不完全是空的。逃命是要紧的，可是赤裸裸的一条命有什么用呢？他得带走这几匹牲口，虽然还没想起骆驼能有什么用处，可是总得算是几件东西，而且是块儿不小的东西。

这究竟是祥子本人对自己生命的理解，还是老舍安在他心中的想法呢？恐怕兼而有之吧。正是这种错综复杂的声音，使叙述者获得了对读者的情感主动权，他带动着读者的情绪，让读者随着作品所透露的价值观亦步亦趋。

那么，其他人物的内心活动是否在叙述者的控制之下呢？我们不妨来看看祥子从山中逃回车厂时的一段描述：

刘老头子没有夸奖过他一句，没有格外多看过他一眼，老头子心里有数儿。他晓得祥子是把好手，即使不拉他的车，他也还愿意祥子在厂子里。有祥子在这儿，先不提别的，院子与门口永远扫得干干净净。虎妞更喜欢这个傻大个儿，她说什么，祥子老用心听着，不和她争辩；别的车夫，因为受尽苦楚，说话总是横着来，她一点不怕他们，可是也不愿多搭理他们。她的话，所以，都留给祥子听。

这一段里，有刘四爷的想法，也有虎妞的想法，叙述者并没有因为他们是次要角色而放弃对他们的掌控。作品后半段，在得知刘四爷卖了车厂后，虎妞的内心活动更是直接明了：

听到这个，她马上看清楚了自己的将来——完了！什么全完了！自己只好做一辈子车夫的老婆了！她永远逃不出这个大杂院去！她想到爸爸会再娶上一个老婆，而绝没想到会这么抖手一走。假若老头子真娶上个小老婆，虎妞会去争财产，说不定还许联络好了继母，而自己得点好处……主意有的是，只要老头子老开着车厂子。绝没想到老头子会这么坚决，这么毒辣，把财产都变成现钱，偷偷地藏起去！原先跟他闹翻，她以为不过是一种手段，必会不久便言归于好，她晓得人和厂非有她不行，谁能想到老头子会撒手了车厂子呢？！

事实上，为了确保想法传达畅通，全知叙述者甚至会随意切换叙述的视角。在讲故事或者描写环境的时候，全知叙述者处在客观视角，而在刻画人物内心时，全知叙述者又肆无忌惮地切换到祥子的视角、刘四爷的视角或虎妞的视角。各个视角之间的无缝衔接和跳跃反而让我们意识到，所谓的全知视角虽然看似是上帝一般的视角，但并不意味着它的声音就是毋庸置疑的。作者对作品有绝对的掌控力，但作者的声音并不因此而绝对正确。也正因如此，作品才有被反复阅读和解读的生命力。

○ 附
录

* 附录中的原文与注释主要参照人民文学出版社
2013 年版的《老舍全集》(全 19 卷) 和人民文学
出版社 2018 年版的《骆驼祥子》("语文阅读推荐
丛书"),相异处参照后者。部分字词、标点符号
有修订,语句有少量删减,注释有新增,大体保
持原貌。

谁都有办法，哪里都有缝子，只有祥子跑不了，因为他是个拉车的。一个拉车的吞的是粗粮，冒出来的是血，他要卖最大的力气，得最低的报酬；要立在人间的最低处，等着一切人一切法一切困苦的击打。

骆驼祥子

一

我们所要介绍的是祥子，不是骆驼，因为"骆驼"只是个外号。那么，我们就先说祥子，随手儿把骆驼与祥子那点关系说过去，也就算了。

北平的洋车夫有许多派：年轻力壮、腿脚伶俐的，讲究赁漂亮的车，拉"整天儿"，爱什么时候出车与收车都有自由；拉出车来，在固定的"车口"[1]或宅门一放，专等坐快车的主儿；弄好了，也许一下子弄个一块两块的；碰巧了，也许白耗一天，连"车份儿"[2]也没着落，但也不在乎。这一派哥儿们的希望大概有两个：或是拉包车；或是自己买上辆车，有了自己的车，再去拉包月或散座就没大关系了，反正车是自己的。

比这一派岁数稍大的，或因身体的关系而跑得稍差点劲的，或因家庭的关系而不敢白耗一天的，大概就多数的拉八成新的车；人与车都相当的漂亮，所以在要价儿的时候也还能保持住相当的尊严。这派的车夫，也许拉"整天"，也许拉"半天"。在后者的情形下，因为还有相当的精气神，所以无论冬天夏天

1　车口，即停车处。

2　车份儿，旧时指租人力车、三轮车等拉客的人付给车主的租金。

总是"拉晚儿"[1]。夜间，当然比白天需要更多的留神与本事，钱自然也多挣一些。

年纪在四十以上，二十以下的，恐怕就不易在前两派里有个地位了。他们的车破，又不敢"拉晚儿"，所以只能早早地出车，希望能从清晨转到午后三四点钟，拉出"车份儿"和自己的嚼谷[2]。他们的车破，跑得慢，所以得多走路，少要钱。到瓜市、果市、菜市，去拉货物，都是他们；钱少，可是无须快跑呢。

在这里，二十岁以下的——有的从十一二岁就干这行儿——很少能到二十岁以后改变成漂亮的车夫的，因为在幼年受了伤，很难健壮起来。他们也许拉一辈子洋车，而一辈子连拉车也没出过风头。那四十以上的人，有的是已拉了十年八年的车，筋肉的衰损使他们甘居人后，他们渐渐知道早晚是一个跟头会死在马路上。他们的拉车姿势，讲价时的随机应变，走路的抄近绕远，都足以使他们想起过去的光荣，而用鼻翅儿扇着那些后起之辈。可是这点光荣丝毫不能减少将来的黑暗，他们自己也因此在擦着汗的时节常常微叹。不过，以他们比较另一些四十上下岁的车夫，他们还似乎没有苦到了家。这一些是以前绝没想到自己能与洋车发生关系，而到了生和死的界限已经不甚分明，才抄起车把来的。被撤差的巡警或校役，把本钱吃光的小贩，或是失业的工匠，到了卖无可卖、当无可当的时候，咬着牙，含着泪，上了这条死亡之路。这些人，生命最鲜壮的时期已经卖掉，现在再把窝窝头变成的血汗滴在马路上。没有力气，没有经验，没有朋友，就是在同行的当中也得不到好气儿。他们拉最破的车，皮带不定一天泄多少次气，一边拉着人还得一边儿

---

1 拉晚儿，是下午四点以后出车，拉到天亮以前。
2 嚼谷，即吃用。

央求人家原谅，虽然十五个大铜子儿已经算是甜买卖。

此外，因环境与知识的特异，又使一部分车夫另成派别。生于西苑海甸的自然以走西山、燕京、清华，较比方便；同样，在安定门外的走清河、北苑；在永定门外的走南苑……这是跑长趟的，不愿拉零座，因为拉一趟便是一趟，不屑于三五个铜子的穷凑了。可是他们还不如东交民巷的车夫的气儿长，这些专拉洋买卖的讲究一气儿由东交民巷拉到玉泉山、颐和园或西山。[1] 气长也还算小事，一般车夫万不能争这项生意的原因，大半还是因为这些吃洋饭的有点与众不同的知识，他们会说外国话。英国兵、法国兵所说的万寿山、雍和宫、"八大胡同"，他们都晓得。他们自己有一套外国话，不传授给别人。他们的跑法也特别，四六步儿不快不慢，低着头，目不旁视地，贴着马路边儿走，带出与世无争而自有专长的神气。因为拉着洋人，他们可以不穿号坎[2]，而一律的是长袖小白褂，白的或黑的裤子，裤筒特别肥，脚腕上系着细带；脚上是宽双脸千层底青布鞋；干净，利落，神气。一见这样的服装，别的车夫不会再过来争座与赛车，他们似乎是属于另一行业的。

有了这点简单的分析，我们再说祥子的地位，就像说——我们希望——一盘机器上的某种钉子那么准确了。祥子，在与"骆驼"这个外号发生关系以前，是个较比有自由的洋车夫，这就是说，他是属于年轻力壮，而且自己有车的那一类：自己的车，自己的生活，都在自己手里，高等车夫。

这可绝不是件容易的事。一年，二年，至少有三四年；一滴汗，两滴汗，不知道多少万滴汗，才挣出那辆车。从风里雨

1　从前外国驻华使馆都在东交民巷。
2　号坎，旧时车夫、轿夫、搬运工等所穿的有号码的砍肩。

里的咬牙，从饭里茶里的自苦，才赚出那辆车。那辆车是他的一切挣扎与困苦的总结果与报酬，像身经百战的武士的一颗徽章。在他赁人家的车的时候，他从早到晚，由东到西，由南到北，像被人家抽着转的陀螺；他没有自己。可是在这种旋转之中，他的眼并没有花，心并没有乱，他老想着远远的一辆车，可以使他自由、独立，像自己的手脚的那么一辆车。有了自己的车，他可以不再受拴车的人们的气，也无须敷衍别人，有自己的力气与洋车，睁开眼就可以有饭吃。

他不怕吃苦，也没有一般洋车夫的可以原谅而不便效法的恶习，他的聪明和努力都足以使他的志愿成为事实。假若他的环境好一些，或多受着点教育，他一定不会落在"胶皮团"[1]里，而且无论是干什么，他总不会辜负了他的机会。不幸，他必须拉洋车；好，在这个营生里他也证明出他的能力与聪明。他仿佛就是在地狱里也能做个好鬼似的。生长在乡间，失去了父母与几亩薄田，十八岁的时候便跑到城里来。带着乡间小伙子的足壮与诚实，凡是以卖力气就能吃饭的事他几乎全做过了。可是，不久他就看出来，拉车是件更容易挣钱的事，做别的苦工，收入是有限的，拉车多着一些变化与机会，不知道在什么时候与地点就会遇到一些多于所希望的报酬。自然，他也晓得这样的机遇不完全出于偶然，而必须人与车都得漂亮精神，有货可卖才能遇到识货的人。想了一想，他相信自己有那个资格：他有力气，年纪正轻；所差的是他还没有跑过，与不敢一上手就拉漂亮的车。但这不是不能胜过的困难，有他的身体与力气做基础，他只要试验个十天半月的，就一定能跑得有个样子，然后去赁辆新车，说不定很快地就能拉上包车，然后省吃俭用个

1　胶皮团，指拉车这一行。

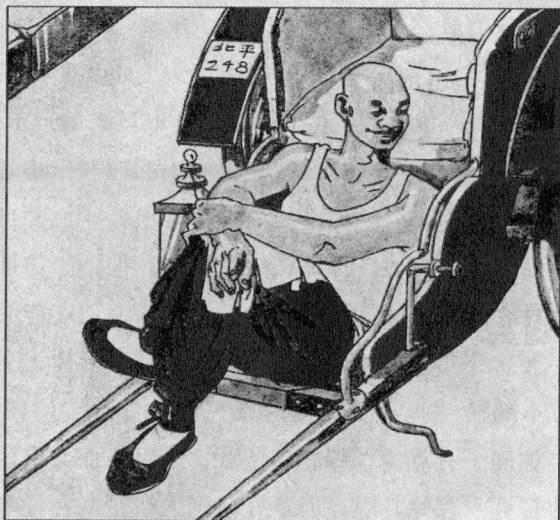

祥子二十來歲，大個子，頭不大，圓眼，肉鼻子，眉毛短粗，頭永遠剃得發亮，脖子幾乎和頭一般粗，額骨與右耳間有一塊疤。

图6 《骆驼祥子画传》插画5（孙之俊绘）

一年二年，即使是三四年，他必能自己打上一辆车，顶漂亮的车！看着自己的青年的肌肉，他以为这只是时间的问题，这是必能达到的一个志愿与目的，绝不是梦想！

他的身量与筋肉都发展到年岁前边去，二十来岁，他已经很大很高，虽然肢体还没被年月铸成一定的格局，可是已经像个成人了——一个脸上身上都带出天真淘气的样子的大人。看着那高等的车夫，他计划着怎样杀进他的腰[1]去，好更显出他的铁扇面似的胸，与直硬的背；扭头看看自己的肩，多么宽，多么威严！杀好了腰，再穿上肥腿的白裤，裤脚用鸡肠子带儿系住，露出那对"出号"[2]的大脚！是的，他无疑的可以成为最出色

1　杀进腰，把腰部勒得细一些。
2　出号，超出一般尺码。形容特大。

的车夫，傻子似的他自己笑了。

他没有什么模样，使他可爱的是脸上的精神。头不很大，圆眼，肉鼻子，两条眉很短很粗，头上永远剃得发亮。腮上没有多余的肉，脖子可是几乎与头一边儿[1]粗；脸上永远红扑扑的，特别亮的是颧骨与右耳之间一块不小的疤——小时候在树下睡觉，被驴啃了一口。他不甚注意他的模样，他爱自己的脸正如同他爱自己的身体，都那么结实硬棒；他把脸仿佛算在四肢之内，只要硬棒就好。是的，到城里以后，他还能头朝下，倒着立半天。这样立着，他觉得，他就很像一棵树，上下没有一个地方不挺脱[2]的。

他确乎有点像一棵树，坚壮，沉默，而又有生气。他有自己的打算，有些心眼，但不好向别人讲论。在洋车夫里，个人的委屈与困难是公众的话料，"车口儿"上，小茶馆中，大杂院里，每人报告着形容着或吵嚷着自己的事，而后这些事成为大家的财产，像民歌似的由一处传到一处。祥子是乡下人，口齿没有城里人那么灵便，设若口齿伶俐是出于天才，他天生来的不愿多说话，所以也不愿学着城里人的贫嘴恶舌。他的事他知道，不喜欢和别人讨论。因为嘴常闲着，所以他有工夫去思想，他的眼仿佛是老看着自己的心。只要他的主意打定，他便随着心中所开开的那条路儿走；假若走不通的话，他能一两天不出一声，咬着牙，好似咬着自己的心！

他决定去拉车，就拉车去了。赁了辆破车，他先练练腿。第一天没拉着什么钱。第二天的生意不错，可是躺了两天，他的脚脖子肿得像两条瓠子似的，再也抬不起来。他忍受着，不

1　一边儿，即同样的。
2　挺脱，即强劲，结实。

管是怎样的疼痛。他知道这是不可避免的事，这是拉车必须经过的一关。非过了这一关，他不能放胆地去跑。

脚好了之后，他敢跑了。这使他非常的痛快，因为别的没有什么可怕的了：地名他很熟习，即使有时候绕点远也没大关系，好在自己有的是力气。拉车的方法，以他干过的那些推、拉、扛、挑的经验来领会，也不算十分难。况且他有他的主意：多留神，少争胜，大概总不会出了毛病。至于讲价争座，他嘴慢气盛，弄不过那些老油子们。知道这个短处，他干脆不大到"车口儿"上去，哪里没车，他放在哪里。在这僻静的地点，他可以从容地讲价，而且有时候不肯要价，只说声："坐上吧，瞧着给！"他的样子是那么诚实，脸上是那么简单可爱，人们好像只好信任他，不敢想这个傻大个子是会敲人的。即使人们疑心，也只能怀疑他是新到城里来的乡下佬儿，大概不认识路，所以讲不出价钱来。以至人们问道："认识呀？"他就又像装傻，又像要俏地那么一笑，使人们不知怎样才好。

两三个星期的工夫，他把腿溜出来了。他晓得自己的跑法很好看。跑法是车夫的能力与资格的证据。那撇着脚，像一对蒲扇在地上扇乎的，无疑的是刚由乡间上来的新手。那头低得很深，双脚蹭地，跑和走的速度差不多，而颇有跑的表示的，是那些五十岁以上的老者们。那经验十足而没什么力气的，却另有一种方法：胸向内含，度数很深；腿抬得很高；一走一探头。这样，他们就带出跑得很用力的样子，而在事实上一点也不比别人快，他们仗着"做派"去维持自己的尊严。祥子当然决不采取这几种姿态。他的腿长步大，腰里非常的稳，跑起来没有多少响声，步步都有些伸缩，车把不动，使座儿觉到安全、舒服。说站住，不论在跑得多么快的时候，大脚在地上轻蹭两蹭，就站住了，他的力气似乎能达到车的各部分。脊背微俯，双手松松拢住车把，他活动利落、准确，看不出急促而跑得很快，快而没有危险。就是在拉包车的里面，这也得算很名贵的。

他换了新车。从一换车那天，他就打听明白了，像他赁的那辆——弓子软，铜活地道，雨布大帘，双灯，细脖大铜喇叭——值一百出头；若是漆工与铜活含糊一点呢，一百元便可以打住。大概地说吧，他只要有一百块钱，就能弄一辆车。猛然一想，一天要是能剩一角的话，一百元就是一千天，一千天！把一千天堆到一块，他几乎算不过来这该有多么远。但是，他下了决心，一千天，一万天也好，他得买车！第一步他应当，他想好了，去拉包车。遇上交际多、饭局[1]多的主儿[2]，平均一月有上十来个饭局，他就可以白落[3]两三块的车饭钱。加上他每月再省出个块儿八角的，也许是三头五块的，一年就能剩起五六十块！这样，他的希望就近便多多了。他不吃烟，不喝酒，不赌钱，没有任何嗜好，没有家庭的累赘，只要他自己肯咬牙，事儿就没有个不成。他对自己起下了誓，一年半的工夫，他——祥子——非打成自己的车不可！是现打的，不要旧车见过新的。

他真拉上了包月。可是，事实并不完全帮助希望。不错，他确是咬了牙，但是到了一年半他并没还上那个愿。包车确是拉上了，而且谨慎小心地看着事情；不幸，世上的事并不是一面儿的。他自管小心他的，东家并不因此就不辞他；不定是三两个月，还是十天八天，吹[4]了！他得另去找事。自然，他得一

1　饭局，即宴会。
2　主儿，即人。这里指包车的主人。
3　白落，份外收入。
4　吹，就是散了、完了的意思。

边儿找事，还得一边儿拉散座，骑马找马，他不能闲起来。在这种时节，他常常闹错儿。他还强打着精神，不专为混一天的嚼谷，而且要继续着积储买车的钱。可是强打精神永远不是件妥当的事：拉起车来，他不能专心一志地跑，好像老想着些什么，越想便越害怕，越气不平。假若老这么下去，几时才能买上车呢？为什么这样呢？难道自己还算个不要强的？在这么乱想的时候，他忘了素日的谨慎。皮轮子上了碎铜烂磁片，放了炮，只好收车。更严重一些的，有时候碰了行人，甚至有一次因急于挤过去而把车轴盖碰丢了。设若他是拉着包车，这些错儿绝不能发生。一搁下了事，他心中不痛快，便有点愣头磕脑的。碰坏了车，自然要赔钱，这更使他焦躁，火上加了油。为怕惹出更大的祸，他有时候懊睡一整天。及至睁开眼，一天的工夫已白白过去，他又后悔、自恨。还有呢，在这种时期，他越着急便越自苦，吃喝越没规则，他以为自己是铁做的，可是敢情他也会病。病了，他舍不得钱去买药，自己硬挺着。结果，病越来越重，不但得买药，而且得一气儿休息好几天。这些个困难，使他更咬牙努力，可是买车的钱数一点不因此而加快地凑足。

整整的三年，他凑足了一百块钱！

他不能再等了。原来的计划是买辆最完全最新式最可心的车，现在只好按着一百块钱说了。不能再等，万一出点什么事再丢失几块呢！恰巧有辆刚打好的车（定做而没钱取货的）跟他所期望的车差不甚多，本来值一百多，可是因为定钱放弃了，车铺愿意少要一点。祥子的脸通红，手哆嗦着，拍出九十六块钱来：“我要这辆车！”铺主打算挤到个整数，说了不知多少话，把他的车拉出去又拉进来，支开棚子，又放下，按按喇叭，每一个动作都伴着一大串最好的形容词，最后还在钢轮条上踢了两脚："听听声儿吧，铃铛似的！拉去吧，你就是把车拉碎了，要是钢条软了一根，你拿回来，把它摔在我脸上！一百块，少一分咱们吹！"祥子把钱又数了一遍："我要这辆车，九十六！"铺主知道是遇见了一个心眼[1]的人，看看钱，看看祥子，叹了口气："交个朋友，车算你的了，保六个月：除非你把大箱碰碎，我都白给修理。保单，拿着！"

祥子的手哆嗦得更厉害了，揣起保单，拉起车，几乎要哭出来。拉到个僻静地方，细细端详自己的车，在漆板上试着照照自己的脸！越看越可爱，就是那不尽合自己的理想的地方也都可以原谅了，因为已经是自己的车了。把车看得似乎暂时可以休息会儿了，他坐在了水簸箕的新脚垫儿上，看着车把上的发亮的黄铜喇叭。他忽然想起来，今年是二十二岁。因为父母死得早，他忘了生日是在哪一天。自从到城里来，他没过一次生日。好吧，今天买上了新车，就算是生日吧，人的也是车的，好记，而且车既是自己的心血，简直没什么不可以把人与车算在一块的地方。

怎样过这个"双寿"呢？祥子有主意：头一个买卖必须拉个穿得体面的人，绝对不能是个女的。最好是拉到前门，其次是东安市场。拉到了，他应当在最好的饭摊上吃顿饭，如热烧饼夹爆羊肉之类的东西。吃完，有好买卖呢就再拉一两个；没有呢，就收车，这是生日！

自从有了这辆车，他的生活过得越来越起劲了。拉包月也好，拉散座也好，他天天用不着为"车份儿"着急，拉多少钱全是自己的。心里舒服，对人就更和气，买卖也就更顺心。拉了半年，他的希望更大了：照这样下去，干上二年，至多二年，

1　一个心眼，即死心眼，指固执己见，不知变通。

他就又可以买辆车，一辆，两辆……他也可以开车厂子了！

可是，希望多半落空，祥子的也非例外。

二

因为高兴，胆子也就大起来。自从买了车，祥子跑得更快了。自己的车，当然格外小心，可是他看看自己，再看看自己的车，就觉得有些不是味儿，假若不快跑的话。

他自己，自从到城里来，又长高了一寸多。他自己觉出来，仿佛还得往高里长呢。不错，他的皮肤与模样都更硬棒与固定了一些，而且上唇上已有了小小的胡子，可是他以为还应当再长高一些。当他走到个小屋门或街门而必须大低头才能进去的时候，他虽不说什么，可是心中暗自喜欢，因为他已经是这么高大，而觉得还正在发长，他似乎既是个成人，又是个孩子，非常有趣。

这么大的人，拉上那么美的车，他自己的车，弓子软得颤悠颤悠的，连车把都微微地动弹；车厢是那么亮，垫子是那么白，喇叭是那么响，跑得不快怎能对得起自己呢，怎能对得起那辆车呢？这一点不是虚荣心，而似乎是一种责任，非快跑、飞跑，不足以充分发挥自己的力量与车的优美。那辆车也真是可爱，拉过了半年来的，仿佛处处都有了知觉与感情，祥子的一扭腰，一蹲腿，或一直脊背，它都马上应和着，给祥子以最顺心的帮助，他与它之间没有一点隔膜别扭的地方。赶到遇上地平人少的地方，祥子可以用一只手拢着把，微微轻响的皮轮像阵利飕的小风似的催着他跑，飞快而平稳。拉到了地点，祥子的衣裤都拧得出汗来，哗哗的，像刚从水盆里捞出来的。他感到疲乏，可是很痛快的，值得骄傲的，一种疲乏，如同骑着名马跑了几十里那样。

　　假若胆壮不就是大意，祥子在放胆跑的时候可并不大意。不快跑若是对不起人，快跑而碰伤了车便对不起自己。车是他的命，他知道怎样的小心。小心与大胆放在一处，他便越来越能自信，他深信自己与车都是铁做的。

　　因此，他不但敢放胆地跑，对于什么时候出车也不大去考虑。他觉得用力拉车去挣口饭吃，是天下最有骨气的事，他愿意出去，没人可以拦住他。外面的谣言他不大往心里听，什么西苑又来了兵，什么长辛店又打上了仗，什么西直门外又在拉伕[1]，什么齐化门已经关了半天，他都不大注意。自然，街上铺户已都上了门，而马路上站满了武装警察与保安队，他也不便故意去找不自在，也和别人一样急忙收了车。可是，谣言，他不信。他知道怎样谨慎，特别因为车是自己的，但是他究竟是乡下人，不像城里人那样听见风便是雨。再说，他的身体使他相信，即使不幸赶到"点儿"上，他必定有办法，不至于吃很大的亏。他不是容易欺侮的，那么大的个子，那么宽的肩膀！

　　战争的消息与谣言几乎每年随着春麦一块儿往起长，麦穗与刺刀可以算作北方人的希望与忧惧的象征。祥子的新车刚交半岁的时候，正是麦子需要春雨的时节。春雨不一定顺着人民的盼望而降落，可是战争不管有没有人盼望总会来到。谣言吧，真事儿吧，祥子似乎忘了他曾经做过庄稼活，他不大关心战争怎样地毁坏田地，也不大注意春雨的有无。他只关心他的车，他的车能产生烙饼与一切吃食，它是块万能的田地，很驯顺地随着他走，一块活地、宝地。因为缺雨，因为战争的消息，粮食都涨了价钱。这个，祥子知道。可是他和城里人一样的只会

　　1　拉伕，同"拉夫"，指旧时军队抓老百姓充当夫役。

抱怨粮食贵，而一点主意没有。粮食贵，贵吧，谁有法儿教它贱呢？这种态度使他只顾自己的生活，把一切祸患灾难都放在脑后。

设若城里的人对于一切都没有办法，他们可会造谣言——有时完全无中生有，有时把一分真事说成十分——以便显出他们并不愚傻与不做事。他们像些小鱼，闲着的时候把嘴放在水皮上，吐出几个完全没用的水泡儿，也怪得意。在谣言里，最有意思是关于战争的。别种谣言往往始终是谣言，好像谈鬼说狐那样，不会说着说着就真见了鬼。关于战争的，正是因为根本没有正确消息，谣言反倒能立竿见影。在小节目上也许与真事有很大的出入，可是对于战争本身的有无，十之八九是正确的。"要打仗了！"这句话一经出口，早晚准会打仗。至于谁和谁打，与怎么打，那就一个人一个说法了。祥子并不是不知道这个。不过，干苦工的人们——拉车的也在内——虽然不会欢迎战争，可是碰到了它也不一定就准倒霉。每逢战争一来，最着慌的是阔人们。他们一听见风声不好，赶快就想逃命，钱使他们来得快，也跑得快。他们自己可是不会跑，因为腿脚被钱赘得太沉重。他们得雇许多人做他们的腿，箱子得有人抬，老幼男女得有车拉。在这个时候，专卖手脚的哥儿们的手与脚就一律贵起来："前门，东车站！""哪儿？""东——车——站！""呕，干脆就给一块四毛钱！不用驳回，兵荒马乱的！"

就是在这个情形下，祥子把车拉出城去。谣言已经有十来天了，东西已都涨了价，可是战事似乎还在老远，一时半会儿不会打到北平来。祥子还照常拉车，并不因为谣言而偷点懒。有一天，拉到了西城，他看出点棱缝[1]来。在护国寺街西口和新

---

1 棱缝，比喻事物有毛病的地方。

街口没有一个招呼"西苑哪？清华呀？"的。在新街口附近他转悠了一会儿。听说车已经都不敢出城，西直门外正在抓车，大车小车骡车洋车一齐抓。他想喝碗茶就往南放车。车口的冷静露出真的危险，他有相当的胆子，但是不便故意地走死路。正在这个节骨眼儿，从南来了两辆车，车上坐着的好像是学生。拉车的一边儿走，一边儿喊："有上清华的没有？嗨，清华！"

车口上的几辆车没有人答碴儿[1]，大家有的看着那两辆车淡而不厌地微笑，有的叼着小烟袋坐着，连头也不抬。那两辆车还继续地喊："都哑巴了？清华！"

"两块钱吧，我去！"一个年轻光头的矮子看别人不出声，开玩笑似的答应了这么一句。

"拉过来！再找一辆！"那两辆车停住了。

年轻光头的愣了一会儿，似乎不知怎样好了。别人还都不动。祥子看出来，出城一定有危险，要不然两块钱清华——平常只是二三毛钱的事儿——为什么会没人抢呢？他也不想去。可是那个光头的小伙子似乎打定了主意，要是有人陪他跑一趟的话，他就豁出去了。他一眼看中了祥子："大个子，你怎样？"

"大个子"三个字把祥子招笑了，这是一种赞美。他心中打开了转儿：凭这样的赞美，似乎也应当捧那身矮胆大的光头一场；再说呢，两块钱是两块钱，这不是天天能遇到的事。

危险？难道就那样巧？况且，前两天还有人说天坛住满了兵；他亲眼看见的，那里连个兵毛儿也没有。这么一想，他把车拉过去了。

拉到了西直门，城洞里几乎没有什么行人。祥子的心凉了

---

1 答碴儿，同"搭茬儿"，指接着别人的话说话。

一些。光头也看出不妙，可是还笑着说："招呼吧[1]，伙计！是福不是祸[2]，今儿个就是今儿个[3]啦！"祥子知道事情要坏，可是在街面上混了这几年了，不能说了不算，不能耍老娘儿们脾气！

出了西直门，真是连一辆车也没遇上，祥子低下头去，不敢再看马路的左右。他的心好像直顶他的肋条。到了高亮桥，他向四围打了一眼，并没有一个兵，他又放了点心。两块钱到底是两块钱，他盘算着，没点胆子哪能找到这么俏的事。他平常很不喜欢说话，可是这阵儿他愿意跟光头的矮子说几句，街上清静得真可怕。"抄土道走吧？马路上——"

"那还用说，"矮子猜到他的意思，"只要一上了便道，咱们就算有点底儿了！"

还没拉到便道上，祥子和光头的矮子连车带人都被十来个兵捉了去！

虽然已到妙峰山开庙进香的时节，夜里的寒气可还不是一件单衫所能挡得住的。祥子的身上没有任何累赘，除了一件灰色单军服上身，和一条蓝布军裤，都被汗沤得奇臭——自从还没到他身上的时候已经如此。由这身破军衣，他想起自己原来穿着的白布小褂与那套阴丹士林[4]蓝的夹裤褂，那是多么干净体面！是的，世界上还有许多比阴丹士林蓝更体面的东西，可是祥子知道自己混到那么干净利落已经是怎样的不容易。闻着现在身上的臭汗味，他把以前的挣扎与成功看得分外光荣，比原来的光荣放大了十倍。他越想着过去便越恨那些兵们。他的衣

---

1 招呼吧，即干吧，闯吧。

2 是福不是祸，俗语，下句是"是祸躲不过"。这里说话人未说下句，却意在下句。

3 今儿个就是今儿个，意即到了严重关头，成败都在今天。

4 阴丹士林，英语 indanthrene 的音译，染料名称。

服鞋帽、洋车，甚至于系腰的布带，都被他们抢了去；只留给他青一块紫一块的一身伤，和满脚的疱！不过，衣服，算不了什么，身上的伤，不久就会好的。他的车，几年的血汗挣出来的那辆车，没了！自从一拉到营盘里就不见了！以前的一切辛苦困难都可一眨眼忘掉，可是他忘不了这辆车！

吃苦，他不怕；可是再弄上一辆车不是随便一说就行的事；至少还得几年的工夫！过去的成功全算白饶[1]，他得重打鼓另开张打头儿来！祥子落了泪！他不但恨那些兵，而且恨世上的一切。凭什么把人欺侮到这个地步呢？凭什么？"凭什么？"他喊了出来。

这一喊——虽然痛快了些——马上使他想起危险来。别的先不去管吧，逃命要紧！

他在哪里呢？他自己也不能正确地回答出。这些日子，他随着兵们跑，汗从头上一直流到脚后跟。走，得扛着拉着或推着兵们的东西；站住，他得去挑水烧火喂牲口。他一天到晚只知道怎样把最后的力气放在手上脚上，心中成了块空白。到了夜晚，头一挨地他便像死了过去，而永远不再睁眼也并非一定是件坏事。

最初，他似乎记得兵们是往妙峰山一带退却。及至到了后山，他只顾得爬山了，而时时想到不定哪时他会一跤跌到山涧里，骨肉被野鹰们啄尽，不顾得别的。在山中绕了许多天，忽然有一天山路越来越少，当太阳在他背后的时候，他远远地看见了平地。晚饭的号声把出营的兵丁唤回，有几个扛着枪的牵来几匹骆驼。

骆驼！祥子的心一动，忽然地，他会思想了，好像迷了路

---

1 白饶，白搭。

的人忽然找到一个熟识的标记，把一切都极快地想了起来。骆驼不会过山，他一定是来到了平地。在他的知识里，他晓得京西一带，像八里庄、黄村、北辛安、磨石口、五里屯、三家店，都有养骆驼的。难道绕来绕去，绕到磨石口来了吗？这是什么战略——假使这群只会跑路与抢劫的兵们也会有战略——他不晓得。可是他确知道，假如这真是磨石口的话，兵们必是绕不出山去，而想到山下来找个活路。磨石口是个好地方，往东北可以回到西山；往南可以奔长辛店，或丰台；一直出口子往西也是条出路。他为兵们这么盘算，心中也就为自己画出一条道儿来：这到了他逃走的时候了。万一兵们再退回乱山里去，他就是逃出兵的手掌，也还有饿死的危险。要逃，就得乘这个机会。由这里一跑，他相信，一步就能跑回海甸！虽然中间隔着那么多地方，可是他都知道呀。一闭眼，他就有了个地图：这里是磨石口——老天爷，这必须是磨石口！——他往东北拐，过金顶山、礼王坟，就是八大处；从四平台往东奔杏子口，就到了南辛庄。为是有些遮隐，他顶好还顺着山走，从北辛庄，往北，过魏家村；往北，过南河滩；再往北，到红山头、杰王府；静宜园了！找到静宜园，闭着眼他也可以摸到海甸去！他的心要跳出来！这些日子，他的血似乎全流到四肢上去；这一刻，仿佛全归到心上来。心中发热，四肢反倒冷起来，热望使他浑身发颤！

　　一直到半夜，他还合不上眼。希望使他快活，恐惧使他惊惶，他想睡，但睡不着，四肢像散了似的在一些干草上放着。什么响动也没有，只有天上的星伴着自己的心跳。骆驼忽然哀叫了两声，离他不远。他喜欢这个声音，像夜间忽然听到鸡鸣那样使人悲哀，又觉得有些安慰。

　　远处有了炮声，很远，但清清楚楚的是炮声。他不敢动，可是马上营里乱起来。他闭住了气，机会到了！他准知道，兵们又得退却，而且一定是往山中去。这些日子的经验使他知道，这些兵的打仗方法和困在屋中的蜜蜂一样，只会到处乱撞。有了炮声，兵们一定得跑，那么，他自己也该精神着点了。他慢慢地，闭着气，在地上爬，目的是找到那几匹骆驼。他明知道骆驼不会帮助他什么，但他和它们既同是俘虏，好像必须有些同情。军营里更乱了，他找到了骆驼——几块土岗似的在黑暗中爬伏着，除了粗大的呼吸，一点动静也没有，似乎天下都很太平。这个，教他壮起点胆子来。他伏在骆驼旁边，像兵丁藏在沙口袋后面那样。极快地，他想出个道理来：炮声是由南边来的，即使不是真心作战，至少也是个"此路不通"的警告。那么，这些兵还得逃回山中去。真要是上山，他们不能带着骆驼。这样，骆驼的命运也就是他的命运。他们要是不放

过了不少日子，匪兵乱了，黑夜里祥子趁机会逃出来，扯上了三匹骆驼，天将亮的时候他才踏上平坦大道。

图7 《骆驼祥子画传》插画6（孙之俊绘）

弃这几个牲口呢，他也跟着完事；他们忘记了骆驼，他就可以逃走。把耳朵贴在地上，他听着有没有脚步声儿来，心跳得极快。

不知等了多久，始终没人来拉骆驼。他大着胆子坐起来，从骆驼的双峰间望过去，什么也看不见，四外[1]极黑。逃吧！不管是吉是凶，逃！

三

祥子已经跑出二三十步去，可又不肯跑了，他舍不得那几匹骆驼。他在世界上的财产，现在，只剩下了自己的一条命。就是地上的一根麻绳，他也乐意拾起来，即使没用，还能稍微安慰他一下，至少他手中有条麻绳，不完全是空的。逃命是要紧的，可是赤裸裸的一条命有什么用呢？他得带走这几匹牲口，虽然还没想起骆驼能有什么用处，可是总得算是几件东西，而且是块儿不小的东西。

他把骆驼拉了起来。对待骆驼的方法，他不大晓得，可是他不怕它们，因为来自乡间，他敢挨近牲口们。骆驼们很慢很慢地立起来，他顾不得细调查它们是不是都在一块儿拴着，觉到可以拉着走了，他便迈开了步，不管是拉起来一个，还是全"把儿"。

一迈步，他后悔了。骆驼——在口内负重惯了的——是走不快的。不但得慢走，还须极小心地慢走，骆驼怕滑，一汪儿水，一片儿泥，都可以教它们劈了腿，或折扭了膝。骆驼的价值全在四条腿上，腿一完，全完！而祥子是想逃命呀！

---

1 四外，四处（多指空旷的地方）。

可是，他不肯再放下它们。一切都交给天了，白得来的骆驼是不能放手的！

因拉惯了车，祥子很有些辨别方向的能力。虽然如此，他现在心中可有点乱。当他找到骆驼们的时候，他的心似乎全放在它们身上了，及至把它们拉起来，他弄不清哪儿是哪儿了，天是那么黑，心中是那么急，即使他会看看星，调一调方向，他也不敢从容地去这么办。星星们——在他眼中——好似比他还着急，你碰我，我碰你地在黑空中乱动。祥子不敢再看天上。他低着头，心里急而脚步不敢放快地往前走。他想起了这个：既是拉着骆驼，便须顺着大道走，不能再沿着山坡儿。由磨石口——假如这是磨石口——到黄村，是条直路。这既是走骆驼的大路，而且一点不绕远儿。"不绕远儿"在一个洋车夫心里有很大的价值。不过，这条路上没有遮掩！万一再遇上兵呢？即使遇不上大兵，他自己那身破军衣，脸上的泥，与那一脑袋的长头发，能使人相信他是个拉骆驼的吗？不像，绝不像个拉骆驼的！倒很像个逃兵！逃兵，被官中拿去还倒是小事；教村中的人们捉住，至少是活埋！想到这儿，他哆嗦起来，背后骆驼蹄子噗噗轻响猛然吓了他一跳。他要打算逃命，还是得放弃这几个累赘。可是到底不肯撒手骆驼鼻子上的那条绳子。走吧，走，走到哪里算哪里，遇见什么说什么。活了呢，赚几条牲口；死了呢，认命！

可是，他把军衣脱下来：一把，将领子扯掉；那对还肯负责任的铜钮也被揪下来，掷在黑暗中，连个响声也没发。然后，他把这件无领无钮的单衣斜搭在身上，把两条袖子在胸前结成个结子，像背包袱那样。这个，他以为可以减少些败兵的嫌疑；裤子也挽高起来一块。他知道这还不十分像拉骆驼的，可是至少也不完全像个逃兵了。加上他脸上的泥，身上的汗，大概也

126

够个"煤黑子"[1]的谱儿[2]了。他的思想很慢，可是想得很周到，而且想起来马上就去执行。夜黑天里，没人看见他，他本来无须乎立刻这样办，可是他等不得。他不知道时间，也许忽然就会天亮。既没顺着山路走，他白天没有可以隐藏起来的机会；要打算白天也照样赶路的话，他必须使人相信他是个"煤黑子"。想到了这个，也马上这么办了，他心中痛快了些，好似危险已过，而眼前就是北平了。他必须稳稳当当地快到城里，因为他身上没有一个钱，没有一点干粮，不能再多耗时间。想到这里，他想骑上骆驼，省些力气可以多挨一会儿饥饿。可是不敢去骑，即使很稳当，也得先教骆驼跪下，他才能上去。时间是值钱的，不能再麻烦。况且，他要是上了那么高，便更不容易看清脚底下，骆驼若是摔倒，他也得陪着。不，就这样走吧。

大概地，他觉出是顺着大路走呢；方向，地点，都有些茫然。夜深了，多日的疲乏，与逃走的惊惧，使他身心全不舒服。及至走出来一些路，脚步是那么平匀、缓慢，他渐渐地仿佛困倦起来。夜还很黑，空中有些湿冷的雾气，心中更觉得渺茫。用力看看地，地上老像有一岗一岗的，及至放下脚去，却是平坦的。这种小心与受骗教他更不安静，几乎有些烦躁。爽性不去管地上了，眼往平里看，脚擦着地走。四外什么也看不见，就好像全世界的黑暗都在等着他似的，由黑暗中迈步，再走入黑暗中；身后跟着那不声不响的骆驼。

外面的黑暗渐渐习惯了，心中似乎停止了活动，他的眼不由得闭上了。不知道是往前走呢，还是已经站住了，心中只觉得一浪一浪地波动，似一片波动的黑海，黑暗与心接成一气，

1　煤黑子，旧时对煤炭工人的蔑称。
2　谱儿，即样子，有近似的意思。

都渺茫，都起落，都恍惚。忽然心中一动，像想起一些什么，又似乎是听见了一些声响，说不清，可是又睁开了眼。他确是还往前走呢，忘了刚才是想起什么来，四外也并没有什么动静。心跳了一阵，渐渐又平静下来。他嘱咐自己不要再闭上眼，也不要再乱想，快快地到城里是第一件要紧的事。可是心中不想事，眼睛就很容易再闭上，他必须想念着点儿什么，必须醒着。他知道一旦倒下，他可以一气睡三天。想什么呢？他的头有些发晕，身上潮漉漉地难过，头发里发痒，两脚发酸，口中又干又涩。他想不起别的，只想可怜自己。可是，连自己的事也不大能详细地想了，他的头是那么虚空昏胀，仿佛刚想起自己，就又把自己忘记了，像将要灭的蜡烛，连自己也不能照明白了似的。再加上四围的黑暗，使他觉得像在一团黑气里浮荡，虽然知道自己还存在着，还往前迈步，可是没有别的东西来证明他准是在哪里走，就很像独自在荒海里浮着那样不敢相信自己。他永远没尝受过这种惊疑不定的难过，与绝对的寂闷。平日，他虽不大喜欢交朋友，可是一个人在日光下，有太阳照着他的四肢，有各样东西呈现在目前，他不至于害怕。现在，他还不害怕，只是不能确定一切，使他受不了。设若骆驼们要是像骡马那样不老实，也许倒能教他打起精神去注意它们，而骆驼偏偏是这么驯顺，驯顺得使他不耐烦。在心神最恍惚的时候，他忽然怀疑骆驼是否还在他的背后，教他吓一跳，他似乎很相信这几个大牲口会轻轻地钻入黑暗的岔路中去，而他一点也不晓得，像拉着块冰那样能渐渐地化尽。

不知道在什么时候，他坐下了。若是他就是这么死去，就是死后有知，他也不会记得自己是怎么坐下的，和为什么坐下的。坐了五分钟，也许是一点钟，他不晓得。他也不知道他是先坐下而后睡着，还是先睡着而后坐下的。大概他是先睡着了而后坐下的，因为他的疲乏已经能使他立着睡去的。

他忽然醒了。不是那种自自然然地由睡而醒，而是猛地一吓，像由一个世界跳到另一个世界，都在一睁眼的工夫里。看见的还是黑暗，可是很清楚地听见一声鸡鸣，是那么清楚，好像有个坚硬的东西在他脑中划了一下。他完全清醒过来。骆驼呢？他顾不得想别的。绳子还在他手中，骆驼也还在他旁边。他心中安静了。懒得起来。身上酸懒，他不想起来，可也不敢再睡。他得想，细细地想，好主意。就是在这个时候，他想起他的车，而喊出："凭什么？"

"凭什么？"但是空喊是一点用处没有的。他去摸摸骆驼，他始终还不知自己拉来几匹。摸清楚了，一共三匹。他不觉得这是太多，还是太少。他把思想集中到这三匹身上，虽然还没想妥一定怎么办，可是他渺茫地想到，他的将来全仗着这三个牲口。

"为什么不去卖了它们，再买上一辆车呢？"他几乎要跳起来了！可是他没动，好像因为先前没想到这样最自然最省事的办法而觉得应当惭愧似的。喜悦胜过了惭愧，他打定了主意：刚才不是听到鸡鸣么？即使鸡有时候在夜间一两点钟就打鸣，反正离天亮也不甚远了。有鸡鸣就必有村庄，说不定也许是北辛安吧？那里有养骆驼的，他得赶快地走，能在天亮的时候赶到，把骆驼出了手，他可以一进城就买上一辆车。兵荒马乱的期间，车必定便宜一些，他只顾了想买车，好似卖骆驼是件毫无困难的事。

想到骆驼与洋车的关系，他的精神壮了起来，身上好似一向没有什么不舒服的地方。假若他想到拿这三匹骆驼能买到一百亩地，或是可以换几颗珍珠，他也不会这样高兴。他极快地立起来，扯起骆驼就走。他不晓得现在骆驼有什么行市，只听说过在老年间，没有火车的时候，一条骆驼要值一个大宝[1]，因为骆驼力气大，而吃得比骡马还省。他不希望得三个大宝，只盼望换个百儿八十的，恰好够买一辆车的。

越走天越亮了，不错，亮处是在前面，他确是朝东走呢。即使他走错了路，方向可是不差，山在西，城在东，他晓得这个。四外由一致的漆黑，渐渐能分出深浅，虽然还辨不出颜色，可是田亩远树已都在普遍的灰暗中有了形状。星星渐稀，天上罩着一层似云又似雾的灰气，暗淡，可是比以前高起许多去。祥子仿佛敢抬起头来了。他也开始闻见路旁的草味，也听见几声鸟鸣。因为看见了渺茫的物形，他的耳目口鼻好似都恢复了应有的作用。他也能看到自己身上的一切，虽然是那么破烂狼狈，可是能以相信自己确是还活着呢，好像噩梦初醒时那样觉得生命是何等的可爱。看完了他自己，他回头看了看骆驼——和他一样的难看，也一样的可爱。正是牲口脱毛的时候，骆驼身上已经都露出那灰红的皮，只有东一缕西一块地挂着些零散的、没力量的、随时可以脱掉的长毛，像些兽中的庞大的乞丐。顶可怜的是那长而无毛的脖子，那么长，那么秃，弯弯的，愚笨的，伸出老远，像条失意的瘦龙。可是祥子不憎嫌它们，不管它们是怎样的不体面，到底是些活东西。他承认自己是世上最有运气的人，上天送给他三条足以换一辆洋车的活宝贝，这不是天天能遇到的事。他忍不住地笑了出来。

灰天上透出些红色，地与远树显着更黑了；红色渐渐地与灰色融调起来，有的地方成为灰紫的，有的地方特别的红，而大部分的天色是葡萄灰的。又待了一会儿，红中透出明亮的金黄来，各种颜色都露出些光。忽然，一切东西都非常的清楚

1　大宝，重五十两的银元宝。

了。跟着，东方的早霞变成一片深红，头上的天显出蓝色。红霞碎开，金光一道一道地射出，横的是霞，直的是光，在天的东南角织成一部极伟大光华的蛛网：绿的田、树、野草，都由暗绿变为发光的翡翠。老松的干上染上了金红，飞鸟的翅儿闪起金光，一切的东西都带出笑意。祥子对着那片红光要大喊几声，自从一被大兵拉去，他似乎没看见过太阳，心中老在咒骂，头老低着，忘了还有日月，忘了老天。现在，他自由地走着路，越走越光明，太阳给草叶的露珠一点儿金光，也照亮了祥子的眉发，照暖了他的心。他忘了一切困苦、一切危险、一切疼痛，不管身上是怎样褴褛污浊，太阳的光明与热力并没将他除外，他是生活在一个有光有热力的宇宙里。他高兴，他想欢呼！

　　看看身上的破衣，再看看身后的三匹脱毛的骆驼，他笑了笑。就凭四条这么不体面的人与牲口，他想，居然能逃出危险，能又朝着太阳走路，真透着奇怪！不必再想谁是谁非了，一切都是天意，他以为。他放了心，缓缓地走着，只要老天保佑他，什么也不必怕。走到什么地方了？不想问了，虽然田间已有男女来做工。走吧，就是一时卖不出骆驼去，似乎也没大关系了。先到城里再说，他渴想再看见城市，虽然那里没有父母亲戚，没有任何财产，可是那到底是他的家，全个的城都是他的家，一到那里他就有办法。远处有个村子，不小的一个村子，村外的柳树像一排高而绿的护兵，低头看着那些矮矮的房屋，屋上浮着些炊烟。远远地听到村犬的吠声，非常的好听。他一直奔了村子去，不想能遇到什么俏事，仿佛只是表示他什么也不怕，他是好人，当然不怕村里的良民，现在人人都是在光明和平的阳光下。假若可能的话，他想要一点水喝，就是要不到水也没关系，他既没死在山中，多渴一会儿算得了什么呢？

　　村犬向他叫，他没大注意；妇女和小孩儿们的注视他，使他不大自在了。他必定是个很奇怪的拉骆驼的，他想；要不然，大家为什么这样呆呆地看着他呢？他觉得非常的难堪：兵们不拿他当个人，现在来到村子里，大家又看他像个怪物！他不晓得怎样好了。他的身量、力气，一向使他自尊自傲，可是在过去的这些日子，无缘无故地，他受尽了委屈与困苦。他从一家的屋脊上看过去，又看见了那光明的太阳，可是太阳似乎不像刚才那样可爱了！

村中的唯一的一条大道上，猪尿马尿与污水汇成好些个发臭的小湖，祥子唯恐把骆驼滑倒，很想休息一下。道儿北有个较比阔气的人家，后边是瓦房，大门可是只拦着个木栅，没有木门，没有门楼。祥子心中一动，瓦房——财主，木栅而没门楼——养骆驼的主儿！好吧，他就在这儿休息会儿吧，万一有个好机会把骆驼打发出去呢！

"色！色！色！"祥子叫骆驼们跪下，对于调动骆驼的口号，他只晓得"色……"是表示跪下，他很得意地应用出来，特意叫村人们明白他并非是外行。骆驼们真跪下了，他自己也大大方方地坐在一株小柳树下。大家看他，他也看大家，他知道只有这样才足以减少村人的怀疑。

坐了一会儿，院中出来个老者，蓝布小褂敞着怀，脸上很亮，一看便知道是乡下的财主。祥子打定了主意：

"老者，水现成吧？喝碗！"

"啊！"老者的手在胸前搓着泥卷，打量了祥子一眼，细细看了看三匹骆驼。"有水！哪儿来的？"

"西边！"祥子不敢说地名，因为不准知道。

"西边有兵呀？"老者的眼盯住祥子的军裤。

"教大兵裹了去，刚逃出来。"

"啊！骆驼出西口没什么险啦吧？"

"兵都入了山，路上很平安。"

"嗯！"老者慢慢点着头。"你等等，我给你拿水去。"

祥子跟了进去。到了院中，他看见了四匹骆驼。

"老者，留下我的三匹，凑一把儿吧？"

"哼！一把儿？倒退三十年的话，我有过三把儿！年头儿变了，谁还喂得起骆驼！"老头儿立住，呆呆地看着那四匹牲口。待了半天："前几天本想和街坊搭伙，把它们送到口外去放青[1]。东也闹兵，西也闹兵，谁敢走啊！在家里拉夏[2]吧，看着就焦心，看着就焦心，瞧这些苍蝇！赶明儿天大热起来，再加上蚊子，眼看着好好的牲口活活受罪，真！"老者连连地点头，似乎有无限的感慨与牢骚。

"老者，留下我的三匹，凑成一把儿到口外去放青。欢蹦乱跳的牲口，一夏天在这儿，准教苍蝇蚊子给拿个半死！"祥子几乎是央求了。

"可是，谁有钱买呢？这年头不是养骆驼的年头了！"

"留下吧，给多少是多少，我把它们出了手，好到城里去谋生！"

老者又细细看了祥子一番，觉得他绝不是个匪类。然后回头看了看门外的牲口，心中似乎是真喜欢那三匹骆驼——明知买到手中并没好处，可是爱书的人见书就想买，养马的见了马就舍不得，有过三把儿骆驼的也是如此。况且祥子说可以贱卖呢；懂行的人得到个便宜，就容易忘掉东西买到手中有没有好处。

"小伙子，我要是钱富裕的话，真想留下！"老者说了实话。

"干脆就留下吧，瞧着办得了！"祥子是那么诚恳，弄得老

---

1 放青，放牲口去吃青草。

2 拉夏，即过夏。

头子有点不好意思了。

"说真的，小伙子，倒退三十年，这值三个大宝。现在的年头，又搭上兵荒马乱，我——你还是到别处吃喝吆喝去吧！"

"给多少是多少！"祥子想不出别的话。他明白老者的话很实在，可是不愿意满世界去卖骆驼——卖不出去，也许还出了别的毛病。

"你看，你看，二三十块钱真不好说出口来，可是还真不容易往外拿呢！这个年头，没法子！"

祥子心中也凉了些，二三十块？离买车还差得远呢！可是，第一他愿脆快办完，第二他不相信能这么巧再遇上个买主儿。"老者，给多少是多少！"

"你是干什么的，小伙子，看得出，你不是干这一行的！"

祥子说了实话。

"呕，你是拿命换出来的这些牲口！"老者很同情祥子，而且放了心，这不是偷来的，虽然和偷也差不远，可是究竟中间还隔着层大兵。兵灾之后，什么事儿都不能按着常理儿说。

"这么着吧，伙计，我给三十五块钱吧。我要说这不是个便宜，我是小狗子；我要是能再多拿一块，也是个小狗子！我六十多了，哼，还教我说什么好呢！"

祥子没了主意。对于钱，他向来是不肯放松一个的。可是，在军队里这些日子，忽然听到老者这番诚恳而带有感情的话，他不好意思再争论了。况且，可以拿到手的三十五块现洋似乎比希望中的一万块更可靠，虽然一条命只换来三十五块的确是少一些！就单说三条大活骆驼，也不能，绝不能，只值三十五块大洋！可是，有什么法儿呢！

"骆驼算你的了，老者！我就再求一件事，给我找件小褂，和一点吃的！"

"那行！"

祥子喝了一气凉水，然后拿着三十五块很亮的现洋，两个棒子面饼子，穿着将护到胸际的一件破白小褂，要一步迈到城里去！

四

祥子在海甸的一家小店里躺了三天，身上忽冷忽热，心中迷迷糊糊，牙床上起了一溜紫泡，只想喝水，不想吃什么。饿了三天，火气降下去，身上软得像皮糖似的。恐怕就是在这三天里，他与三匹骆驼的关系由梦话或胡话中被人家听了去。一清醒过来，他已经是"骆驼祥子"了。

自从一到城里来，他就是"祥子"，仿佛根本没有个姓；如今，"骆驼"摆在"祥子"之上，就更没有人关心他到底姓什么了。有姓无姓，他自己也并不在乎。不过，三条牲口才换了那么几块钱，而自己倒落了个外号，他觉得有点不大上算。

刚能挣扎着立起来，他想出去看看。没想到自己的腿会这样的不吃力，走到小店门口他一软就坐在了地上，昏昏沉沉地坐了好大半天，头上见了凉汗。又忍了一会儿，他睁开了眼，肚中响了一阵，觉出点饿来。极慢地立起来，找到了个馄饨挑儿。要了碗馄饨，他仍然坐在地上。呷了口汤，觉得恶心，在口中含了半天，勉强地咽下去，不想再喝。可是，待了一会儿，热汤像股线似的一直通到腹部，打了两个响嗝。他知道自己又有了命。

肚中有了点食，他顾得看看自己了。身上瘦了许多，那条破裤已经脏得不能再脏。他懒得动，可是要马上恢复他的干净利落，他不肯就这么神头鬼脸地进城去。不过，要干净利落就

135

得花钱，剃剃头，换换衣服，买鞋袜，都要钱。手中的三十五元钱应当一个不动，连一个不动还离买车的数儿很远呢！可是，他可怜了自己。虽然被兵们拉去不多的日子，到现在一想，一切都像个噩梦。这个噩梦使他老了许多，好像他忽然地一气增多了好几岁。看着自己的大手大脚，明明是自己的，可是又像忽然由什么地方找到的。他非常的难过。他不敢想过去的那些委屈与危险，虽然不去想，可依然的存在，就好像连阴天的时候，不去看天也知道天是黑的。他觉得自己的身体是特别的可爱，不应当再太自苦了。他立起来，明知道身上还很软，可是刻不容缓地想去打扮打扮，仿佛只要剃剃头、换件衣服，他就能立刻强壮起来似的。

打扮好了，一共才花了两块二毛钱。近似搪布¹的一身本色粗布裤褂一元，青布鞋八毛，线披儿织成的袜子一毛五，还有顶二毛五的草帽。脱下来的破东西换了两包火柴。

拿着两包火柴，顺着大道，他往西直门走。没走出多远，他就觉出软弱疲乏来了。可是他咬上了牙。他不能坐车，从哪方面看也不能坐车：一个乡下人拿十里八里还能当作道儿吗，况且自己是拉车的。这且不提，以自己的身量力气而被这小小的一点病拿住，笑话！除非一跤栽倒，再也爬不起来，他满地滚也得滚进城去，决不服软！今天要是走不进城去，他想，祥子便算完了。他只相信自己的身体，不管有什么病！

晃晃悠悠地，他放开了步。走出海甸不远，他眼前起了金星。扶着棵柳树，他定了半天神，天旋地转地闹慌²了会儿，他始终没肯坐下。天地的旋转慢慢地平静起来，他的心好似由老

---

1 搪布，窄幅粗线织的很稀的一种布，旧时用作面巾。
2 闹慌，即眩晕。

远的又落到自己的心口中，擦擦头上的汗，他又迈开了步。已
经剃了头，已经换上新衣新鞋，他以为这就十分对得起自己了。
那么，腿得尽它的责任，走！一气他走到了关厢。看见了人马
的忙乱，听见了复杂刺耳的声音，闻见了干臭的味道，踏上了
细软污浊的灰土，祥子想趴下去吻一吻那个灰臭的地，可爱的
地，生长洋钱的地！没有父母兄弟，没有本家亲戚，他的唯一
的朋友是这座古城。这座城给了他一切，就是在这里饿着也比
乡下可爱，这里有的看，有的听，到处是光色，到处是声音。
自己只要卖力气，这里还有数不清的钱，吃不尽穿不完的万样
好东西。在这里，要饭也能要到荤汤腊水的，乡下只有棒子面。
才到高亮桥西边，他坐在河岸上，落了几点热泪！

太阳平西了，河上的老柳歪歪着，梢头挂着点金光。河里
没有多少水，可是长着不少的绿藻，像一条油腻的长绿的带子，
窄长，深绿，发出些微腥的潮味。河岸北的麦子已吐了芒，矮小
枯干，叶上落了一层灰土。河南的荷塘的绿叶细小无力地浮在水
面上，叶子左右时时冒起些细碎的小水泡。东边的桥上，来往
的人与车过来过去，在斜阳中特别显着匆忙，仿佛都感到暮色
将近的一种不安。这些，在祥子的眼中耳中都非常的有趣与可
爱。只有这样的小河仿佛才能算是河；这样的树、麦子、荷叶、
桥梁，才能算是树、麦子、荷叶与桥梁。因为它们都属于北平。

坐在那里，他不忙了。眼前的一切都是熟习的、可爱的，
就是坐着死去，他仿佛也很乐意。歇了老大半天，他到桥头吃了
碗老豆腐：醋、酱油、花椒油、韭菜末，被热的、雪白的豆腐一
烫，发出点顶香美的味儿，香得使祥子要闭住气；捧着碗，看
着那深绿的韭菜末儿，他的手不住地哆嗦。吃了一口，豆腐把
身里烫开一条路；他自己下手又加了两小勺辣椒油。一碗吃完，
他的汗已湿透了裤腰。半闭着眼，把碗递出去："再来一碗！"

站起来，他觉出他又像个人了。太阳还在西边的最低处，河水被晚霞照得有些微红，他痛快得要喊叫出来。摸了摸脸上那块平滑的疤，摸了摸袋中的钱，又看了一眼角楼上的阳光，他硬把病忘了，把一切都忘了，好似有点什么心愿，他决定走进城去。

城门洞里挤着各样的车、各样的人，谁也不敢快走，谁可都想快快过去，鞭声、喊声、骂声、喇叭声、铃声、笑声，都被门洞儿——像一架扩音机似的——嗡嗡地连成一片，仿佛人人都发着点声音，都嗡嗡地响。祥子的大脚东插一步，西跨一步，两手左右地拨落，像条瘦长的大鱼，随浪欢跃那样，挤进了城。一眼便看到新街口，道路是那么宽，那么直，他的眼发了光，和东边的屋顶上的反光一样亮。他点了点头。

他的铺盖还在西安门大街人和车厂呢，自然他想奔那里去。因为没有家小，他一向是住在车厂里，虽然并不永远拉厂子里的车。人和的老板刘四爷是已快七十岁的人了；人老，心可不老实。年轻的时候他当过库兵，设过赌场，买卖过人口，放过阎王账。干这些营生所应有的资格与本领——力气，心路，手段，交际，字号，等等——刘四爷都有。在前清的时候，打过群架，抢过良家妇女，跪过铁索。跪上铁索，刘四并没皱一皱眉，没说一个饶命。官司教他硬挺了过来，这叫作"字号"。出了狱，恰巧入了民国，巡警的势力越来越大，刘四爷看出地面上的英雄已成了过去的事儿，即使黄天霸再世也不会有多少机会了。他开了个洋车厂子。土混混出身，他晓得怎样对付穷人，什么时候该紧一把儿，哪里该松一步儿，他有善于调动的天才。车夫们没有敢跟他要骨头 [1] 的。他一瞪眼，和他哈哈一笑，能把

---

1 要骨头，即调皮，捣乱。

人弄得迷迷糊糊的，仿佛一脚登在天堂，一脚登在地狱，只好听他摆弄。到现在，他有六十多辆车，至坏的也是七八成新的，他不存破车。车租，他的比别家的大，可是到三节他比别家多放着两天的份儿。人和厂有地方住，拉他的车的光棍儿，都可以白住——可是得交上车份儿，交不上账而和他苦腻的，他扣下铺盖，把人当个破水壶似的扔出门外。大家若是有个急事急病，只须告诉他一声，他不含糊，水里火里他都热心地帮忙，这叫作"字号"。

　　刘四爷是虎相。快七十了，腰板不弯，拿起腿还走个十里二十里的。两只大圆眼，大鼻头，方嘴，一对大虎牙，一张口就像个老虎。个子几乎与祥子一边儿高，头剃得很亮，没留胡子。他自居老虎，可惜没有儿子，只有个三十七八岁的虎女——知道刘四爷的就必也知道虎妞。她也长得虎头虎脑，因此吓住了男人，帮助父亲办事是把好手，可是没人敢娶她做太太。她什么都和男人一样，连骂人也有男人的爽快，有时候更多一些花样。刘四爷打外，虎妞打内，父女把人和车厂治理得铁桶一般。人和厂成了洋车界的权威，刘家父女的办法常常在车夫与车主的口上，如读书人的引经据典。

　　在买上自己的车以前，祥子拉过人和厂的车。他的积蓄就交给刘四爷给存着。把钱凑够了数，他要过来，买上了那辆新车。

　　"刘四爷，看看我的车！"祥子把新车拉到人和厂去。

　　老头子看了车一眼，点了点头："不离！"

　　"我可还得在这儿住，多喒[1]我拉上包月，才去住宅门！"祥子颇自傲地说。

1　多喒，念 duō·zan，同"多咱"，指什么时候。由"多早晚"变来的。

"行！"刘四爷又点了点头。

于是，祥子找到了包月，就去住宅山；掉了事而又去拉散座，便住在人和厂。

不拉刘四爷的车，而能住在人和厂，据别的车夫看，是件少有的事。因此，甚至有人猜测，祥子必和刘老头子是亲戚；更有人说，刘老头子大概是看上了祥子，而想给虎妞弄个招门纳婿的"小人"。这种猜想里虽然怀着点妒羡，可是万一要真是这么回事呢，将来刘四爷一死，人和厂就一定归了祥子。这个，教他们只敢胡猜，而不敢在祥子面前说什么不受听的。其实呢，刘老头子的优待祥子是另有笔账儿。祥子是这样的一个人：在新的环境里还能保持着旧的习惯。假若他去当了兵，他决不会一穿上那套虎皮，马上就不傻装傻地去欺侮人。在车厂子里，他不闲着，把汗一落下去，他就找点事儿做。他去擦车、打气、晒雨布、抹油……用不着谁支使，他自己愿意干，干得高高兴兴，仿佛是一种极好的娱乐。厂子里靠常总住着二十来个车夫，收了车，大家不是坐着闲谈，便是蒙头大睡。祥子，只有祥子的手不闲着。初上来，大家以为他是向刘四爷献殷勤，狗事巴结人；过了几天，他们看出来他一点没有卖好讨俏的意思，他是那么真诚自然，也就无话可说了。刘老头子没有夸奖过他一句，没有格外多看过他一眼，老头子心里有数儿。他晓得祥子是把好手，即使不拉他的车，他也还愿意祥子在厂子里。有祥子在这儿，先不提别的，院子与门口永远扫得干干净净。虎妞更喜欢这个傻大个儿，她说什么，祥子老用心听着，不和她争辩；别的车夫，因为受尽苦楚，说话总是横着来，她一点不怕他们，可是也不愿多搭理他们。她的话，所以，都留给祥子听。当祥子去拉包月的时候，刘家父女都仿佛失去一个朋友。赶到他一回来，连老头子骂人也似乎更痛快而慈善一些。

祥子拿着两包火柴，进了人和厂。天还没黑，刘家父女正在吃晚饭。看见他进来，虎妞把筷子放下了：

"祥子！你让狼叼了去，还是上非洲挖金矿去了？"

"哼！"祥子没说出什么来。

刘四爷的大圆眼在祥子身上绕了绕，什么也没说。

祥子戴着新草帽，坐在他们对面。

"你要是还没吃了的话，一块儿吧！"虎妞仿佛是招待个好朋友。

祥子没动，心中忽然感觉到一点说不出来的亲热。一向他拿人和厂当作家：拉包月，主人常换；拉散座，座儿一会儿一改；只有这里老让他住，老有人跟他说些闲话儿。现在刚逃出命来，又回到熟人这里来，还让他吃饭，他几乎要怀疑他们是否要欺弄他，可是也几乎落下泪来。

"刚吃了两碗老豆腐！"他表示出一点礼让。

"你干什么去了？"刘四爷的大圆眼还盯着祥子。"车呢？"

"车？"祥子唑了口吐沫。

"过来先吃碗饭！毒不死你！两碗老豆腐管什么事？！"虎妞一把将他扯过去，好像老嫂子疼爱小叔那样。

祥子没去端碗，先把钱掏了出来："四爷，先给我拿着，三十块。"把点零钱又放在衣袋里。

刘四爷用眉毛梢儿问了句："哪儿来的？"

祥子一边吃，一边把被兵拉去的事说了一遍。

"哼，你这个傻小子！"刘四爷听完，摇了摇头。"拉进城来，卖给汤锅，也值十几多块一头；要是冬天驼毛齐全的时候，三匹得卖六十块！"

祥子早就有点后悔，一听这个，更难过了。可是，继而一想，把三只活活的牲口卖给汤锅去挨刀，有点缺德。他和骆驼都是逃出来的，就都该活着。什么也没说，他心中平静了下去。

虎姑娘把家伙撤下去，刘四爷仰着头似乎是想起点来什么。忽然一笑，露出两个越老越结实的虎牙："傻子，你说病在了海甸？为什么不由黄村大道一直回来？"

"还是绕西山回来的，怕走大道教人追上，万一村子里的人想过味儿来，还拿我当逃兵呢！"

刘四爷笑了笑，眼珠往心里转了两转。他怕祥子的话有鬼病，万一那三十块钱是抢了来的呢，他不便代人存着赃物。他自己年轻的时候，什么不法的事儿也干过；现在，他自居是改邪归正，不能不小心，而且知道怎样的小心。祥子的叙述只有这么个缝子，可是祥子一点没发毛咕地解释开，老头子放了心。

"怎么办呢？"老头子指着那些钱说。

"听你的！"

"再买辆车？"老头子又露出虎牙，似乎是说："自己买上车，还白住我的地方？！"

"不够！买就得买新的！"祥子没看刘四爷的牙，只顾得看自己的心。

"借给你？一分利，别人借是二分五！"

祥子摇了摇头。

"跟车铺打印子，还不如给我一分利呢！"

"我也不打印子，"祥子出着神说，"我慢慢地省，够了数，现钱买现货！"

老头子看着祥子，好像是看着个什么奇怪的字似的，可恶，而没法儿生气。待了会儿，他把钱拿起来："三十？别打马虎眼！"

"没错！"祥子立起来："睡觉去。送给你老人家一包洋火！"他放在桌子上一包火柴，又愣了愣："不用对别人说，骆驼的事！"

五

刘老头子的确没替祥子宣传，可是骆驼的故事很快地由海甸传进城里来。以前，大家虽找不出祥子的毛病，但是以他那股子干倔的劲儿，他们多少以为他不大合群，别扭。自从"骆驼祥子"传开了以后，祥子虽然还是闷着头儿干，不大和气，大家对他却有点另眼看待了。有人说他拾了个金表，有人说他白弄了三百块大洋，那自信知道得最详确的才点着头说，他从西山拉回三十匹骆驼！说法虽然不同，结论是一样的——祥子发了邪财！对于发邪财的人，不管这家伙是怎样的"不得哥儿们"[1]，大家照例是要敬重的。卖力气挣钱既是那么不容易，人人盼望发点邪财；邪财既是那么千载难遇，所以有些彩气的必定是与众不同，福大命大。因此，祥子的沉默与不合群，一变变成了贵人语迟。他应当这样，而他们理该赶着他去拉拢。"得了，祥子！说说，说说你怎么发的财？"这样的话，祥子天天听到。他一声不响。直到逼急了，他的那块疤有点发红了，才说："发财，妈的我的车哪儿去了？"

是呀，这是真的，他的车哪里去了？大家开始思索。但是替别人忧虑总不如替人家喜欢，大家于是忘记了祥子的车，而去想着他的好运气。过了些日子，大伙儿看祥子仍然拉车，并没改了行当，或买了房子置了地，也就对他冷淡了一些，而提到骆驼祥子的时候，也不再追问为什么他偏偏是"骆驼"，仿佛他根本就应当叫作这个似的。

祥子自己可并没轻描淡写地随便忘了这件事。他恨不得马

1　不得哥们儿，即在同伙里大家不怎么喜欢他，没有人缘。

上就能再买上辆新车，越着急便越想着原来那辆。一天到晚他任劳任怨地去干，可是干着干着，他便想起那回事。一想起来，他心中就觉得发堵，不由得想到，要强又怎样呢，这个世界并不因为自己要强而公道一些，凭着什么把他的车白白抢去呢？即使马上再弄来一辆，焉知不再遇上那样的事呢？他觉得过去的事像个噩梦，使他几乎不敢再希望将来。有时候他看别人喝酒吃烟跑土窑子，几乎感到一点羡慕。要强既是没用，何不乐乐眼前呢？他们是对的。他，即使先不跑土窑子，也该喝两盅酒，自在自在。烟、酒，现在仿佛对他有种特别的诱力，他觉得这两样东西是花钱不多，而必定足以安慰他；使他依然能往前苦奔，而同时能忘了过去的苦痛。

可是，他还是不敢去动它们。他必须能多剩一个就去多剩一个，非这样不能早早买上自己的车。即使今天买上，明天就丢了，他也得去买。这是他的志愿、希望，甚至是宗教。不拉着自己的车，他简直像是白活。他想不到做官、发财、置买产业，他的能力只能拉车，他的最可靠的希望是买车，非买上车不能对得起自己。他一天到晚思索这回事，计算他的钱，设若一旦忘了这件事，他便忘了自己，而觉得自己只是个会跑路的畜生，没有一点起色与人味。无论是多么好的车，只要是赁来的，他拉着总不起劲，好像背着块石头那么不自然。就是赁来的车，他也不偷懒，永远给人家收拾得干干净净，永远不去胡碰乱撞。可是这只是一些小心谨慎，不是一种快乐。是的，收拾自己的车，就如同数着自己的钱，才是真快乐。他还是得不吃烟不喝酒，爽性连包好茶叶也不便于喝。在茶馆里，像他那么体面的车夫，在飞跑过一气以后，讲究喝十个子儿一包的茶叶，加上两包白糖，为的是补气散火。当他跑得顺"耳唇"往下滴汗，胸口觉得有点发辣，他真想也这么办，这绝对不是习气、做派，而是真需要这么两碗茶压一压。只是想到了，他还是喝那一个子儿一包的碎末。有时候他真想责骂自己，为什么这样自苦。可是，一个车夫而想月间剩下俩钱，不这么办怎成呢？他狠了心。买上车再说，买上车再说！有了车就足以抵得一切！

对花钱是这样一把死拿，对挣钱祥子更不放松一步。没有包月，他就拉整天，出车早，回来得晚，他非拉过一定的钱数不收车，不管时间，不管两腿；有时他硬连下去，拉一天一夜。从前，他不肯抢别人的买卖，特别是对于那些老弱残兵。以他的身体，以他的车，去和他们争座儿，还能有他们的份儿？现在，他不大管这个了，他只看见钱，多一个是一个，不管买卖的苦甜，不管是和谁抢生意。他只管拉上买卖，不管别的，像一只饿疯的野兽。拉上就跑，他心中舒服一些，觉得只有老不站住脚，才能有买上车的希望。一来二去的，骆驼祥子的名誉远不及单是祥子的时候了。有许多次，他抢上买卖就跑，背后跟着一片骂声。他不回口，低着头飞跑，心里说："我要不是为买车，决不能这么不要脸！"他好像是用这句话求大家的原谅，可是不肯对大家这么直说。在车口儿上，或茶馆里，他看大家瞪他，本想对大家解释一下，及至看到大家是那么冷淡，又搭上他平日不和他们一块喝酒、赌钱、下棋，或聊天，他的话只能圈在肚子里，无从往外说。难堪渐渐变为羞恼，他的火也上来了；他们瞪他，他也瞪他们。想起乍由山上逃回来的时候，大家对他是怎样的敬重，现在会这样地被人轻看，他更觉得难过了。独自抱着壶茶，假若是赶上在茶馆里，或独自数着刚挣到的铜子，设若是在车口上，他用尽力量把怒气纳下去。他不想打架，虽然不怕打架。大家呢，本不怕打架，可是和祥子动手是该当想想的事儿，他们谁也不是他的对手，而大家打一个又是不大光明的。勉强压住气，他想不出别的方法，只有忍耐一时，等到买上车就好办了。有了自己的车，每天先不用为车租着急，他自然可以大大方方的，不再因抢生意而得罪人。这样想好，他看大家一眼，仿佛是说：咱们走着瞧吧！

论他个人，他不该这样拼命。逃回城里之后，他并没等病好利落了就把车拉起来，虽然一点不服软，可是他时常觉出疲乏。疲乏，他可不敢休息，他总以为多跑出几身汗来就会减去酸懒的。对于饮食，他不敢缺着嘴，可也不敢多吃些好的。他看出来自己是瘦了好多，但是身量还是那么高大，筋骨还那么硬棒，他放了心。他老以为他的个子比别人高大，就一定比别人能多受些苦，似乎永没想到身量大、受累多，应当需要更多的滋养。虎姑娘已经嘱咐他几回了："你这家伙要是这么干，吐了血可是你自己的事！"

他很明白这是好话，可是因为事不顺心，身体又欠保养，他有点肝火盛。稍微棱棱着点眼："不这么奔，几儿能买上车呢？"

要是别人这么一棱棱眼睛，虎妞至少得骂半天街。对祥子，她真是一百一地客气、爱护。她只撇了撇嘴：

"买车也得悠停着来，当你是铁做的哪！你应当好好地歇三天！"看祥子听不进去这个："好吧，你有你的老主意，死了可别怨我！"

刘四爷也有点看不上祥子：祥子的拼命，早出晚归，当然是不利于他的车的。虽然说租整天的车是没有时间的限制，爱什么时候出车收车都可以，若是人人都像祥子这样死啃，一辆车至少也得早坏半年，多么结实的东西也架不住钉着坑儿使！再说呢，祥子只顾死奔，就不大匀得出工夫来帮忙给擦车什么的，又是一项损失。老头心中有点不痛快。他可是没说什么，拉整天不限定时间，是一般的规矩；帮忙收拾车辆是交情，并不是义务。凭他的人物字号，他不能自讨无趣地对祥子有什么表示。他只能从眼角边显出点不满的神气，而把嘴闭得紧紧的。有时候他颇想把祥子撵出去，看看女儿，他不敢这么办。他一点没有把祥子当作候补女婿的意思，不过，女儿既是喜爱这个愣小子，他就不便于多事。他只有这么一个姑娘，眼看是没有出嫁的希望了，他不能再把她这个朋友赶了走。说真的，虎妞是这么有用，他实在不愿她出嫁。这点私心他觉得有点怪对不住她的，因此他多少有点怕她。老头子一辈子天不怕地不怕，到了老年反倒怕起自己的女儿来，他自己在不大好意思之中想出点道理来：只要他怕个人，就是他并非完全是无法无天的人的证明。有了这个事实，或者他不至于到快死的时候遭了恶报。好，他自己承认了应当怕女儿，也就不肯赶出祥子去。这自然不是说，他可以随便由着女儿胡闹，以至于嫁给祥子。不是。他看出来女儿未必没那个意思，可是祥子并没敢往上巴结。

那么，他留点神就是了，犯不上先招女儿不痛快。

祥子并没注意老头子的神气，他顾不得留神这些闲盘儿。假若他有愿意离开人和厂的心意，那绝不是为赌闲气，而是盼望着拉上包月。他已有点讨厌拉散座儿了，一来是因为抢买卖而被大家看不起，二来是因为每天的收入没有定数，今天多，明天少，不能预定到几时才把钱凑足，够上买车的数儿。他愿意心中有个准头，哪怕是剩的少，只要靠准每月能剩下个死数，他才觉得有希望，才能放心。他是愿意一个萝卜一个坑的人。

他拉上了包月。哼，和拉散座儿一样的不顺心！这回是在杨宅。杨先生是上海人，杨太太是天津人，杨二太太是苏州人。一位先生，两位太太，南腔北调地生了不知有多少孩子。头一天上工，祥子就差点发了昏。一清早，大太太坐车上市去买菜。回来，分头送少爷小姐们上学，有上初中的，有上小学的，有上幼稚园的；学校不同，年纪不同，长相不同，可是都一样的讨厌，特别是坐在车上，至老实的也比猴子多着两手儿。把孩子们都送走，杨先生上衙门。送到衙门，赶紧回来，拉二太太上东安市场或去看亲友。回来，接学生回家吃午饭。吃完，再送走。送学生回来，祥子以为可以吃饭了，大太太扯着天津腔，叫他去挑水。杨宅的甜水有人送，洗衣裳的苦水归车夫去挑。这个工作在条件之外，祥子为对付事情，没敢争论，一声没响地给挑满了缸。放下水桶，刚要去端饭碗，二太太叫他去给买东西。大太太与二太太一向是不和的，可是在家政上，二位的政见倒一致，其中的一项是不准仆人闲一会儿，另一项是不肯看仆人吃饭。祥子不晓得这个，只当是头一天恰巧赶上宅里这么忙，于是又没说什么，而自己掏腰包买了几个烧饼。他爱钱如命，可是为维持事情，不得不狠了心。

　　买东西回来，大太太叫他打扫院子。杨宅的先生、太太、二太太，当出门的时候都打扮得极漂亮，可是屋里院里整个的像个大垃圾堆。祥子看着院子直犯恶心，所以只顾了去打扫，而忘了车夫并不兼管打杂儿。院子打扫清爽，二太太叫他顺手儿也给屋中扫一扫。祥子也没驳回，使他惊异的倒是凭两位太太的体面漂亮，怎能屋里脏得下不去脚！把屋子也收拾利落了，二太太把个刚到一周岁的小泥鬼交给了他。他没了办法。卖力气的事儿他都在行，他可是没抱过孩子。他双手托着这位小少爷，不使劲吧，怕滑溜下去，用力吧，又怕给伤了筋骨，他出了汗。他想把这个宝贝去交给张妈——一个江北的大脚婆子。找到她，劈面就被她骂了顿好的。杨宅用人，向来是三五天一换的，先生与太太们总以为仆人就是家奴，非把穷人的命要了，不足以对得起那点工钱。只有这个张妈，已经跟了他们五六年，唯一的原因是她敢破口就骂，不论先生，哪管太太，招恼了她就是一顿。以杨先生的海式咒骂的毒辣，以杨太太的天津口的雄壮，以二太太的苏州调的流利，他们素来是所向无敌的；及至遇到张妈的蛮悍，他们开始感到一种礼尚往来，英雄遇上了好汉的意味，所以颇能赏识她，把她收作了亲军。

祥子生在北方的乡间，最忌讳随便骂街。可是他不敢打张妈，因为好汉不和女斗，也不愿还口。他只瞪了她一眼。张妈不再出声了，仿佛看出点什么危险来。正在这个工夫，大太太喊祥子去接学生。他把泥娃娃赶紧给二太太送了回去。二太太以为他这是存心轻看她，冲口而出地把他骂了个花瓜。大太太的意思本来也是不乐意祥子替二太太抱孩子，听见二太太骂他，她也扯开一条油光水滑的嗓子骂，骂的也是他，祥子成了挨骂的藤牌。他急忙拉起车走出去，连生气似乎也忘了，因为他一向没见过这样的事，忽然遇到头上，他简直有点发晕。

一批批地把孩子们都接回来，院中比市场还要热闹，三个妇女的骂声，一群孩子的哭声，好像大栅栏在散戏时那样乱，而且乱得莫名其妙。好在他还得去接杨先生，所以急忙地又跑出去，大街上的人喊马叫似乎还比宅里的乱法好受一些。

一直转转到十二点，祥子才找到叹口气的工夫。他不止于觉着身上疲乏，脑子里也老嗡嗡地响。杨家的老少确是已经都睡了，可是他耳朵里还似乎有先生与太太们的叫骂，像三盘不同的留声机在他心中乱转，使他闹得慌。顾不得再想什么，他想睡觉。一进他那间小屋，他心中一凉，又不困了。一间门房，开了两个门，中间隔着一层木板。张妈住一边，他住一边。屋中没有灯，靠街的墙上有个二尺来宽的小窗户，恰好在一支街灯底下，给屋里一点亮。屋里又潮又臭，地上的土有个铜板厚，靠墙放着份铺板，没有别的东西。他摸了摸床板，知道他要是把头放下，就得把脚蹬在墙上；把脚放平，就得半坐起来。他不会睡元宝式的觉。想了半天，他把铺板往斜里拉好，这样两头对着屋角，他就可以把头放平，腿搭拉着点先将就一夜。

从门洞中把铺盖搬进来，马马虎虎地铺好，躺下了。腿悬空，不惯，他睡不着。强闭上眼，安慰自己：睡吧，明天还得早起呢！什么罪都受过，何必单忍不了这个！别看吃喝不好，活儿太累，也许时常打牌、请客，有饭局。咱们出来为的是什么，祥子？还不是为钱？只要多进钱，什么也得受着！这样一想，他心中舒服了许多，闻了闻屋中，也不像先前那么臭了，慢慢地入了梦，迷迷糊糊地觉得有臭虫，可也没顾得去拿。

过了两天，祥子的心已经凉到底。可是在第四天上，来了女客，张妈忙着摆牌桌。他的心好像冻实了的小湖上忽然来了一阵春风。太太们打起牌来，把孩子们就通通交给了仆人；张妈既是得伺候着烟茶手巾把，那群小猴自然全归祥子统辖。他讨厌这群猴子，可是偷偷往屋中瞭了一眼，大太太管着头儿钱，像是很认真的样子。他心里说：别看这个大娘们厉害，也许并不糊涂，知道乘这种时候给仆人们多弄三毛五毛的。他对猴子们特别地拿出耐心法儿，看在头儿钱的面上，他得把这群猴崽子当作少爷小姐看待。

牌局散了，太太叫他把客人送回家。两位女客急于要同时走，所以得另雇一辆车。祥子喊来一辆，大太太撩袍拖带地浑身找钱，预备着代付客人的车资，客人谦让了两句，大太太仿佛要拼命似的喊：

"你这是怎么了，老妹子！到了我这儿啦，还没个车钱吗！老妹子！坐上啦！"她到这时候，才摸出来一毛钱。

祥子看得清清楚楚，递过那一毛钱的时候，太太的手有点哆嗦。

送完了客，帮着张妈把牌桌什么的收拾好，祥子看了太太一眼。太太叫张妈去拿点开水，等张妈出了屋门，她拿出一毛钱来："拿去，别拿眼紧扫搭着我！"

祥子的脸忽然紫了，挺了挺腰，好像头要顶住房梁，一把抓起那张毛票，摔在太太的胖脸上："给我四天的工钱！"

"怎吗札？"[1] 太太说完这个，又看了祥子一眼，不言语了，把四天的工钱给了他。拉着铺盖刚一出街门，他听见院里破口骂上了。

六

初秋的夜晚，星光叶影里阵阵的小风，祥子抬起头，看着高远的天河，叹了口气。这么凉爽的天，他的胸脯又是那么宽，可是他觉到空气仿佛不够，胸中非常憋闷。他想坐下痛哭一场。以自己的体格，以自己的忍性，以自己的要强，会让人当作猪狗，会维持不住一个事情，他不只怨恨杨家那一伙人，而渺茫地觉到一种无望，恐怕自己一辈子不会再有什么起色了。拉着铺盖卷，他越走越慢，好像自己已经不是拿起腿就能跑个十里八里的祥子了。

到了大街上，行人已少，可是街灯很亮，他更觉得空旷渺茫，不知道往哪里去好了。上哪儿？自然是回人和厂。心中又有些难过。做买卖的，卖力气的，不怕没有生意，倒怕有了照顾主儿而没做成买卖，像饭铺理发馆进来客人，看了一眼，又走出去那样。祥子明知道上工辞工是常有的事，此处不留爷，自有留爷处。可是，他是低声下气地维持事情，舍着脸为是买上车，而结果还是三天半的事儿，跟那些串惯宅门的老油子一

---

1 怎吗札，即怎么着。

个样，他觉着伤心。他几乎觉得没脸再进人和厂，而给大家当笑话说："瞧瞧，骆驼祥子敢情也是三天半就吹呀，哼！"

不上人和厂，又上哪里去呢？为免得再为这个事思索，他一直走向西安门大街去。人和厂的前脸是三间铺面房，当中的一间作为柜房，只许车夫们进来交账或交涉事情，并不准随便来回打穿堂儿，因为东间与西间是刘家父女的卧室。西间的旁边有一个车门，两扇绿漆大门，上面弯着一根粗铁条，悬着一盏极亮的、没有罩子的电灯，灯下横悬着铁片涂金的四个字——"人和车厂"。车夫们出车收车和随时来往都走这个门。门上的漆深绿，配着上面的金字，都被那支白亮亮的电灯照得发光；出来进去的又都是漂亮的车，黑漆的黄漆的都一样的油汪汪发光，配着雪白的垫套，连车夫们都感到一些骄傲，仿佛都自居为车夫中的贵族。由大门进去，拐过前脸的西间，才是个四四方方的大院子，中间有棵老槐。东西房全是敞脸的，是存车的所在；南房和南房后面小院里的几间小屋，全是车夫的宿舍。

大概有十一点多了，祥子看见了人和厂那盏极明而怪孤单的灯。柜房和东间没有灯光，西间可是还亮着。他知道虎姑娘还没睡。他想轻手蹑脚地进去，别教虎姑娘看见。正因为她平日很看得起他，所以不愿头一个就被她看见他的失败。他刚把车拉到她的窗下，虎妞由车门里出来了：

"哟，祥子？怎——"她刚要往下问，一看祥子垂头丧气的样子，车上拉着铺盖卷，把话咽了回去。

怕什么有什么，祥子心里的惭愧与气闷凝成一团，登时立住了脚，呆在了那里。说不出话来，他傻看着虎姑娘。她今天也异样，不知是电灯照的，还是擦了粉，脸上比平日白了许多；脸上白了些，就掩去好多她的凶气。嘴唇上的确是抹着点胭脂，使虎妞也带出些媚气。祥子看到这里，觉得非常的奇怪，心中更加慌乱，因为平日没拿她当过女人看待，骤然看到这红唇，心中忽然感到点不好意思。她上身穿着件浅绿的绸子小夹袄，下面一条青洋绉肥腿的单裤。绿袄在电灯下闪出些柔软而微带凄惨的丝光，因为短小，还露出一点点白裤腰来，使绿色更加明显素净。下面的肥黑裤被小风吹得微动，像一些什么阴森的气儿，想要摆脱开那贼亮的灯光，而与黑夜连成一气。祥子不敢再看了，茫然地低下头去，心中还存着个小小的带光的绿袄。虎姑娘一向，他晓得，不这样打扮。以刘家的财力说，她满可以天天穿着绸缎，可是终日与车夫们打交道，她总是布衣布裤，即使有些花色，在布上也就不惹眼。祥子好似看见一个非常新异的东西，既熟识，又新异，所以心中有点发乱。

心中原本苦恼，又在极强的灯光下遇见这新异的活东西，他没有了主意。自己既不肯动，他倒希望虎姑娘快快进屋去，或是命令他干点什么，简直受不了这样的折磨，一种什么也不像而非常难过的折磨。

"嗨！"她往前凑了一步，声音不高地说："别愣着！去，把车放下，赶紧回来，有话跟你说。屋里见。"

平日帮她办惯了事，他只好服从。但是今天她和往日不同，他很想要思索一下，愣在那里去想，又怪僵得慌。他没主意，把车拉了进去。看看南屋，没有灯光，大概是都睡了，或者还有没收车的。把车放好，他折回到她的门前。忽然，他的心跳起来。

"进来呀，有话跟你说！"她探出头来，半笑半恼地说。

他慢慢走了进去。

桌上有几个还不甚熟的白梨，皮儿还发青。一把酒壶，三个白瓷酒盅。一个头号大盘子，摆着半只酱鸡，和些熏肝酱肚之类的吃食。

"你瞧，"虎姑娘指给他一个椅子，看他坐下了，才说，"你瞧，我今天吃犒劳，你也吃点！"说着，她给他斟上一杯酒。白干酒的辣味，混合上熏酱肉味，显着特别的浓厚沉重。"喝吧，吃了这个鸡。我已早吃过了，不必让！我刚才用骨牌打了一卦，准知道你回来，灵不灵？"

"我不喝酒！"祥子看着酒盅出神。

"不喝就滚出去，好心好意，不领情是怎着？你个傻骆驼！辣不死你！连我还能喝四两呢。不信，你看看！"她把酒盅端起来，灌了多半盅，一闭眼，哈了一声。举着盅儿："你喝！要不我揪耳朵灌你！"

祥子一肚子的怨气，无处发泄，遇到这种戏弄，真想和她瞪眼。可是他知道，虎姑娘一向对他不错，而且她对谁都是那么直爽，他不应当得罪她。既然不肯得罪她，再一想，就爽性和她诉诉委屈吧。自己素来不大爱说话，可是今天似乎有千言万语在心中憋闷着，非说说不痛快。这么一想，他觉得虎姑娘不是戏弄他，而是坦白地爱护他。他把酒盅接过来，喝干。一股辣气慢慢地，准确地，有力地，往下走，他伸长了脖子，挺直了胸，打了两个不十分便利的嗝儿。

虎妞笑起来。他好容易把这口酒调动下去，听到这个笑声，赶紧向东间那边看了看。

"没人，"她把笑声收了，脸上可还留着笑容，"老头子给姑妈做寿去了，得有两三天的耽误呢；姑妈在南苑住。"一边说，一边又给他倒满了盅。

听到这个，他心中转了个弯，觉出在哪儿似乎有些不对的地方。同时，他又舍不得出去，她的脸是离他那么近，她的衣裳是那么干净光滑，她的唇是那么红，都使他觉到一种新的刺激。她还是那么老丑，可是比往常添加了一些活力，好似她忽然变成另一个人，还是她，但多了一些什么。他不敢对这点新的什么去详细地思索，一时又不敢随便地接受，可也不忍得拒绝。他的脸红起来。好像为是壮壮自己的胆气，他又喝了口酒。刚才他想对她诉诉委屈，此刻又忘了。红着脸，他不由得多看了她几眼。越看，他心中越乱。她越来越显出他所不明白的那点什么，越来越有一点什么热辣辣的力量传递过来，渐渐地，她变成一个抽象的什么东西。他警告着自己，须要小心，可是他又要大胆。他连喝了三盅酒，忘了什么叫作小心。迷迷糊糊地看着她，他不知为什么觉得非常痛快、大胆；极勇敢地，要马上抓到一种新的经验与快乐。平日，他有点怕她；现在，她没有一点可怕的地方了。他自己反倒变成了有威严与力气的，似乎能把她当作个猫似的，拿到手中。

屋内灭了灯。天上很黑。不时有一两个星刺入了银河，或划进黑暗中，带着发红或发白的光尾，轻飘的或硬挺的，直坠或横扫着，有时也点动着、颤抖着，给天上一些光热的动荡，给黑暗一些闪烁的爆裂。有时一两个星，有时好几个星，同时飞落，使静寂的秋空微颤，使万星一时迷乱起来。有时一个单独的巨星横刺入天角，光尾极长，放射着星花。红，渐黄，在最后的挺进，忽然狂悦似的把天角照白了一条，好像刺开万重的黑暗，透进并逗留一些乳白的光。余光散尽，黑暗似晃动了几下，又包合起来，静静懒懒的群星又复了原位，在秋风上微笑。地上飞着些寻求情侣的秋萤，也做着星样的游戏。

第二天，祥子起得很早，拉起车就出去了。头与喉中都有点发痛，这是因为第一次喝酒，他倒没去注意。坐在一个小胡同口上，清晨的小风吹着他的头，他知道这点头疼不久就会过去。可是他心中另有一些事儿，使他憋闷得慌，而且一时没有方法去开脱。昨天夜里的事教他疑惑、羞愧、难过，并且觉着有点危险。

他不明白虎姑娘是怎么回事。她已早不是处女，祥子在几点钟前才知道。他一向很敬重她，而且没有听说过她有什么不规矩的地方。虽然她对大家很随便爽快，可是大家没在背地里讲论过她，即使车夫中有说她坏话的，也是说她厉害，没有别的。那么，为什么有昨夜那一场呢？

这个既显着糊涂，祥子也怀疑了昨晚的事儿。她知道他没在车厂里，怎能是一心一意地等着他？假若是随便哪个都可以的话……祥子把头低下去。他来自乡间，虽然一向没有想到娶亲的事，可是心中并非没有个算计。假若他有了自己的车，生活舒服了一些，而且愿意娶亲的话，他必定到乡下娶个年轻力壮、吃得苦、能洗能做的姑娘。像他那个岁数的小伙子们，即使有人管着，哪个不偷偷地跑"白房子"[1]？祥子始终不肯随和，一来他自居为要强的人，不能把钱花在娘儿们身上；二来他亲眼得见那些花冤钱的傻子们——有的才十八九岁——在厕所里头顶着墙还撒不出尿来。最后，他必须规规矩矩，才能对得起将来的老婆，因为一旦要娶，就必娶个一清二白的姑娘，所以自己也得像那么回事儿。可是现在，现在……想起虎妞，设若当个朋友看，她确是不错；当个娘儿们看，她丑，老，厉害，不要脸！就是想起抢去他的车，而且几乎要了他的命的那些大兵，也没有像想起她这么可恨可厌！她把他由乡间带来的那点清凉劲儿毁尽了，他现在成了个偷娘儿们的人！

再说，这个事要是吵嚷开，被刘四知道了呢？刘四晓得不晓得他女儿是个破货呢？假若不知道，祥子岂不独自背上黑锅？假若早就知道而不愿意管束女儿，那么他们父女是什么东西呢？他和这样人掺和着，他自己又是什么东西呢？就是他们

---

1 白房子，最下等妓院。

父女都愿意，他也不能要她。不管刘老头子是有六十辆车，还是六百辆，六千辆！他得马上离开人和厂，跟他们一刀两断。祥子有祥子的本事，凭着自己的本事买上车，娶上老婆，这才正大光明！想到这里，他抬起头来，觉得自己是个好汉子，没有可怕的，没有可虑的，只要自己好好地干，就必定成功。

　　让了两次座儿，都没能拉上。那点别扭劲儿又忽然回来了。不愿再思索，可是心中堵得慌。这回事似乎与其他的事全不同，即使有了解决的办法，也不易随便地忘掉。不但身上好像粘上了点什么，心中也仿佛多了一个黑点儿，永远不能再洗去。不管怎样地愤恨，怎样地讨厌她，她似乎老抓住了他的心，越不愿再想，她越忽然地从他心中跳出来，一个赤裸裸的她，把一切丑陋与美好一下子、整个的都交给了他，像买了一堆破烂那样，碎铜烂铁之中也有一二发光的有色的小物件，使人不忍得拒绝。他没和任何人这样亲密过，虽然是突如其来，虽然是个骗诱，到底这样的关系不能随便地忘记，就是想把它放在一旁，它自自然然会在心中盘绕，像生了根似的。这对他不仅是个经验，而也是一种什么形容不出来的扰乱，使他不知如何是好。他对她，对自己，对现在与将来，都没办法，仿佛是碰在蛛网上的一个小虫，想挣扎已来不及了。

　　迷迷糊糊地，他拉了几个买卖。就是在奔跑的时节，他的心中也没忘了这件事，并非清清楚楚地，有头有尾地想起来，而是时时想到一个什么意思，或一点什么滋味，或一些什么感情，都是渺茫，而又亲切。他很想独自去喝酒，喝得人事不知，他也许能痛快一些，不能再受这个折磨！可是他不敢去喝。他不能为这件事毁坏了自己。他又想起买车的事来。但是他不能专心地去想，老有一点什么拦阻着他的心思，还没想到车，这点东西已经偷偷地溜出来，占住他的心，像块黑云遮住了太阳，把光明打断。到了晚间，打算收车，他更难过了。他必须回车厂，可是真怕回去。假如遇上她呢，怎办？他拉着空车在街上绕，两三次已离车厂不远，又转回头来往别处走，很像初次逃学的孩子不敢进家门那样。

奇怪的是，他越想躲避她，同时也越想遇到她，天越黑，这个想头越来得厉害。一种明知不妥，而很愿试试的大胆与迷惑紧紧地捉住他的心，小的时候去用竿子捅马蜂窝就是这样，害怕，可是心中跳着要去试试，像有什么邪气催着自己似的。渺茫的他觉到一种比自己还更有力气的劲头儿，把他要揉成一个圆球，抛到一团烈火里去，他没法阻止住自己的前进。他又绕回西安门来，这次他不想再迟疑，要直入公堂地找她去。她已不是任何人，她只是个女子。他的全身都热起来。刚走到门脸上，灯光下走来个四十多岁的男人，他似乎认识这个人的面貌态度，可是不敢去招呼。几乎是本能的，他说了声："车吗？"那个人愣了一愣："祥子？"

"是呀，"祥子笑了，"曹先生？"

曹先生笑着点了点头。"我说祥子，你要是没在宅门里的话，还上我那儿来吧？我现在用着的人太懒，他老不管擦车，虽然跑得也怪麻利[1]的。你来不来？"

"还能不来，先生！"祥子似乎连怎样笑都忘了，用小毛巾不住地擦脸。"先生，我几儿上工呢？"

"那什么，"曹先生想了想，"后天吧。"

"是了，先生！"祥子也想了想："先生，我送回你去吧？"

"不用，我不是到上海去了一程子[2]吗，回来以后，我不在老

---

1 麻利，快的意思。

2 一程子，即一些日子。

地方住了。现今住在北长街，我晚上出来走走。后天见吧。"曹先生告诉了祥子门牌号数，又找补了一句："还是用我自己的车。"

祥子痛快得要飞起来，这些日子的苦恼全忽然一齐铲净，像大雨冲过的白石路。曹先生是他的旧主人，虽然在一块没有多少日子，可是感情顶好。曹先生是非常和气的人，而且家中人口不多，只有一位太太，和一个小男孩。

他拉着车一直奔了人和厂去。虎姑娘屋中的灯还亮着呢。一见这个灯亮，祥子猛地木在那里。

立了好久，他决定进去见她，告诉她他又找到了包月，把这两天的车份儿交上，要出他的储蓄，从此一刀两断——这自然不便明说，她总会明白的。

他进去先把车放好，而后回来大着胆叫了声刘姑娘。

"进来！"

他推开门，她正在床上斜着呢，穿着平常的衣裤，赤着脚。依旧斜着身，她说："怎样？吃出甜头来了是怎着？"

祥子的脸红得像生小孩时送人的鸡蛋。愣了半天，他迟迟顿顿地说："我又找好了事，后天上工。人家自己有车……"

她把话接了过来："你这小子不懂好歹！"她坐起来，半笑半恼地指着他："这儿有你的吃，有你的穿，非去出臭汗不过瘾是怎着？老头子管不了我，我不能守一辈子女儿寡！就是老头子真犯牛脖子，我手里也有俩体己，咱俩也能弄上两三辆车，一天进个块儿八毛的，不比你成天满街跑臭腿去强？我哪点不好？除了我比你大一点，也大不了多少！我可是能护着你，疼你呢！"

"我愿意去拉车！"祥子找不到别的辩驳。

"地道窝窝头脑袋！你先坐下，咬不着你！"她说完，笑了笑，露出一对虎牙。

祥子青筋蹦跳地坐下。"我那点钱呢？"

"老头子手里呢，丢不了，甭害怕！你还别跟他要，你知道他的脾气？够买车的数儿，你再要，一个小子儿也短不了你的；现在要，他要不骂出你的魂来才怪！他对你不错！丢不了，短一个我赔你俩！你个乡下脑瓢[1]！别让我损你啦！"

祥子又没的说了，低着头掏了半天，把两天的车租掏出来，放在桌上："两天的。"临时想起来："今儿个就算交车，明儿个我歇一天。"他心中一点也不想歇息一天，不过，这样显着干脆，交了车，以后再也不住人和厂。

虎姑娘过来，把钱抓在手中，往他的衣袋里塞："这两天连车带人都白送了！你这小子有点运气！别忘恩负义就得了！"说完，她一转身把门倒锁上。

七

祥子上了曹宅。

对虎姑娘，他觉得有点羞愧。可是事儿既出于她的引诱，况且他又不想贪图她的金钱，他以为从此和她一刀两断也就没有什么十分对不住人的地方了。他所不放心的倒是刘四爷拿着他的那点钱。马上去要，恐怕老头子多心。从此不再去见他们父女，也许虎姑娘一怒，对老头子说几句坏话，而把那点钱"炸了酱"[2]。还继续着托老头子给存钱吧，一到人和厂就得碰上她，又怪难以为情。他想不出妥当的办法，越没办法也就越不放心。

他颇想向曹先生要个主意，可是怎么说呢？对虎姑娘的那

1　脸瓢，即脑壳。

2　炸了酱，即硬扣下，吞没。

一段是对谁也讲不得的。想到这儿，他真后悔了。这件事是，他开始明白过来，不能一刀两断的。这种事是永远洗不清的，像肉上的一块黑瘢。无缘无故地丢了车，无缘无故地又来了这层缠绕，他觉得他这一辈子大概就这么完了，无论自己怎么要强，全算白饶。想来想去，他看出这么点来：大概到最后，他还得舍着脸要虎姑娘。不为要她，还不为要那几辆车么？"当王八的吃俩炒肉"！他不能忍受，可是到了时候还许非此不可！只好还往前干吧，干着好的，等着坏的，他不敢再像从前那样自信了。他的身量、力气、心胸，都算不了一回事；命是自己的，可是教别人管着，教些什么顶混账的东西管着。

　　按理说，他应当很痛快，因为曹宅是在他所混过的宅门里，顶可爱的。曹宅的工钱并不比别处多，除了三节的赏钱也没有很多的零钱，可是曹先生与曹太太都非常的和气，拿谁也当个人对待。祥子愿意多挣钱，拼命地挣钱，但是他也愿意有个像间屋子的住处，和可以吃得饱的饭食。曹宅处处很干净，连下房也是如此；曹宅的饭食不苦，而且决不给下人臭东西吃。自己有间宽绰的屋子，又可以消消停停地吃三顿饭，再加上主人很客气，祥子，连祥子，也不肯专在钱上站着了。况且吃住都合适，工作又不累，把身体养得好好的也不是吃亏的事。自己掏钱吃饭，他绝不会吃得这么样好，现在既有现成的菜饭，而且吃了不会由脊梁骨下去，他为什么不往饱里吃呢；饭也是钱买来的，这笔账他算得很清楚。吃得好，睡得好，自己可以干干净净像个人似的，是不容易找到的事。况且，虽然曹家不打牌，不常请客，没什么零钱，可是做点什么临时的工作也都能得个一毛两毛的。比如太太叫他给小孩儿去买丸药，她必多给他一毛钱，叫他坐车去，虽然明知道他比谁也跑得快。这点钱不算什么，可是使他觉到一种人情，一种体谅，使人心中痛快。

祥子遇见过的主人也不算少了，十个倒有九个是能晚给一天工钱，就晚给一天，表示出顶好是白用人，而且仆人根本是猫狗，或者还不如猫狗。曹家的人是个例外，所以他喜欢在这儿。他去收拾院子、浇花，都不等他们吩咐他，而他们每见到他做这些事也必说些好听的话，更乘着[1]这种时节，他们找出些破旧的东西，教他去换洋火，虽然那些东西还都可以用，而他也就自己留下。在这里，他觉出点人味儿。

在祥子眼里，刘四爷可以算作黄天霸。虽然厉害，可是讲面子，叫字号，决不一面儿黑。他心中的体面人物，除了黄天霸，就得算是那位孔圣人。他莫名其妙孔圣人到底是怎样的人物，不过据说是认识许多的字，还挺讲理。在他所混过的宅门里，有文的也有武的，武的里，连一个能赶上刘四爷的还没有；文的中，虽然有在大学堂教书的先生，也有在衙门里当好差事的，字当然认识不少了，可是没遇到一个讲理的。就是先生讲点理，太太小姐们也很难伺候。只有曹先生既认识字，又讲理，而且曹太太也规规矩矩的得人心。所以曹先生必是孔圣人，假若祥子想不起孔圣人是什么模样，那就必应当像曹先生，不管孔圣人愿意不愿意。

其实呢，曹先生并不怎么高明。他只是个有时候教点书，有时候也做些别的事的一个中等人物。他自居为"社会主义者"，同时也是个唯美主义者，很受了维廉·莫利司[2]一点儿影响。在政治上、艺术上，他都并没有高深的见解；不过他有一点好处：他所信仰的那一点点，都能在生活中的小事件上实行出来。他似乎看出来，自己并没有惊人的才力，能够做出些惊

1　乘着，口语里多说"趁着"。
2　维廉·莫利司（1834—1896），英国设计师、诗人。

天动地的事业，所以就按着自己的理想来布置自己的工作与家庭，虽然无补于社会，可是至少也愿言行一致，不落个假冒伪善。因此，在小的事情上他都很注意，仿佛是说只要把小小的家庭整理得美好，那么社会怎样满可以随便。这有时使他自愧，有时也使他自喜，似乎看得明明白白，他的家庭是沙漠中的一个小绿洲，只能供给来到此地的一些清水与食物，没有更大的意义。

祥子恰好来到了这个小绿洲，在沙漠中走了这么多日子，他以为这是个奇迹。他一向没遇到过像曹先生这样的人，所以他把这个人看成圣贤。这也许是他的经验少，也许是世界上连这样的人也不多见。拉着曹先生出去，曹先生的服装是那么淡雅，人是那么活泼大方，他自己是那么干净利落，魁梧雄壮，他就跑得分外高兴，好像只有他才配拉着曹先生似的。在家里呢，处处又是那么清洁，永远是那么安静，使他觉得舒服安定。当在乡间的时候，他常看到老人们在冬日或秋月下，叼着竹管烟袋一声不响地坐着，他虽年岁还小，不能学这些老人，可是他爱看他们这样静静地坐着，必是——他揣摩着——有点什么滋味。现在，他虽是在城里，可是曹宅的清静足以让他想起乡间来，他真愿抽上个烟袋，咂摸着一点什么滋味。

不幸，那个女的和那点钱教他不能安心。他的心像一片绿叶，被个虫儿用丝给缠起来，预备作茧。为这点事，他自己放不下心，对别人，甚至是对曹先生，时时发愣，所答非所问。这使他非常的难过。曹宅睡得很早，到晚间九点多钟就可以没事了，他独自坐在屋中或院里，翻来覆去地想，想的是这两件事。他甚至想起马上就去娶亲，这样必定能够断了虎姐的念头。可是凭着拉车怎能养家呢？他晓得大杂院中的苦哥儿们，男的拉车，女的缝穷，孩子们捡煤核，夏天在土堆上拾西瓜皮啃，冬天全去赶粥厂。祥子不能受这个。再说呢，假若他娶了亲，刘老头子手里那点钱就必定要不回来，虎妞岂肯轻饶了他呢！他不能舍了那点钱，那是用命换来的！

他自己的那辆车是去年秋初买的。一年多了，他现在什么也没有，只有要不出来的三十多块钱，和一些缠绕！他越想越不高兴。

中秋节后十多天了，天气慢慢凉上来。他算计着得添两件穿的。又是钱！买了衣裳就不能同时把钱还剩下，买车的希望，简直不敢再希望了！即使老拉包月，这一辈子又算怎回事呢？

一天晚间，曹先生由东城回来得晚一点。祥子为是小心，由天安门前全走马路。敞平的路，没有什么人，微微的凉风，静静的灯光，他跑上了劲来。许多日子心中的憋闷，暂时忘记了，听着自己的脚步，和车弓子的轻响，他忘记了一切。解开了纽扣，凉风飕飕地吹着胸，他觉到痛快，好像就这么跑下去，一直跑到不知什么地方，跑死也倒干脆。越跑越快，前面有一辆，他"开"一辆，一会儿就过了天安门。他的脚似乎是两个弹簧，几乎是微一着地便弹起来，后面的车轮转得已经看不出条来，皮轮仿佛已经离开了地，连人带车都像被阵急风吹起来了似的。曹先生被凉风一飕，大概是半睡着了，要不然他必会阻止祥子这样的飞跑。祥子是跑开了腿，心中渺茫地想到，出一身透汗，今天可以睡痛快觉了，不至于再思虑什么。

已离北长街不远，马路的北半，被红墙外的槐林遮得很黑。祥子刚想收步，脚已碰到一些高起来的东西。脚到，车轮也到了。祥子栽了出去。咯嚓，车把断了。"怎么了？"曹先生随着自己的话跌出来。祥子没出一声，就地爬起。曹先生也轻快地坐起来。"怎么了？"

新卸的一堆补路的石块，可是没有放红灯。

"摔着没有？"祥子问。

"没有，我走回去吧，你拉着车。"曹先生还镇定，在石块上摸了摸有没有落下来的东西。

祥子摸着了已断的一截车把："没折多少，先生还坐上，能拉！"说着，他一把将车从石头中扯出来。"坐上，先生！"

曹先生不想再坐，可是听出祥子的话带着哭音，他只好上去了。

到了北长街口的电灯下面，曹先生看见自己的右手擦去一块皮。"祥子你站住！"

祥子一回头，脸上满是血。

曹先生害了怕，想不起说什么好："你快，快——"

祥子莫名其妙，以为是教他快跑呢，他一拿腰，一气跑到了家。

放下车，他看见曹先生手上有血，急忙往院里跑，想去和太太要药。

"别管我，先看你自己吧！"曹先生跑了进去。

祥子看了看自己，开始觉出疼痛，双膝、右肘全破了；脸蛋上，他以为流的是汗，原来是血。不顾得干什么、想什么，他坐在门洞的石阶上，呆呆地看着断了把的车。崭新黑漆的车，把头折了一段，秃碴碴地露着两块白木碴儿，非常的不调和，难看，像糊好的漂亮纸人还没有安上脚，光出溜地插着两根秫秸秆那样。祥子呆呆地看着这两块白木碴儿。

"祥子！"曹家的女仆高妈响亮地叫："祥子！你在哪儿呢？"

他坐着没动，不错眼珠地盯着那破车把，那两块白木碴儿好似插到他的心里。

"你是怎个碴儿呀！一声不出，藏在这儿，你瞧，吓我一跳！先生叫你哪！"高妈的话永远是把事情与感情都掺和起来，显着既复杂又动人。她是三十二三岁的寡妇，干净，爽快，做事麻利又仔细。在别处，有人嫌她太张道，主意多，时常有些神眉鬼道儿的。曹家喜欢用干净嘹亮的人，而又不大注意那些小过节儿，所以她跟了他们已经二三年，就是曹家全家到别处去也老带着她。"先生叫你哪！"她又重了一句。及至祥子立起来，她看明他脸上的血："可吓死我了，我的妈！这是怎么了？你还不动换哪，得了破伤风还了得！快走！先生那儿有药！"

祥子在前边走，高妈在后边叨唠，一同进了书房。曹太太也在这里，正给先生裹手上药，见祥子进来，她也"哟"了一声。

"太太，他这下子可是摔得够瞧的。"高妈唯恐太太看不出来，忙着往脸盆里倒凉水，更忙着说话："我就早知道吗，他一跑起来就不顾命，早晚是得出点岔儿。果不其然！还不快洗洗哪？洗完好上点药，真！"

祥子托着右肘，不动。书房里是那么干净雅趣，立着他这么个满脸血的大汉，非常的不像样，大家似乎都觉出有点什么不对的地方，连高妈也没了话。

"先生！"祥子低着头，声音很低，可是很有力："先生另找人吧！这个月的工钱，你留着收拾车吧：车把断了，左边的灯碎了块玻璃，别处倒都好好的呢。"

"先洗洗，上点药，再说别的。"曹先生看着自己的手说，太太正给慢慢地往上缠纱布。

"先洗洗！"高妈也又想起话来。"先生并没说什么呀，你别先倒打一瓦！"

祥子还不动。"不用洗，一会儿就好！一个拉包月的，摔了人，碰了车，没脸再……"他的话不够帮助说完全了他的意思，可是他的感情已经发泄净尽，只差着放声哭了。辞事，让工钱，在祥子看就差不多等于自杀。可是责任、脸面，在这时候似乎比命还重要，因为摔的不是别人，而是曹先生。假若他把那位杨太太摔了，摔了就摔了，活该！对杨太太，他可以拿出街面上的蛮横劲儿，因为她不拿人待他，他也不便客气；钱是一切，说不着什么脸面，哪叫规矩。曹先生根本不是那样的人，他得牺牲了钱，好保住脸面。他顾不得恨谁，只恨自己的命，他差不多想到：从曹家出去，他就永不再拉车。自己的命即使不值钱，可以拼上；人家的命呢？真要摔死一口子，怎办呢？以前他没想到过这个，因为这次是把曹先生摔伤，所以悟过这个理儿来。好吧，工钱可以不要，从此改行，不再干这背着人命的事。拉车是他理想的职业，搁下这个就等于放弃了希望。他觉得他的一生就得窝窝囊囊地混过去了，连成个好拉车的也不用再想，空长了那么大的身量！在外面拉散座的时候，他曾毫不客气地"抄"买卖，被大家嘲骂，可是这样的不要脸正是因为自己要强，想买上车，他可以原谅自己。拉包月而惹了祸，自己有什么可说的呢？这要被人知道了，祥子摔了人，碰坏了车，哪道拉包车的，什么玩艺[1]！祥子没了出路！他不能等曹先生辞他，只好自己先滚吧！

"祥子，"曹先生的手已裹好，"你洗洗！先不用说什么辞工。不是你的错儿，放石头就应当放个红灯。算了吧，洗洗，上点药。"

"是呀，先生，"高妈又想起话来，"祥子是磨不开，本来吗，把先生摔得这个样！可是，先生既说不是你的错儿，你也甭再别扭啦！瞧他这样，身大力不亏的，还和小孩一样呢，倒是真着急！太太说一句，叫他放心吧！"高妈的话很像留声机片，是转着圆圈说的，把大家都说在里边，而没有起承转合的痕迹。

1　玩艺，犹"玩意儿"。

"快洗洗吧，我怕！"曹太太只说了这么一句。

祥子的心中很乱，末了听到太太说怕血，似乎找到了一件可以安慰她的事，把脸盆搬出来，在书房门口洗了几把。高妈拿着药瓶在门内等着他。

"胳臂和腿上呢？"高妈给他脸上涂抹了一气。

祥子摇了摇头："不要紧！"

曹氏夫妇去休息。高妈拿着药瓶，跟出祥子来。到了他屋中，她把药瓶放下，立在屋门口里："待会儿你自己抹抹吧。我说，为这点事不必那么吃心。当初，有我老头子活着的日子，我也是常辞工。一来是，我在外头受累，他不要强，教我生气。二来是，年轻气儿粗，一句话不投缘，散！卖力气挣钱，不是奴才，你有你的臭钱，我泥人也有个土性儿，老太太有个伺候不着！现在我可好多了，老头子一死，我没什么挂念的了，脾气也就好了点。这儿呢——我在这儿小三年子了，可不是，九月九上的工——零钱太少，可是他们对人还不错。咱们卖的是力气，为的是钱，净说好的当不了一回事。可是话又得这么说，把事情看长远了也有好处：三天两头的散工，一年倒歇上六个月，也不上算，莫若遇上个和气的主儿，架不住干日子多了，零钱就是少点，可是靠常儿混下去也能剩俩钱。今儿个的事，先生既没说什么，算了就算了，何必呢。也不是我攀个大，你还是小兄弟呢，容易挂火。一点也不必，火气壮当不了饭吃。像你这么老实巴交的，安安顿顿地在这儿混些日子，总比满天打油飞去强。我一点也不是向着他们说话，我是为你，在一块儿都怪好的！"她喘了口气："得，明儿见，甭犯牛劲，我是直心眼，有一句说一句！"

祥子的右肘很疼，半夜也没睡着。颠算了七开八得，他觉得高妈的话有理。什么也是假的，只有钱是真的。省钱买车，挂火当不了饭吃！想到这，来了一点平安的睡意。

八

曹先生把车收拾好，并没扣祥子的工钱。曹太太给他两丸
"三黄宝蜡"，他也没吃。他没再提辞工的事。虽然好几天总觉
得不大好意思，可是高妈的话得到最后的胜利。过了些日子，
生活又合了辙，他把这件事渐渐忘掉，一切的希望又重新发了
芽。独坐在屋中的时候，他的眼发着亮光，去盘算怎样省钱，
怎样买车；嘴里还不住地嘟囔，像有点心病似的。他的算法很
不高明，可是心中和嘴上常常念着"六六三十六"，这与他的钱
数并没多少关系，不过是这么念叨，心中好像是充实一些，真
像有一本账似的。

他对高妈有相当的佩服，觉得这个女人比一般的男子还有
心路与能力，她的话是抄着根儿来的。他不敢赶上她去闲谈，
但在院中或门口遇上她，她若有工夫说几句，他就很愿意听她
说。她每说一套，总够他思索半天的，所以每逢遇上她，他会
傻傻乎乎地一笑，使她明白他是佩服她的话，她也就觉到点得
意，即使没有工夫，也得扯上几句。

不过，对于钱的处置方法，他可不敢冒儿咕咚地就随着她
的主意走。她的主意，他以为，实在不算坏，可是多少有点冒
险。他很愿意听她说，好多学些招数，心里显着宽绰；在实行
上，他还是那个老主意——不轻易撒手钱。

不错，高妈的确有办法：自从她守了寡，她就把月间所能
剩下的一点钱放出去，一块也是一笔，两块也是一笔，放给做
仆人的，当二三等巡警的，和做小买卖的，利钱至少是三分。
这些人时常为一块钱急得红着眼转磨，就是有人借给他们一块
而当两块算，他们也得伸手接着。除了这样，钱就不会教他们

看见。他们所看见的钱上有毒，接过来便会抽干他们的血，但是他们还得接着。凡是能使他们缓一口气的，他们就有胆子拿起来，生命就是且缓一口气再讲，明天再说明天的。高妈，在她丈夫活着的时候，就曾经受着这个毒。她的丈夫喝醉来找她，非有一块钱不能打发；没有，他就在宅门外醉闹。她没办法，不管多大的利息也得马上借到这块钱。由这种经验，她学来这种方法，并不是想报复，而是拿它当作合理的，几乎是救急的慈善事。有急等用钱的，有愿意借出去的，周瑜打黄盖，愿打愿挨！

在宗旨上，她既以为这没有什么下不去的地方，那么在方法上她就得厉害一点，不能拿钱打水上漂，干什么说什么。这需要眼光、手段、小心、泼辣，好不至都放了鹰[1]。她比银行经理并不少费心血，因为她需要更多的小心谨慎。资本有大小，主义是一样，因为这是资本主义的社会，像一个极细极大的筛子，一点一点地从上面往下筛钱，越往下钱越少；同时，也往下筛主义，可是上下一边儿多，因为主义不像钱那样怕筛眼小，它是无形体的，随便由什么极小的孔中也能溜下来。大家都说高妈厉害，她自己也这么承认，她的厉害是由困苦中折磨中锻炼出来的。一想起过去的苦处，连自己的丈夫都那样的无情无理，她就咬上了牙。她可以很和气，也可以很毒辣，她知道非如此不能在这个世界上活着。

她也劝祥子把钱放出去，完全出于善意，假若他愿意的话，她可以帮他的忙：

"告诉你，祥子，搁在兜儿里，一个子永远是一个子！放出去呢，钱就会下钱！没错儿，咱们的眼睛是干什么的？瞧准了再放手钱，不能放秃尾巴鹰。当巡警的到时候不给利，或是不

---

1 放了鹰，即全部丢失。

170

归本，找他的巡官去！一句话，他的差事得搁下，敢！打听明白他们放饷的日子，堵窝掏[1]！不还钱，新新[2]！将一比十，放给谁，咱都得有个老底，好，放出去，海里摸锅，那还行吗？你听我的，准保没错！"

祥子用不着说什么，他的神气已足表示他很佩服高妈的话。及至独自一盘算，他觉得钱在自己手里比什么也稳当。不错，这么着是死的，钱不会下钱，可是丢不了也是真的。把这两三个月剩下的几块钱——都是现洋——轻轻地拿出来，一块一块地翻弄，怕出响声。现洋是那么白亮、厚实、起眼，他更觉得万不可撒手，除非是拿去买车。各人有各人的办法，他不便全随着高妈。

原先在一家姓方的家里，主人全家大小，连仆人，都在邮局有个储金折子。方太太也劝过祥子："一块钱就可以立折子，你怎么不立一个呢？俗言说得好，常将有日思无日，莫到无时盼有时。年轻轻的，不乘着年轻力壮剩下几个，一年三百六十天不能天天是晴天大日头。这又不费事，又牢靠，又有利钱，哪时别住还可以提点儿用，还要怎么方便呢？去，去要个单子来，你不会写，我给你填上，一片好心！"

祥子知道她是好心，而且知道厨子王六和奶妈子秦妈都有折子，他真想试一试。可是有一天方大小姐叫他去给放进十块钱，他细细看了看那个小折子，上面有字，有小红印，统共，哼，也就有一小打手纸那么沉吧。把钱交进去，人家又在折子上画了几个字，打上了个小印。他觉得这不是骗局，也得是骗局，白花花的现洋放进去，凭人家三画五画就算完事，祥子不

---

1 堵窝掏，比喻在对手的老窝稳稳地将其抓获。
2 新新，即新鲜，奇怪。

上这个当。他怀疑方家是跟邮局这个买卖——他总以为邮局是个到处有分号的买卖，大概字号还很老，至少也和瑞蚨祥、鸿记差不多——有关系，所以才这样热心给拉生意。即使事实不是这样，现钱在手里到底比在小折子上强，强得多！折子上的钱只是几个字！

对于银行银号，他只知道那是出"座儿"的地方，假若巡警不阻止在那儿搁车的话，准能拉上"买卖"。至于里面做些什么事，他猜不透。不错，这里必是有很多的钱，但是为什么单到这里来鼓逗[1]钱，他不明白，他自己反正不容易与它们发生关系，那么也就不便操心去想了。城里有许多许多的事他不明白，听朋友们在茶馆里议论更使他发糊涂，因为一人一个说法，而且都说得不到家。他不愿再去听，也不愿去多想，他知道假若去打抢的话，顶好是抢银行。既然不想去做土匪，那么自己拿着自己的钱好了，不用管别的。他以为这是最老到的办法。

高妈知道他是红着心想买车，又给他出了主意：

"祥子，我知道你不肯放账，为是好早早买上自己的车，也是个主意！我要是个男的，要是也拉车，我就得拉自己的车，自拉自唱，万事不求人！能这么着，给我个知县我也不换！拉车是苦事，可是我要是男的，有把子力气，我愣拉车也不去当巡警。冬夏常青，老在街上站着，一月才挣那俩钱，没个外钱，没个自由，一留胡子还是就吹，简直的没一点起色。我是说，对了，你要是想快快买上车的话，我给你个好主意：起上一只会，十来个人，至多二十个人，一月每人两块钱，你使头一会，这不是马上就有四十来的块？你横是[2]多少也有个积蓄，凑吧凑

---

1 鼓逗，有反复调弄的意思。
2 横是，即大概是。

吧就弄辆车拉拉，干脆大局！车到了手，你干上一只黑签儿会[1]，又不出利，又是体面事，准得对你的心路！你真要请会的话，我来一只，决不含糊！怎样？"

这真让祥子的心跳得快了些！真要凑上三四十块，再加上刘四爷手里那三十多，和自己现在有的那几块，岂不就是八十来的？虽然不够买十成新的车，八成新的总可以办到了！况且这么一来，他就可以去向刘四爷把钱要回，省得老这么搁着，不像回事儿。八成新就八成新吧，好歹地拉着，等有了富余再换。

可是，上哪里找这么二十位人去呢？即使能凑上，这是个面子事，自己等钱用么就请会，赶明儿人家也约自己来呢？起会，在这个穷年月，常有哗啦[2]了的时候！好汉不求人，干脆，自己有命买得上车，买，不求人！

看祥子没动静，高妈真想俏皮他一顿，可是一想他的直诚劲儿，又不大好意思了："你真行！'小胡同赶猪——直来直去'，也好！"

祥子没说什么，等高妈走了，对自己点了点头，似乎是承认自己的一把死拿值得佩服，心中怪高兴的。

已经是初冬天气，晚上胡同里叫卖糖炒栗子、落花生之外，加上了低悲的"夜壶呕"。夜壶挑子上带着瓦的闷葫芦罐儿，祥子买了个大号的。头一号买卖，卖夜壶的找不开钱，祥子心中一活便，看那个顶小的小绿夜壶非常有趣，绿汪汪的，也噘着小嘴："不用找钱了，我来这么一个！"

放下闷葫芦罐，他把小绿夜壶送到里边去："少爷没睡哪？

---

1 干上一只黑签儿会，即只剩下上黑签会。第一次使钱的人，以后不会再使钱，只有拿钱的义务。

2 哗啦，散了伙。

送你个好玩艺!"

大家都正看着小文——曹家的小男孩——洗澡呢,一见这个玩艺都憋不住地笑了。曹氏夫妇没说什么,大概觉得这个玩艺虽然蠢一些,可是祥子的善意是应当领受的,所以都向他笑着表示谢意。高妈的嘴可不会闲着:

"你看,真是的,祥子!这么大个子了,会出这么高明的主意,多么不顺眼!"

小文很喜欢这个玩艺,登时用手捧澡盆里的水往小壶里灌:"这小茶壶,嘴大!"

大家笑得更加了劲。祥子整着身子——因为一得意就不知怎么好了——走出来。他很高兴,这是向来没有经验过的事,大家的笑脸全朝着他自己,仿佛他是个很重要的人似的。微笑着,又把那几块现洋搬运出来,轻轻地一块一块往闷葫芦罐里放,心里说:"这比什么都牢靠!多咱够了数,多咱往墙上一碰,啪喳,现洋比瓦片还得多!"

他决定不再求任何人。就是刘四爷那么可靠,究竟有时候显着别扭,钱是丢不了哇,在刘四爷手里,不过总有点不放心。钱这个东西像戒指,总是在自己手上好。这个决定使他痛快,觉得好像自己的腰带又杀紧了一扣,使胸口能挺得更直更硬。

天是越来越冷了,祥子似乎没觉到。心中有了一定的主意,眼前便增多了光明,在光明中不会觉得寒冷。地上初见冰凌,连便道上的土都凝固起来,处处显出干燥、结实,黑土的颜色已微微发些黄,像已把潮气散尽。特别是在一清早,被大车轧起的土棱上镶着几条霜边,小风尖溜溜地把早霞吹散,露出极高极蓝极爽快的天。祥子愿意早早地拉车跑一趟,凉风飕进他的袖口,使他全身像洗冷水澡似的一哆嗦,一痛快。有时候起了狂风,把他打得出不来气,可是他低着头,咬着牙,向前钻,

174

像一条浮着逆水的大鱼。风越大，他的抵抗也越大，似乎是和狂风决一死战。猛地一股风顶得他透不出气，闭住口，半天，打出一个嗝，仿佛是在水里扎了一个猛子。打出这个嗝，他继续往前奔走，往前冲进，没有任何东西能阻止住这个巨人。他全身的筋肉没有一处松懈，像被蚂蚁围攻的绿虫，全身摇动着抵御。这一身汗！等到放下车，直一直腰，吐出一口长气，抹去嘴角的黄沙，他觉得他是无敌的；看着那裹着灰沙的风从他面前扫过去，他点点头。风吹弯了路旁的树木，撕碎了店户的布幌，揭净了墙上的报单，遮昏了太阳，唱着，叫着，吼着，回荡着！忽然直驰，像惊狂了的大精灵，扯天扯地地疾走；忽然慌乱，四面八方地乱卷，像不知怎好而决定乱撞的恶魔；忽然横扫，乘其不备地袭击着地上的一切，扭折了树枝，吹掀了屋瓦，撞断了电线。可是，祥子在那里看着；他刚从风里出来，风并没能把他怎样了！胜利是祥子的！及至遇上顺风，他只须拿稳了车把，自己不用跑，风会替他推转了车轮，像个很好的朋友。

自然，他既不瞎，必定也看见了那些老弱的车夫。他们穿着一阵小风就打透的，一阵大风就吹碎了的，破衣；脚上不知绑了些什么。在车口上，他们哆嗦着，眼睛像贼似的溜着，不论从什么地方钻出个人来，他们都争着问："车？！"拉上个买卖，他们暖和起来，汗湿透了那点薄而破的衣裳。一停住，他们的汗在背上结成了冰。遇上风，他们一步也不能抬，而生生地要曳着车走，风从上面砸下来，他们要把头低到胸口里去；风从下面来，他们的脚便找不着了地；风从前面来，手一扬就要放风筝；风从后边来，他们没法管束住车与自己。但是他们设尽了方法，用尽了力气，死曳活曳得把车拉到了地方，为几个铜子得破出一条命。一趟车拉下来，灰土被汗和成了泥，糊在脸上，只露着眼与嘴三个冻红了的圈。天是那么短，那么冷，街上没有多少人，这样苦奔一天，未必就能挣上一顿饱饭。可是年老的，家里还有老婆孩子；年小的，有父母弟妹！冬天，他们整个的是在地狱里，比鬼多了一口活气，而没有鬼那样清闲自在；鬼没有他们这么多的吃累！像条狗似的死在街头，是他们最大的平安自在。冻死鬼，据说，脸上有些笑容！

　　祥子怎能没看见这些呢，但是他没工夫为他们忧虑思索。他们的罪孽也就是他的，不过他正在年轻力壮，受得起辛苦，不怕冷，不怕风；晚间有个干净的住处，白天有件整齐的衣裳，所以他觉得自己与他们并不能相提并论。他现在虽是与他们一同受苦，可是受苦的程度到底不完全一样，现在他少受着罪，将来他还可以从这里逃出去；他想自己要是到了老年，绝不至于还拉着辆破车去挨饿受冻。他相信现在的优越可以保障将来的胜利。正如在饭馆或宅门外遇上驶汽车的，他们不肯在一块儿闲谈；驶汽车的觉得有失身分，要是和洋车夫们有什么来往。汽车夫对洋车夫的态度，正有点像祥子的对那些老弱残兵，同是在地狱里，可是层次不同。他们想不到大家须立在一块儿，而是各走各的路，个人的希望与努力蒙住了各个人的眼，每个人都觉得赤手空拳可以成家立业，在黑暗中各自去摸索个人的路。祥子不想别人，不管别人，他只想着自己的钱与将来的成功。

　　街上慢慢有些年下的气象了。在晴明无风的时候，天气虽是干冷，可是路旁增多了颜色：年画、纱灯、红素蜡烛、绢制的头花、大小蜜供，都陈列出来，使人心中显着快活，可又有点不安。因为无论谁对年节都想到快乐几天，可是大小也都有些困难。祥子的眼增加了亮光，看见路旁的年货，他想到曹家必定该送礼了，送一份总有他几毛酒钱。节赏固定的是两块钱，不多。可是来了贺年的，他去送一送，每一趟也得弄个两毛三

176

毛的。凑到一块就是个数儿，不怕少，只要零碎的进手，他的闷葫芦罐是不会冤人的！晚间无事的时候，他钉坑儿看着这个只会吃钱而不愿吐出来的瓦朋友，低声地劝告："多多地吃，多多地吃，伙计！多嗜你吃够了，我也就行了！"

年节越来越近了，一晃儿已是腊八。欢喜或忧惧强迫着人去计划、布置。还是二十四小时一天，可是这些天与往常不同，它们不许任何人随便地度过，必定要做些什么，而且都得朝着年节去做，好像时间忽然有了知觉，有了感情，使人们随着它思索，随着它忙碌。祥子是立在高兴那一面的，街上的热闹，叫卖的声音，节赏与零钱的希冀，新年的休息，好饭食的想象……都使他像个小孩子似的欢喜、盼望。他想好，破出块儿八毛的，得给刘四爷买点礼物送去。礼轻人物重，他必须拿着点东西去，一来为是道歉，他这些日子没能去看老头儿，因为宅里很忙；二来可以就手要出那三十多块钱来。破费一块来钱而能要回那一笔款，是上算的事。这么想好，他轻轻地摇了摇那个扑满，想象着再加进三十多块去应当响得多么沉重好听。是的，只要一索回那笔款来，他就没有不放心的事了！

一天晚上，他正要再摇一摇那个聚宝盆，高妈喊了他一声："祥子！门口有位小姐找你。我正从街上回来，她跟我直打听你。"等祥子出来，她低声找补了句："她像个大黑塔！怪怕人的！"

祥子的脸忽然红得像包着一团火，他知道事情要坏！

九

祥子几乎没有力量迈出大门槛去。昏头打脑的，脚还在门槛内，借着街上的灯光，已看见了刘姑娘。她的脸上大概又擦了粉，被灯光照得显出点灰绿色，像黑枯了的树叶上挂着层霜。祥子不敢正眼看她。

虎妞脸上的神情很复杂：眼中带出些渴望看到他的光儿；嘴可是张着点，露出点儿冷笑；鼻子纵起些纹缕，折叠着些不屑与急切；眉棱棱着，在一脸的怪粉上显出妖媚而霸道。看见祥子出来，她的嘴唇撇了几撇，脸上的各种神情一时找不到个适当的归束[1]。她咽了口唾沫，把复杂的神气与情感似乎镇压下去，拿出点由刘四爷得来的外场劲儿，半恼半笑，假装不甚在乎的样子打了句哈哈：

"你可倒好！肉包子打狗，一去不回头啊！"她的嗓门很高，和平日在车厂与车夫们吵嘴时一样。说出这两句来，她脸上的笑意一点也没有了，忽然地，仿佛感到一种羞愧与下贱，她咬上了嘴唇。

"别嚷！"祥子似乎把全身的力量都放在唇上，爆裂出这两个字，音很小，可是极有力。

"哼！我才怕呢！"她恶意地笑了，可是不由她自己似的把声音稍放低了些。"怨不得你躲着我呢，敢情这儿有个小妖精似的小老妈儿。我早就知道你不是玩艺，别看傻大黑粗的，鞑子拔烟袋，不傻假充傻！"她的声音又高了起去。

"别嚷！"祥子唯恐高妈在门里偷着听话儿。"别嚷！这边来！"他一边说一边往马路上走。

"上哪边我也不怕呀，我就是这么大嗓儿！"嘴里反抗着，她可是跟了过来。

过了马路，来到东便道上，贴着公园的红墙，祥子——还没忘了在乡间的习惯——蹲下了。"你干吗来了？"

---

1 归束，犹"归宿"。

"我？哼，事儿可多了！"她左手插在腰间，肚子努出些来。低头看了他一眼，想了会儿，仿佛是发了些善心，可怜他了："祥子！我找你有事，要紧的事！"

这声低柔的"祥子"把他的怒气打散了好些，他抬起头来，看着她，她还是没有什么可爱的地方，可是那声"祥子"在他心中还微微地响着，带着温柔亲切，似乎在哪儿曾经听见过，唤起些无可否认的、欲断难断的，情分。他还是低声的，但是温和了些："什么事？"

"祥子！"她往近凑了凑："我有啦！"

"有了什么？"他一时蒙住了。

"这个！"她指了指肚子。"你打主意吧！"

愣头磕脑地，他"啊"了一声，忽然全明白了。一万样他没想到过的事都奔了心中去，来得是这么多，这么急，这么乱，心中反猛地成了块空白，像电影片忽然断了那样。街上非常的清静，天上有些灰云遮住了月，地上时时有些小风，吹动着残枝枯叶，远处有几声尖锐的猫叫。祥子的心里由乱而空白，连这些声音也没听见，手托住腮下，呆呆地看着地，把地看得似乎要动；想不出什么，也不愿想什么，只觉得自己越来越小，可又不能完全缩入地中去，整个的生命似乎都立在这点难受上；别的，什么也没有！他这才觉出冷来，连嘴唇都微微地颤着。

"别紧自蹲着，说话呀！你起来！"她似乎也觉出冷来，愿意活动几步。

他僵不吃地立起来，随着她往北走，还是找不到话说，浑身都有些发木，像刚被冻醒了似的。

"你没主意呀？"她瞭了祥子一眼，眼中带出怜爱他的神气。

他没话可说。

"赶到二十七呀，老头子的生日，你得来一趟。"

"忙，年底下！"祥子在极乱的心中还没忘了自己的事。

"我知道你这小子吃硬不吃软，跟你说好的算白饶！"她的嗓门又高起去，街上的冷静使她的声音显着特别的清亮，使祥子特别的难堪。"你当我怕谁是怎着？你打算怎样？你要是不愿意听我的，我正没工夫跟你费唾沫玩！说翻了的话，我会堵着你的宅门骂三天三夜！你上哪儿我也找得着！我还是不论秧子[1]！"

"别嚷行不行？"祥子躲开她一步。

"怕嚷啊，当初别贪便宜呀！你是了味[2]啦，教我一个人背黑锅，你也不看看我是谁！"

"你慢慢说，我听！"祥子本来觉得很冷，被这一顿骂骂得忽然发了热，热气要顶开冻僵巴的皮肤，浑身有些发痒痒，头皮上特别的刺闹[3]得慌。

"这不结啦！甭找不自在！"她撇开嘴，露出两个虎牙来。"不屈心，我真疼你，你也别不知好歹！跟我犯牛脖子，没你的好儿，告诉你！"

"不……"祥子想说"不用打一巴掌揉三揉"，可是没有想齐全。对北平的俏皮话儿，他知道不少，只是说不利落。别人说，他懂得，他自己说不上来。

"不什么？"

"说你的！"

"我给你个好主意，"虎姑娘立住了，面对面地对他说，"你看，你要是托个媒人去说，老头子一定不答应。他是拴车的，你是拉车的，他不肯往下走亲戚。我不论，我喜欢你，喜欢就得了吗，管别的干什么！谁给我说媒也不行，一去提亲，老头

1　不论秧子，即不管是谁。

2　是了味，即满意了。

3　刺闹，犹"刺挠"，痒。

子就当是算计着他那几十辆车呢，比你高着一等的人物都不行。这个事非我自己办不可，我就挑上了你，咱们是先斩后奏；反正我已经有了，咱们俩谁也跑不了啦！可是，咱们就这么直入公堂地去说，还是不行。老头子越老越糊涂，咱俩一露风声，他会去娶个小媳妇，把我硬撑出来。老头子棒着呢，别看快七十岁了，真要娶个小媳妇，多了不敢说，我敢保还能弄出两三个小孩来，你爱信不信！"

"走着说。"祥子看站岗的巡警已经往这边走了两趟，觉得不是劲儿。

"就在这儿说，谁管得了！"她顺着祥子的眼光也看见了那个巡警："你又没拉着车，怕他干吗？咱们说咱们的！你看，我这么想：赶二十七老头子生日那天，你去给他磕三个头。等一转过年来，你再去拜个年，讨他个喜欢。我看他一喜欢，就弄点酒什么的，让他喝个痛快。看他喝到七八成了，就热儿打铁，你干脆认他做干爹。日后，我再慢慢地教他知道我身子不方便了。他必审问我，我给他个'徐庶入曹营——一语不发'。等他真急了的时候，我才说出个人来，就说是新近死了的那个乔二——咱们东边杠房的二掌柜的。他无亲无故的，已经埋在了东直门外义地里，老头子由哪儿究根儿去？老头子没了主意，咱们再慢慢地吹风儿，顶好把我给了你，本来是干儿子，再做女婿，反正差不很多，顺水推舟，省得大家出丑。你说我想的好不好？"

祥子没言语。

觉得把话说到了一个段落，虎妞开始往北走，低着点头，既像欣赏着自己的那片话，又仿佛给祥子个机会思索思索。这时，风把灰云吹裂开一块，露出月光，二人已来到街的北头。御河的水久已冻好，静静的，灰亮的，坦平的，坚固的，托着那禁城的城墙。禁城内一点声响也没有，那玲珑的角楼，金碧的牌坊，丹朱的城门，景山上的亭阁，都静悄悄地好似听着一些很难再听到的声音。小风吹过，似一种悲叹，轻轻地在楼台殿阁之间穿过，像要道出一点历史的消息。虎妞往西走，祥子跟到了金鳌玉蝀。桥上几乎没有了行人，微明的月光冷寂地照着桥左右的两大幅冰场，远处亭阁暗淡的带着些黑影，静静地似冻在湖上，只有顶上的黄瓦闪着点儿微光。树木微动，月色更显得微茫；白塔却高耸到云间，傻白傻白地把一切都带得冷寂萧索，整个的三海在人工的雕琢中显出北地的荒寒。到了桥头上，两面冰上的冷气使祥子哆嗦了一下，他不愿再走。平日，他拉着车过桥，把精神全放在脚下，唯恐出了错，一点也顾不得向左右看。现在，他可以自由地看一眼了，可是他心中觉得这个景色有些可怕：那些灰冷的冰，微动的树影，惨白的高塔，都寂寞得似乎要忽然地狂喊一声，或狂走起来！就是脚下这座大白石桥，也显着异常的空寂，特别的白净，连灯光都有点凄凉。他不愿再走，不愿再看，更不愿再陪着她。他真想一下子跳下去，头朝下，砸破了冰，沉下去，像个死鱼似的冻在冰里。

"明儿个见了！"他忽然转身往回走。

"祥子！就那么办啦，二十七见！"她朝着祥子的宽直的脊背说。说完，她瞭了白塔一眼，叹了口气，向西走去。

祥子连头也没回，像有鬼跟着似的，几溜便到了团城，走得太慌，几乎碰在了城墙上。一手扶住了墙，他不由得要哭出来。愣了会儿，桥上叫："祥子！祥子！这儿来！祥子！"虎妞的声音！

他极慢地向桥上挪了两步，虎妞仰着点身儿正往下走，嘴张着点儿："我说祥子，你这儿来，给你！"他还没挪动几步，她已经到了身前："给你，你存的三十多块钱，有几毛钱的零儿，我给你补足了一块。给你！不为别的，就为表表我的心，我惦念着你，疼你，护着你！别的都甭说，你别忘恩负义就得了！给你！好好拿着，丢了可别赖我！"

祥子把钱——一打儿钞票——接过来，愣了会儿，找不到话说。

"得，咱们二十七见！不见不散！"她笑了笑。"便宜是你的，你自己细细地算算得了！"她转身往回走。

他攥着那打儿票子，呆呆地看着她，一直到桥背把她的头遮下去。灰云又把月光掩住；灯更亮了，桥上分外地白、空、冷。他转身，放开步，往回走，疯了似的，走到了街门，心中还存着那个惨白冷落的桥影，仿佛只隔了一眨眼的工夫似的。

图 8 《骆驼祥子画传》插画 7（孙之俊绘）

祥子送虎妞到北海桥上，虎妞说："腊月二十七是老头子生日，你得来一趟，先给老头子磕头认乾爹，然后再当姑爷。我爱上了你，咱们先斩后奏。"

到屋中，他先数了数那几张票子，数了两三遍，手心的汗把票子攥得发粘，总数不利落。数完，放在了闷葫芦罐儿里。坐在床沿上，呆呆地看着这个瓦器，他打算什么也不去想；有钱便有办法，他很相信这个扑满会替他解决一切，不必再想什么。御河、景山、白塔、大桥、虎妞、肚子……都是梦，梦醒了，扑满里却多了三十几块钱，真的！

看够了，他把扑满藏好，打算睡大觉，天大的困难也能睡过去，明天再说！

躺下，他闭不上眼！那些事就像一窝蜂似的，你出来，我进去，每个肚子尖上都有个刺！

不愿意去想，也实在因为没法儿想，虎妞已把道儿都堵住，他没法脱逃。

最好是跺脚一走。祥子不能走。就是让他去看守北海的白塔去，他也乐意，就是不能下乡！上别的都市？他想不出比北平再好的地方。他不能走，他愿死在这儿。

既然不想走，别的就不用再费精神去思索了。虎妞说得出来，就行得出来，不依着她的道儿走，她真会老跟着他闹哄，只要他在北平，她就会找得着！跟她，得说真的，不必打算耍滑。把她招急了，她还会抬出刘四爷来，刘四爷要是买出一两个人——不用往多里说——在哪个僻静的地方也能要祥子的命！

把虎妞的话从头至尾想了一遍，他觉得像掉在个陷阱里，而且手脚全被夹子夹住，绝没法儿跑。他不能一个个地去批评她的主意，所以就找不出她的缝子来，他只感到她撒的是绝户网，连个寸大的小鱼也逃不出去！既不能一一地细想，他便把这一切做成个整个的，像千斤闸那样的压迫，全压到他的头上来。在这个无可抵御的压迫下，他觉出一个车夫的终身的气运是包括在两个字里——倒霉！一个车夫，既是一个车夫，便什么也不要做，连娘儿们也不要去粘[1]一粘；一粘就会出天大的错儿。刘四爷仗着几十辆车，虎妞会仗着个臭×，来欺侮他！他不用细想什么了，假若打算认命，好吧，去磕头认干爹，而后等着娶那个臭妖怪。不认命，就得破出命去！

想到这儿，他把虎妞和虎妞的话都放在一边去。不，这不是她的厉害，而是洋车夫的命当如此，就如同一条狗必定挨打受气，连小孩子也会无缘无故地打它两棍子。这样的一条命，要它干吗呢？豁上就豁上吧！

他不睡了，一脚踢开了被子，他坐了起来。他决定去打些酒，喝个大醉。什么叫事情，哪个叫规矩！喝醉，睡！二十七？二十八也不去磕头，看谁怎样得了祥子！披上大棉袄，端起那个当茶碗用的小饭碗，他跑出去。

风更大了些，天上的灰云已经散开，月很小，散着寒光。祥子刚从热被窝里出来，不住地吸溜气儿。街上简直已没了行人，路旁还只有一两辆洋车，车夫的手捂在耳朵上，在车旁跺着脚取暖。祥子一气跑到南边的小铺，铺中为保存暖气，已经上了门，由个小窗洞收钱递货。祥子要了四两白干、三个大子儿的落花生。平端着酒碗，不敢跑，而像轿夫似的疾走，回到屋中。急忙钻入被窝里去，上下牙磕打了一阵，不愿再坐起来。酒在桌上发着辛辣的味儿，他不很爱闻，就是对那些花生似乎也没心程去动。这一阵寒气仿佛是一盆冷水把他浇醒，他的手懒得伸出来，他的心也不再那么热。

躺了半天，他的眼在被子边上又看了看桌上的酒碗。不，他不能为那点缠绕而毁坏了自己，不能从此破了酒戒。事情的确是不好办，但是总有个缝子使他钻过去。即使完全无可脱逃，

---

1 粘，犹"沾"。

他也不应当先自己往泥塘里滚。他得睁着眼，清清楚楚地看着，到底怎样被别人推下去。

灭了灯，把头完全盖在被子里，他想就这么睡去。还是睡不着，掀开被看看，窗纸被院中的月光映得发青，像天要亮的样子。鼻尖觉到屋中的寒冷，寒气中带着些酒味。他猛地坐起来，摸住酒碗，吞了一大口！

十

个别地解决，祥子没那么聪明。全盘地清算，他没那个魄力。于是，一点儿办法没有，整天际圈着满肚子委屈。正和一切的生命同样，受了损害之后，无可奈何地只想由自己去收拾残局。那斗落了大腿的蟋蟀，还想用那些小腿儿爬。祥子没有一定的主意，只想慢慢地一天天、一件件地挨过去，爬到哪儿算哪儿，根本不想往起跳了。

离二十七还有十多天，他完全注意到这一天上去，心里想的、口中念叨的、梦中梦见的，全是二十七。仿佛一过了二十七，他就有了解决一切的办法，虽然明知道这是欺骗自己。有时候他也往远处想，譬如拿着手里的几十块钱到天津去；到了那里，碰巧还许改了行，不再拉车。虎妞还能追他到天津去？在他的心里，凡是坐火车去的地方必是很远，无论怎样她也追不了去。想得很好，可是他自己良心上知道这只是万不得已的办法，再分能在北平，还是在北平！这样一来，他就又想到二十七那一天，还是这样想近便省事，只要混过这一关，就许可以全局不动而把事儿闯过去；即使不能干脆地都摆脱清楚，到底过了一关是一关。

怎样混过这一关呢？他有两个主意：一个是不理她那回事，

干脆不去拜寿。另一个是按照她所嘱咐的去办。这两个主意虽然不同，可是结果一样：不去呢，她必不会善罢甘休；去呢，她也不会饶了他。他还记得初拉车的时候，摹仿着别人，见小巷就钻，为是抄点近儿，而误入了罗圈胡同，绕了个圈儿，又绕回到原街。现在他又入了这样的小胡同，仿佛是：无论走哪一头儿，结果是一样的。

没办法之中，他试着往好里想，就干脆要了她，又有什么不可以呢？可是，无论从哪方面想，他都觉着憋气。想想她的模样，他只能摇头。不管模样吧，想想她的行为，哼！就凭自己这样要强，这样规矩，而娶那么个破货，他不能再见人，连死后都没脸见父母！谁准知道她肚子里的小孩是他的不是呢？不错，她会带过几辆车来，能保准吗？刘四爷并非是好惹的人！即使一切顺利，他也受不了，他能干得过虎妞？她只须伸出个小指，就能把他支使得头晕眼花，不认识了东西南北。他晓得她的厉害！要成家，根本不能要她，没有别的可说的！要了她，便没了他，而他又不是看不起自己的人！没办法！

没方法处置她，他转过来恨自己，很想脆脆地抽自己几个嘴巴子。可是，说真的，自己并没有什么过错。一切都是她布置好的，单等他来上套儿。毛病似乎是在他太老实，老实就必定吃亏，没有情理可讲！

更让他难过的是没地方去诉诉委屈。他没有父母兄弟，没有朋友。平日，他觉得自己是头顶着天，脚踩着地，无牵无挂的一条好汉。现在，他才明白过来，悔悟过来，人是不能独自活着的。特别是对那些同行的，现在都似乎有点可爱。假若他平日交下几个，他想，像他自己一样的大汉，再多有个虎妞，他也不怕，他们会给他出主意，会替他拔创卖力气。可是，他始终是一个人，临时想抓朋友是不大容易的！他感到一点向来没有过的恐惧。照这么下去，谁也会欺侮他；独自一个是顶不住天的！

这点恐惧使他开始怀疑自己。在冬天，遇上主人有饭局，或听戏，他照例是把电石灯的水筒儿揣在怀里，因为放在车上就会冻上。刚跑了一身的热汗，把那个冰凉的小水筒往胸前一贴，让他立刻哆嗦一下，不定有多大时候，那个水筒才会有点热和劲儿。可是在平日，他并不觉得这有什么说不过去。有时候揣上它，他还觉得这是一种优越，那些拉破车的根本就用不上电石灯。现在，他似乎看出来，一月只挣那么些钱，而把所有的苦处都得受过来，连个小水筒也不许冻上，而必得在胸前抱着，自己的胸脯多么宽，仿佛还没有个小筒儿值钱。原先，他以为拉车是他最理想的事，由拉车他可以成家立业。现在他暗暗摇头了。不怪虎妞欺侮他，他原来不过是个连小水筒也不如的人！

在虎妞找他的第三天上，曹先生同着朋友去看夜场电影，祥子在个小茶馆里等着，胸前揣着那像块冰似的小筒。天极冷，小茶馆里的门窗都关得严严的，充满了煤气、汗味，与贱臭的烟卷的干烟。饶这么样，窗上还冻着一层冰花。喝茶的几乎都是拉包月车的，有的把头靠在墙上，借着屋中的暖和气儿，闭上眼打盹。有的拿着碗白干酒，让让大家，而后慢慢地喝，喝完一口，上面咂着嘴，下面很响地放凉气。有的攥着卷儿大饼，一口咬下半截，把脖子撑得又粗又红。有的绷着脸，普遍地向大家抱怨，他怎么由一清早到如今，还没停过脚，身上已经湿了又干，干了又湿，不知有多少回！其余的人多数是彼此谈着闲话，听到这两句，马上都静了一会儿，而后像鸟儿炸了巢似的都想起一日间的委屈，都想讲给大家听。连那个吃着大饼的也把口中匀出能调动舌头的空隙，一边儿咽饼，一边儿说话，连头上的筋都跳了起来："你当拉包月的就不蘑菇哪？！两点起到现在还水米没打牙！竟说前门到平则门——嗝！——我拉三个来回了！这个天，把屁眼都冻裂了，一劲地放气！"转圈看了大家一眼，点了点头，又咬了一截饼。

这，把大家的话又都转到天气上去，以天气为中心各自道出辛苦。祥子始终一语未发，可是很留心他们说了什么。大家的话，虽然口气、音调、事实，各有不同，但都是咒骂与不平。这些话，碰到他自己心上的委屈，就像一些雨点儿落在干透了的土上，全都吃了进去。他没法，也不会，把自己的话有头有尾地说给大家听。他只能由别人的话中吸收些生命的苦味，大家都苦恼，他也不是例外。认识了自己，也想同情大家。大家说到悲苦的地方，他皱上眉；说到可笑的地方，他也撇撇嘴。这样，他觉得他是和他们打成一气，大家都是苦朋友，虽然他一言不发，也没大关系。从前，他以为大家是贫嘴恶舌，凭他们一天到晚穷说，就发不了财。今天仿佛是头一次觉到，他们并不是穷说，而是替他说呢，说出他与一切车夫的苦处。

大家正说到热闹中间，门忽然开了，进来一阵冷气。大家几乎都怒目地往外看，看谁这么不得人心，把门推开。大家越着急，门外的人越慢，似乎故意地磨烦[1]。茶馆的伙计半急半笑地喊："快着点吧，我一个人的大叔！别把点热气儿都给放了！"

这话还没说完，门外的人进来了，也是个拉车的。看样子已有五十多岁，穿着件短不够短、长不够长，莲蓬篓儿似的棉袄，襟上肘上已都露了棉花。脸似乎有许多日子没洗过，看不出肉色，只有两个耳朵冻得通红，红得像要落下来的果子。惨白的头发在一顶破小帽下杂乱地髭髭着；眉上、短须上，都挂着些冰珠。一进来，摸住条板凳便坐下了，挣扎着说了句："沏一壶。"

这个茶馆一向是包月车夫的聚处，像这个老车夫，在平日，

---

1 磨烦，即拖时间。

是绝不会进来的。

大家看着他，都好像感到比刚才所说的更加深刻的一点什么意思，谁也不想再开口。在平日，总会有一两个不很懂事的少年，找几句俏皮话来拿这样的茶客取取笑，今天没有一个出声的。

茶还没有沏来，老车夫的头慢慢地往下低，低着低着，全身都出溜下去。

大家马上都立了起来："怎啦？怎啦？"说着，都想往前跑。

"别动！"茶馆掌柜的有经验，拦住了大家。他独自过去，把老车夫的脖领解开，就地扶起来，用把椅子戗[1]在背后，用手勒着双肩："白糖水，快！"说完，他在老车夫的脖子那溜儿听了听，自言自语地说："不是痰！"

大家谁也没动，可谁也没再坐下，都在那满屋子的烟中，眨巴着眼，向门儿这边看。大家好似都不约而同地心里说："这就是咱们的榜样！到头发惨白了的时候，谁也有一个跟头摔死的行市！"

糖水刚放在老车夫的嘴边上，他哼哼了两声。还闭着眼，抬起右手——手黑得发亮，像漆过了似的——用手背抹了下儿嘴。

"喝点水！"掌柜的对着他耳朵说。

"啊？"老车夫睁开了眼。看见自己是坐在地上，腿蜷了蜷，想立起来。

"先喝点水，不用忙。"掌柜的说，松开了手。

大家几乎都跑了过来。

"哎！哎！"老车夫向四围看了一眼，双手捧定了茶碗，一口口地吸糖水。

1　戗，念 qiàng，支撑。

慢慢地把糖水喝完，他又看了大家一眼："哎，劳诸位的驾！"说得非常的温柔亲切，绝不像是由那个胡子拉碴的口中说出来的。说完，他又想往起立，过去三四个人忙着往起搀他。他脸上有了点笑意，又那么温和地说："行，行，不碍！我是又冷又饿，一阵儿发晕！不要紧！"他脸上虽然是那么厚的泥，可是那点笑意教大家仿佛看到一个温善白净的脸。

大家似乎全动了心。那个拿着碗酒的中年人，已经把酒喝净，眼珠子通红，而且此刻带着些泪："来，来二两！"等酒来到，老车夫已坐在靠墙的一把椅子上。他有一点醉意，可是规规矩矩地把酒放在老车夫面前："我请的，您喝吧！我也四十望外了，不瞒您说，拉包月就是凑合事，一年是一年的事，腿知道！再过二三年，我也得跟您一样！您横是快六十了吧？"

"还小呢，五十五！"老车夫喝了口酒。"天冷，拉不上座儿。我呀，哎，肚子空，就有几个子儿我都喝了酒，好暖和点呀！走在这儿，我可实在撑不住了，想进来取个暖。屋里太热，我又没食，横是晕过去了。不要紧，不要紧！劳诸位哥儿们的驾！"

这时候，老者的干草似的灰发，脸上的泥，炭条似的手，和那个破帽头与棉袄，都像发着点纯洁的光，如同破庙里的神像似的，虽然破碎，依然尊严。大家看着他，仿佛唯恐他走了。祥子始终没言语，呆呆地立在那里。听到老车夫说肚子里空，他猛地跑出去，飞也似又跑回来，手里用块白菜叶儿托着十个羊肉馅的包子。一直送到老者的眼前，说了声：吃吧！然后，坐在原位，低下头去，仿佛非常疲倦。

"哎！"老者像是乐，又像是哭，向大家点着头。"到底是哥儿们哪！拉座儿，给他卖多大的力气，临完多要一个子儿都怪难的！"说着，他立了起来，要往外走。

"吃呀！"大家几乎是一齐地喊出来。

"我叫小马儿去，我的小孙子，在外面看着车呢！"

"我去，您坐下！"那个中年的车夫说："在这儿丢不了车，您自管放心，对过儿就是巡警阁子。"他开开了点门缝："小马儿！小马儿！你爷爷叫你哪！把车放在这儿来！"

老者用手摸了好几回包子，始终没往起拿。小马儿刚一进门，他拿起来一个："小马儿，乖乖，给你！"

小马儿也就是十二三岁，脸上挺瘦，身上可是穿得很圆，鼻子冻得通红，挂着两条白鼻涕，耳朵上戴着一对破耳帽儿。立在老者的身旁，右手接过包子来，左手又自动地拿起来一个，一个上咬了一口。

"哎！慢慢地！"老者一手扶在孙子的头上，一手拿起个包子，慢慢地往口中送。"爷爷吃两个就够，都是你的！吃完了，咱们收车回家，不拉啦。明儿个要是不这么冷呀，咱们早着点出车。对不对，小马儿？"

小马儿对着包子点了点头，吸溜了一下鼻子："爷爷吃三个吧，剩下都是我的。我回头把爷爷拉回家去！"

"不用！"老者得意地向大家一笑："回头咱们还是走着，坐在车上冷啊。"

老者吃完自己的份儿，把杯中的酒喝干，等着小马儿吃净了包子。掏出块破布来，擦了擦嘴，他又向大家点了点头："儿子当兵去了，一去不回头；媳妇——"

"别说那个！"小马儿的腮撑得像俩小桃，连吃带说地拦阻爷爷。

"说说不要紧！都不是外人！"然后向大家低声地说："孩子心重，甭提多么要强啦！媳妇也走了。我们爷儿俩就吃这辆车；车破，可是我们自己的，就仗着天天不必为车份儿着急。挣多挣少，我们爷儿俩苦混，无法！无法！"

"爷爷，"小马儿把包子吃得差不离了，拉了拉老者的袖子，"咱们还得拉一趟，明儿个早上还没钱买煤呢！都是你，刚才二十子儿拉后门，依着我，就拉，你偏不去！明儿早上没有煤，看你怎样办！"

"有法子，爷爷会去赊五斤煤球。"

"还饶点劈柴？"

"对呀！好小子，吃吧；吃完，咱们该溜达着了！"说着，老者立起来，绕着圈儿向大家说："劳诸位哥儿们的驾啦！"伸手去拉小马儿，小马儿把未吃完的一个包子整个地塞在口中。

大家有的坐着没动，有的跟出来。祥子头一个跟出来，他要看看那辆车。

一辆极破的车，车板上的漆已经裂了口，车把上已经磨得露出木纹，一只唏哩哗啷响的破灯，车棚子的支棍儿用麻绳儿捆着。小马儿在耳朵帽里找出根洋火，在鞋底儿上划着，用两只小黑手捧着，点着了灯。老者往手心上吐了口唾沫，哎了一声，抄起车把来："明儿见啦，哥儿们！"

祥子呆呆地立在门外，看着这一老一少和那辆破车。老者一边走还一边说话，语声时高时低；路上的灯光与黑影，时明时暗。祥子听着、看着，心中感到一种向来没有过的难受。

在小马儿身上，他似乎看见了自己的过去；在老者身上，似乎看到了自己的将来！他向来没有轻易撒手过一个钱，现在他觉得很痛快，为这一老一少买了十个包子。直到已看不见了他们，他才又进到屋中。大家又说笑起来，他觉得发乱，会了茶钱，又走了出来，把车拉到电影院门外去等候曹先生。

天真冷。空中浮着些灰沙，风似乎是在上面疾走，星星看不甚真，只有那几个大的，在空中微颤。地上并没有风，可是四下里发着寒气，车辙上已有几条冻裂的长缝子，土色灰白，和冰一样凉，一样坚硬。祥子在电影院外立了一会儿，已经觉出冷来，可是不愿再回到茶馆去。他要静静地独自想一想。那一老一少似乎把他的最大希望给打破——老者的车是自己的呀！自从他头一天拉车，他就决定买上自己的车，现在还是为这个志愿整天地苦奔。有了自己的车，他以为，就有了一切。哼，看看那个老头子！

他不肯要虎妞，还不是因为自己有买车的愿望？买上车，省下钱，然后一清二白地娶个老婆。哼，看看小马儿！自己有了儿子，未必不就是那样。

这样一想，对虎妞的要挟，似乎不必反抗了；反正自己跳不出圈儿去，什么样的娘儿们不可以要呢？况且她还许带过几辆车来呢，干吗不享几天现成的福！看透了自己，便无须小看别人，虎妞就是虎妞吧，什么也甭说了！

电影散了，他急忙地把小水筒安好，点着了灯。连小棉袄也脱了，只剩了件小褂，他想飞跑一气，跑忘了一切，摔死也没多大关系！

十一

一想到那个老者与小马儿，祥子就把一切的希望都要放下，而想乐一天是一天吧，干吗成天际咬着牙跟自己过不去呢？！穷人的命，他似乎看明白了，是枣核儿两头尖：幼小的时候能不饿死，万幸；到老了能不饿死，很难。只有中间的一段，年轻力壮，不怕饥饱劳碌，还能像个人儿似的。在这一段里，该快活快活的时候还不敢去干，地道的傻子；过了这村便没有这店！这么一想，他连虎妞的那回事儿都不想发愁了。

及至看到那个闷葫芦罐儿，他的心思又转过来。不，不能随便，只差几十块钱就能买上车了，不能前功尽弃，至少也不能把罐儿里那点积蓄瞎扔了，那么不容易省下来的！还是得往正路走，一定！可是，虎妞呢？还是没办法，还是得为那个可恨的二十七发愁。

愁到了无可奈何，他抱着那个瓦罐儿自言自语地嘀咕：爱怎样怎样，反正这点钱是我的！谁也抢不了去！有这点钱，祥子什么也不怕！招急了我，我会踢脚一跑，有钱，腿就会活动！

街上越来越热闹了，祭灶的糖瓜摆满了街，走到哪里也可以听到"抚糖来，抚糖"的声音。祥子本来盼着过年，现在可是一点也不起劲，街上越乱，他的心越紧，那可怕的二十七就在眼前了！他的眼陷下去，连脸上那块疤都有些发暗。拉着车，街上是那么乱，地上是那么滑，他得分外地小心。心事和留神两气夹攻，他觉得精神不够用的了，想着这个便忘了那个，时常忽然一惊，身上痒刺刺地，像小孩儿在夏天炸了痱子似的。

祭灶那天下午，溜溜的东风带来一天黑云。天气忽然暖了一些。到快掌灯的时候，风更小了些，天上落着稀疏的雪花。卖糖瓜的都着了急，天暖，再加上雪花，大家一劲儿往糖上撒白土子，还怕都粘在一处。雪花落了不多，变成了小雪粒，刷刷地轻响，落白了地。七点以后，铺户与人家开始祭灶，香光炮影之中夹着密密的小雪，热闹中带出点阴森的气象。街上的人都显出点惊急的样子，步行的、坐车的，都急于回家祭神，可是地上湿滑，又不敢放开步走。卖糖的小贩急于把应节的货物掏出去，上气不接下气地喊叫，听着怪震心的。

大概有九点钟了，祥子拉着曹先生由西城回家。过了西单牌楼那一段热闹街市，往东入了长安街，人马渐渐稀少起来。坦平的柏油马路上铺着一层薄雪，被街灯照得有点闪眼。偶尔过来辆汽车，灯光远射，小雪粒在灯光里带着点黄亮，像洒着万颗金砂。快到新华门那一带，路本来极宽，加上薄雪，更教人眼宽神爽，而且一切都仿佛更严肃了些。"长安牌楼"、新华门的门楼、南海的红墙，都戴上了素冠，配着朱柱红墙，静静地在灯光下展示着故都的尊严。此时此地，令人感到北平仿佛并没有居民，直是一片琼宫玉宇，只有些老松默默地接着雪花。祥子没工夫看这些美景，一看眼前的"玉路"，他只想一步便跑到家中，那直、白、冷静的大路似乎使他的心眼中一直地看到家门。可是他不能快跑，地上的雪虽不厚，但是拿脚，一会儿鞋底上就粘成一厚层；踩下去，一会儿又粘上了。霰粒非常的小，可是沉重有分量，既拿脚，又迷眼，他不能飞快地跑。雪粒打在身上也不容易化，他的衣肩上已积了薄薄的一层，虽然不算什么，可是湿漉漉的使他觉得别扭。这一带没有什么铺户，可是远处的炮声还继续不断，时时地在黑空中射起个双响或五鬼闹判儿。火花散落，空中越发显着黑，黑得几乎可怕。他听着炮声，看见空中的火花与黑暗，他想立刻到家。可是他不敢放开了腿，别扭！

更使他不痛快的是由西城起，他就觉得后面有辆自行车儿跟着他。到了西长安街，街上清静了些，更觉出后面的追随——车辆轧着薄雪，虽然声音不大，可是觉得出来。祥子，和别的车夫一样，最讨厌自行车。汽车可恶，但是它的声响大，老远的便可躲开。自行车是见缝子就钻，而且东摇西摆，看着就眼晕。外带着还是别出错儿，出了错儿总是洋车夫不对，巡警们心中的算盘是无论如何洋车夫总比骑车的好对付，所以先派洋车夫的不是。好几次，祥子很想抽冷子闸住车，摔后头这小子一跤。但是他不敢，拉车的得到处忍气。每当要踩一踩鞋底儿的时候，他得喊声："闸住！"到了南海前门，街道是那么宽，那辆脚踏车还紧紧地跟在后面。祥子更上了火，他故意地把车停住了，掸了掸肩上的雪。他立住，那辆自行车从车旁蹭了过去。车上的人还回头看了看。祥子故意的磨烦，等自行车走出老远才抄起车把来，骂了句："讨厌！"

曹先生的"人道主义"使他不肯安那御风的棉车棚子，就是那帆布车棚也非到赶上大雨不准支上，为是教车夫省点力气。这点小雪，他以为没有支起车棚的必要，况且他还贪图着看看夜间的雪景呢。他也注意到这辆自行车，等祥子骂完，他低声地说："要是他老跟着，到家门口别停住，上黄化门左先生那里去，别慌！"

祥子有点慌。他只知道骑自行车的讨厌，还不晓得其中还有可怕的——既然曹先生都不敢家去，这个家伙一定来历不小！他跑了几十步，便追上了那个人，故意的等着他与曹先生呢。自行车把祥子让过去，祥子看了车上的人一眼。一眼便看明白了，侦缉队上的。他常在茶馆里碰到队里的人，虽然没说过话儿，可是晓得他们的神气与打扮。这个的打扮，他看着眼熟：青大袄，呢帽，帽子戴得很低。

到了南长街口上，祥子乘着拐弯儿的机会，向后溜了一眼，那个人还跟着呢。他几乎忘了地上的雪，脚底下加了劲。直长而白亮的路，只有些冷冷的灯光，背后追着个侦探！祥子没有过这种经验，他冒了汗。到了公园后门，他回了回头，还跟着呢！到了家门口，他不敢站住，又有点舍不得走。曹先生一声也不响，他只好继续往北跑。一气跑到北口，自行车还跟着呢！他进了小胡同，还跟着！出了胡同，还跟着！上黄化门去，本不应当进小胡同，直到他走到胡同的北口才明白过来，他承认自己是有点迷头，也就更生气。

跑到景山背后，自行车往北向后门去了。祥子擦了把汗。雪小了些，可是雪粒中又有了几片雪花。祥子似乎喜爱雪花，大大方方地在空中飞舞，不像雪粒那么使人别气。他回头问了声："上哪儿，先生？"

"还到左宅。有人跟你打听我，你说不认识！"

"是啦！"祥子心中打开了鼓，可是不便细问。

到了左家，曹先生叫祥子把车拉进去，赶紧关上门。曹先生还很镇定，可是神色不大好看。嘱咐完了祥子，他走进去。祥子刚把车拉进门洞来，放好，曹先生又出来了，同着左先生；祥子认识，并且知道左先生是宅上的好朋友。

"祥子，"曹先生的嘴动得很快，"你坐汽车回去。告诉太太我在这儿呢。教她们也来，坐汽车来，另叫一辆，不必教你坐去的这辆等着。明白？好！告诉太太带着应用的东西，和书房里那几张画儿。听明白了？我这就给太太打电话，为是再告诉你一声，怕她一着急，把我的话忘了，你好提醒她一声。"

"我去好不好？"左先生问了声。

"不必！刚才那个人未必一定是侦探，不过我心里有那回事儿，不能不防备一下。你先叫辆汽车来好不好？"

左先生去打电话叫车。曹先生又嘱咐了祥子一遍："汽车来到，我这给了钱。教太太快收拾东西；别的都不要紧，就是千万带着小孩子的东西，和书房里那几张画，那几张画！等太太收拾好，教高妈打电要辆车，上这儿来。这都明白了？等她们走后，你把大门锁好，搬到书房去睡，那里有电话。你会打电？"

"不会往外打，会接。"其实祥子连接电话也不大喜欢，不过不愿教曹先生着急，只好这么答应下。

"那就行！"曹先生接着往下说，说得还是很快："万一有个动静，你别去开门！我们都走了，剩下你一个，他们决不放手你！见事不好的话，你灭了灯，打后院跳到王家去。王家的人你认得？对！在王家藏会儿再走。我的东西、你自己的东西都不用管，跳墙就走，省得把你拿了去！你若丢了东西，将来我赔上。先给你这五块钱拿着。好，我去给太太打电话，回头你再对她说一遍。不必说拿人，刚才那个骑车的也许是侦探，也许不是，你也先别着慌！"

祥子心中很乱，好像有许多要问的话，可是因急于记住曹先生所嘱咐的，不敢再问。

汽车来了，祥子愣头磕脑地坐进去。雪不大不小地落着，车外边的东西看不大真，他直挺着腰板坐着，头几乎顶住车棚。他要思索一番，可是眼睛只顾看车前的红箭头，红得那么鲜灵可爱。驶车的面前的那把小刷子，自动地左右摆着，刷去玻璃上的哈气，也颇有趣。刚似乎把这看腻了，车已到了家门，心中怪不得劲地下了车。

刚要按街门的电铃，像从墙里钻出个人来似的，揪住他的腕子。祥子本能地想往出夺手，可是已经看清那个人，他不动了，正是刚才骑自行车的那个侦探。

"祥子，你不认识我了？"侦探笑着松了手。

祥子咽了口气，不知说什么好。

"你不记得当初你教我们拉到西山去？我就是那个孙排长。想起来了吧？"

"啊，孙排长！"祥子想不起来。他被大兵们拉到山上去的时候，顾不得看谁是排长，还是连长。

"你不记得我，我可记得你，你脸上那块疤是个好记号。我刚才跟了你半天，起初也有点不敢认你，左看右看，这块疤不能有错！"

"有事吗？"祥子又要去按电铃。

"自然是有事，并且是要紧的事！咱们进去说好不好！"孙排长——现在是侦探——伸手按了铃。

"我有事！"祥子的头上忽然冒了汗，心里发着狠儿说："躲他还不行呢，怎能往里请呢！"

"你不用着急，我来是为你好！"侦探露出点狡猾的笑意。赶到高妈把门开开，他一脚迈进去："劳驾劳驾！"没等祥子和高妈过一句话，扯着他便往里走，指着门房："你在这儿住？"进了屋，他四下里看了一眼："小屋还怪干净呢！你的事儿不坏！"

"有事吗？我忙！"祥子不能再听这些闲盘儿。

"没告诉你吗，有要紧的事！"孙侦探还笑着，可是语气非常的严厉。"干脆对你说吧，姓曹的是乱党，拿住就枪毙，他还是跑不了！咱们总算有一面之交，在兵营里你伺候过我，再说咱们又都是街面上的人，所以我担着好大的处分来给你送个信！你要是晚跑一步，回来是堵窝儿掏，谁也跑不了。咱们卖力气吃饭，跟他们打哪门子挂误官司？这话对不对？"

"对不起人呀！"祥子还想着曹先生所嘱托的话。

"对不起谁呀？"孙侦探的嘴角上带笑，而眼角棱棱着。"祸是他们自己闯的，你对不起谁呀？他们敢作敢当，咱们跟着受罪，才合不着！不用说别的，把你圈上三个月，你野鸟似的惯了，愣教你坐黑屋子，你受得了受不了？再说，他们下狱，有钱打点，受不了罪。你呀，我的好兄弟，手里没硬的，准拴在尿桶上！这还算小事，碰巧了他们花钱一运动，闹个几年徒刑，官面上交待不下去，要不把你垫了背才怪。咱们不招谁不惹谁的，临完上天桥吃黑枣，冤不冤？你是明白人，明白人不吃眼前亏。对得起人喽，又！告诉你吧，好兄弟，天下就没有对得起咱们苦哥儿们的事！"

祥子害了怕。想起被大兵拉去的苦处，他会想象到下狱的滋味。"那么我得走，不管他们？"

"你管他们，谁管你呢？！"

祥子没话答对。愣了会儿，连他的良心也点了头："好，我走！"

"就这么走吗？"孙侦探冷笑了一下。

祥子又迷了头。

"祥子，我的好伙计！你太傻了！凭我做侦探的，肯把你放了走？"

"那——"祥子急得不知说什么好了。

"别装傻！"孙侦探的眼盯住祥子的："大概你也有个积蓄，拿出来买条命！我一个月还没你挣得多，得吃得穿得养家，就仗着点外找儿，跟你说知心话！你想想，我能一撒巴掌把你放了不能？哥儿们的交情是交情，没交情我能来劝你吗？可是事情是事情，我不图点什么，难道教我一家子喝西北风？外场人用不着费话，你说真的吧！"

"得多少？"祥子坐在了床上。

"有多少拿多少，没准价儿！"

"我等着坐狱得了！"

"这可是你说的？可别后悔？"孙侦探的手伸入棉袍中，"看这个，祥子！我马上就可以拿你，你要拒捕的话，我开枪！我要马上把你带走，不要说钱呀，连你这身衣裳都一进狱门就得剥下来。你是明白人，自己合计合计得了！"

"有工夫挤我，干吗不挤挤曹先生？"祥子吭哧了半天才说出来。

"那是正犯，拿住呢有点赏，拿不住担'不是'。你，你呀，我的傻兄弟，把你放了像放个屁；把你杀了像抹个臭虫！拿钱呢，你走你的；不拿，好，天桥见！别麻烦，来干脆的，这么大的人！再说，这点钱也不能我一个人独吞了，伙计们都得沾补点儿，不定分上几个子儿呢。这么便宜买条命还不干，我可就没了法！你有多少钱？"

祥子立起来，脑筋跳起多高，攥上了拳头。

"动手没你的，我先告诉你，外边还有一大帮人呢！快着，拿钱！我看面子，你别不知好歹！"孙侦探的眼神非常的难看了。

"我招谁惹谁了？！"祥子带着哭音，说完又坐在床沿上。

"你谁也没招，就是碰在点儿上了！人就是得胎里富，咱们都是底儿上的。什么也甭再说了！"孙侦探摇了摇头，似有无限的感慨。"得了，自当是我委屈了你，别再磨烦了！"

祥子又想了会儿，没办法。他的手哆嗦着，把闷葫芦罐儿从被子里掏了出来。

"我看看！"孙侦探笑了，一把将瓦罐接过来，往墙上一碰。

祥子看着那些钱洒在地上，心要裂开。

"就是这点？"

祥子没出声，只剩了哆嗦。

"算了吧！我不赶尽杀绝，朋友是朋友。你可也得知道，这些钱儿买一条命，便宜事儿！"

祥子还没出声，哆嗦着要往起裹被褥。

"那也别动！"

"这么冷的……"祥子的眼瞪得发了火。

"我告诉你别动，就别动！滚！"

祥子咽了口气，咬了咬嘴唇，推门走出来。

雪已下了寸多厚，祥子低着头走。处处洁白，只有他的身后留着些大黑脚印。

十二

祥子想找个地方坐下，把前前后后细想一遍，哪怕想完只能哭一场呢，也好知道哭的是什么。事情变化得太快了，他的脑子已追赶不上。没有地方给他坐，到处是雪。小茶馆们已都上了门，十点多了，就是开着，他也不肯进去，他愿意找个清静地方，他知道自己眼眶中转着的泪随时可以落下来。

既没地方坐一坐，只好慢慢地走吧。可是，上哪里去呢？这个银白的世界，没有他坐下的地方，也没有他的去处；白茫茫的一片，只有饿着肚子的小鸟，与走投无路的人，知道什么叫作哀叹。

上哪儿去呢？这就成个问题，先不用想到别的了！下小店？不行！凭他这一身衣服，就能半夜里丢失点什么，先不说店里的虱子有多么可怕。上大一点的店？去不起，他手里只有五块钱，而且是他的全部财产。上澡堂子？十二点上门，不能过夜。没地方去。

因为没地方去，才越觉得自己的窘迫。在城里混了这几年了，只落得一身衣服，和五块钱，连被褥都混没了！由这个，他想到了明天，明天怎办呢？拉车，还去拉车，哼，拉车的结果只是找不到个住处，只是剩下点钱被人家抢了去！做小买卖，只有五块钱的本钱，而连挑子扁担都得现买，况且哪个买卖准能挣出嚼谷呢？拉车可以平地弄个三毛四毛的，做小买卖既要本钱，而且没有准能赚出三餐的希望。等把本钱都吃进去，再去拉车，还不是脱了裤子放屁，白白赔上五块钱？这五块钱不能轻易放手一角一分，这是最后的指望！当仆人去，不在行：伺候人，不会；洗衣裳做饭，不会！什么也不行，什么也不会，自己只是个傻大黑粗的废物！

不知不觉地，他来到了中海。到桥上，左右空旷，一眼望去，全是雪花。他这才似乎知道了雪还没住，摸一摸头上，毛线织的帽子上已经很湿。桥上没人，连岗警也不知躲到哪里去了，有几盏电灯被雪花打得仿佛不住地眨眼。祥子看看四外的雪，心中茫然。

他在桥上立了许久，世界像是已经死去，没一点声音，没一点动静，灰白的雪花似乎得了机会，慌乱地，轻快地，一劲儿往下落，要人不知鬼不觉地把世界埋上。在这种静寂中，祥子听见自己的良心的微语。先不要管自己吧，还是得先回去看看曹家的人。只剩下曹太太与高妈，没一个男人！难道那最后的五块钱不是曹先生给的么？不敢再思索，他拔起腿就往回走，非常的快。

门外有些脚印，路上有两条新印的汽车道儿。难道曹太太已经走了吗？那个姓孙的为什么不拿她们呢？

不敢过去推门，恐怕又被人捉住。左右看，没人，他的心跳起来，试试看吧，反正也无家可归，被人逮住就逮住吧。轻轻推了推门，门开着呢。顺着墙根走了两步，看见了自己屋中的灯亮儿，自己的屋子！他要哭出来。弯着腰走过去，到窗外听了听，屋内咳嗽了一声，高妈的声音！他拉开了门。

"谁？哟，你！可吓死我了！"高妈捂着心口，定了定神，坐在了床上。"祥子，怎么回事呀？"

祥子回答不出，只觉得已经有许多年没见着她了似的，心中堵着一团热气。

"这是怎么啦？"高妈也要哭的样子地问："你还没回来，先生打来电，叫我们上左宅，还说你马上就来。你来了，不是我给你开的门吗？我一瞧，你还同着个生人，我就一言没发呀，赶紧进去帮助太太收拾东西。你始终也没进去。黑灯瞎火的教我和太太瞎抓，少爷已经睡得香香的，生又从热被窝里往外抱。包好了包，又上书房去摘画儿，你是始终不照面儿，你是怎么啦？我问你！糟糟地收拾好了，我出来看你，好，你没影儿啦！太太气得——一半也是急得——直哆嗦。我只好打电叫车吧。可是我们不能就这么'空城计',全走了哇。好,我跟太太横打了鼻梁[1],我说太太走吧,我看着;祥子回来呢,我马上赶到左宅去;不回来呢,我认了命!这是怎会说的!你是怎回事,说呀!"

祥子没的说。

"说话呀!愣着算得了事吗?到底是怎回事?"

"你走吧!"祥子好容易找到了一句话:"走吧!"

"你看家?"高妈的气消了点。

"见了先生,你就说,侦探逮住了我,可又,可又,没逮住我!"

"这像什么话呀?"高妈气得几乎要笑。

"你听着!"祥子倒挂了气:"告诉先生快跑,侦探说了,准能拿住先生。左宅也不是平安的地方。快跑!你走了,我跳到王家去,睡一夜。我把这块的大门锁上。明天,我去找我的事。对不起曹先生!"

"越说我越糊涂!"高妈叹了口气。"得啦,我走,少爷还许冻着了呢,赶紧看看去!见了先生,我就说祥子说啦,教先生快跑。今个晚上祥子锁上大门,跳到王家去睡,明天他去找事。是这么着不是?"

祥子万分惭愧地点了点头。

高妈走后,祥子锁好大门,回到屋中。破闷葫芦罐还在地上扔着,他拾起块瓦片看了看,照旧扔在地上。床上的铺盖并没有动。奇怪,到底是怎回事呢?难道孙侦探并非真的侦探?不能!曹先生要是没看出点危险来,何至于弃家逃走?不明白!不明白!他不知不觉地坐在了床沿上。刚一坐下,好似

---

1 横打了鼻梁,即保证。

惊了似的又立起来。不能在此久停！假若那个姓孙的再回来呢？！心中极快地转了转：对不住曹先生，不过高妈带回信去教他快跑，也总算过得去了。论良心，祥子并没立意欺人，而且自己受着委屈。自己的钱先丢了，没法再管曹先生的。自言自语地，他这样一边叨唠，一边儿往起收拾铺盖。

扛起铺盖，灭了灯，他奔了后院。把铺盖放下，手扒住墙头低声地叫："老程！老程！"老程是王家的车夫。没人答应，祥子下了决心，先跳过去再说。把铺盖扔过去，落在雪上，没有什么声响。他的心跳了一阵。紧跟着又爬上墙头，跳了过去。在雪地上拾起铺盖，轻轻地去找老程。他知道老程的地方。大家好像都已睡了，全院中一点声儿也没有。祥子忽然感到做贼并不是件很难的事，他放了点胆子，脚踏实地地走，雪很瓷实，发着一点点响声。找到了老程的屋子，他咳嗽了一声。老程似乎是刚躺下："谁？"

"我，祥子！你开开门！"祥子说得非常的自然、柔和，好像听见了老程的声音，就像听见个亲人的安慰似的。

老程开了灯，披着件破皮袄，开了门："怎么啦？祥子！三更半夜的！"

祥子进去，把铺盖放在地上，就势儿坐在上面，又没了话。

老程有三十多岁，脸上与身上的肉都一疙瘩一块的，硬得出棱儿。平日，祥子与他并没有什么交情，不过是见面总点头说话儿。有时候，王太太与曹太太一同出去上街，他俩更有了在一处喝茶与休息的机会。祥子不十分佩服老程，老程跑得很快，可是慌里慌张，而且手老拿不稳车把似的。在为人上，老程虽然怪好的，可是有了这个缺点，祥子总不能完全钦佩他。

今天，祥子觉得老程完全可爱了。坐在那儿，说不出什么来，心中可是感激、亲热。刚才，立在中海的桥上；现在，与个熟人坐在屋里。变动的急剧，使他心中发空，同时也发着些热气。

老程又钻到被窝中去，指着破皮袄说："祥子抽烟吧，兜儿里有，别野的。"别墅牌的烟自从一出世就被车夫们改为"别野"的。

祥子本不吸烟，这次好似不能拒绝，拿了支烟放在唇间吧唧着。

"怎么啦？"老程问："辞了工？"

"没有，"祥子依旧坐在铺盖上，"出了乱子！曹先生一家子全跑啦，我也不敢独自看家！"

"什么乱子？"老程又坐起来。

"说不清呢，反正乱子不小，连高妈也走了！"

"四门大开，没人管？"

"我把大门给锁上了！"

"哼！"老程寻思了半天，"我告诉王先生一声儿去好不好？"说着，就要披衣裳。

"明天再说吧，事情简直说不清！"祥子怕王先生盘问他。

祥子说不清的那点事是这样：曹先生在个大学里教几点钟功课。学校里有个叫阮明的学生，一向跟曹先生不错，时常来找他谈谈。曹先生是个社会主义者，阮明的思想更激烈，所以二人很说得来。不过，年纪与地位使他们有点小冲突：曹先生以教师的立场看，自己应当尽心地教书，而学生应当好好地交待功课，不能因为私人的感情而在成绩上马马虎虎。在阮明看呢，在这种破乱的世界里，一个有志的青年应当做些革命的事业，功课好坏可以暂且不管。他和曹先生来往，一来是为彼此还谈得来，二来是希望因为感情而可以得到够升级的分数，不论自己的考试成绩坏到什么地步。乱世的志士往往有些无赖，历史上有不少这样可原谅的例子。

到考试的时候，曹先生没有给阮明及格的分数。阮明的成绩，即使曹先生给他及格，也很富余地够上了停学。可是他特别地恨曹先生。他以为曹先生太不懂面子。面子，在中国是与革命有同等价值的。因为急于做些什么，阮明轻看学问。因为轻看学问，慢慢地，他习惯于懒惰，想不用任何的劳力而获得大家的钦佩与爱护；无论怎说，自己的思想是前进的呀！曹先生没有给他及格的分数，分明是不了解一个有志的青年，那么，平日可就别彼此套近乎呀！既然平日交情不错，而到考试的时候使人难堪，他以为曹先生为人阴险。成绩是无可补救了，停学也无法反抗，他想在曹先生身上泄泄怒气。既然自己失了学，那么就拉个教员来陪绑。这样，既能有些事做，而且可以表现出自己的厉害。阮明不是什么好惹的！况且，若是能由这回事而打入一个新团体去，也总比没事可做强一些。

他把曹先生在讲堂上所讲的，和平日与他闲谈的，那些关于政治与社会问题的话编辑了一下，到党部去告发——曹先生在青年中宣传过激的思想。

曹先生也有个耳闻，可是他觉得很好笑。他知道自己的那点社会主义是怎样的不彻底，也晓得自己那点传统的美术爱好是怎样地妨碍着激烈的行动。可笑，居然落了个革命的导师的称号！可笑，所以也就不大在意，虽然学生和同事都告诉他小心一些。镇定并不能——在乱世——保障安全。

寒假是肃清学校的好机会，侦探们开始忙着调查与逮捕。曹先生已有好几次觉得身后有人跟着。身后的人影使他由嬉笑改为严肃。他须想一想了：为造声誉，这是个好机会；下几天狱比放个炸弹省事、稳当，而有同样的价值。下狱是做要人的一个资格。可是，他不肯。他不肯将计就计地为自己造成虚假的名誉。凭着良心，他恨自己不能成个战士；凭着良心，他也不肯做冒牌的战士。他找了左先生去。

左先生有主意："到必要的时候，搬到我这儿来，他们还不至于搜查我来！"左先生认识人，人比法律更有力。"你上这儿来住几天，躲避躲避。总算我们怕了他们。然后再去疏通，也许还得花上俩钱。面子足，钱到手，你再回家也就没事了。"

孙侦探知道曹先生常上左宅去，也知道一追紧了的时候他必定到左宅去。他们不敢得罪左先生，而得吓唬就吓唬曹先生。多嗻把他赶到左宅去，他们才有拿钱的希望，而且很够面子。敲祥子，并不在侦探们的计划内，不过既然看见了祥子，带手儿的活，何必不先拾个十头八块的呢？

对了，祥子是遇到"点儿"上，活该。谁都有办法，哪里都有缝子，只有祥子跑不了，因为他是个拉车的。一个拉车的吞的是粗粮，冒出来的是血。他要卖最大的力气，得最低的报酬；要立在人间的最低处，等着一切人一切法一切困苦的击打。

把一支烟烧完，祥子还是想不出道理来，他像被厨子提在手中的鸡，只知道缓一口气就好，没有别的主意。他很愿意和老程谈一谈，可是没话可说，他的话不够表现他的心思的，他领略了一切苦处，他的口张不开，像个哑巴。买车，车丢了；省钱，钱丢了。自己一切的努力只为别人来欺侮！谁也不敢招惹，连条野狗都得躲着，临完还是被人欺侮得出不来气！

先不用想过去的事吧，明天怎样吧？曹宅是不能再回去，上哪里去呢？"我在这儿睡一夜，行吧？"他问了句，好像条野狗找到了个避风的角落，暂且先忍一会儿，不过就是这点事也得要看明白了，看看妨碍别人与否。

"你就在这儿吧，冰天雪地的上哪儿去？地上行吗？上来挤挤也行呀！"

祥子不肯上去挤，地上就很好。

老程睡去，祥子来回地翻腾，始终睡不着。地上的凉气一会儿便把褥子冰得像一张铁，他蜷着腿，腿肚子似乎还要转筋。门缝子进来的凉风，像一群小针似的往头上刺。他狠狠地闭着眼，蒙上了头，睡不着。听着老程的呼声，他心中急躁，恨不能立起来打老程一顿才痛快。越来越冷，冻得嗓子中发痒，又怕把老程咳嗽醒了。

睡不着，他真想偷偷地起来，到曹宅再看看。反正事情是吹了，院中又没有人，何不去拿几件东西呢？自己那么不容易省下的几个钱，被人抢去，为曹宅的事而被人抢去，为什么不可以去偷些东西呢。为曹宅的事丢了钱，再由曹宅给赔上，不是正合适？这么一想，他的眼亮起来，登时忘记了冷，走哇！那么不容易得到的钱，丢了，再这么容易得回来，走！

已经坐起来，又急忙地躺下去，好像老程看着他呢！心中跳了起来。不，不能当贼，不能！刚才为自己脱干净，没去做到曹先生所嘱咐的，已经对不起人，怎能再去偷他呢？不能去！穷死，不偷！

怎知道别人不去偷呢？那个姓孙的拿走些东西又有谁知道呢？他又坐了起来。远处有个狗叫了几声。他又躺下去。还是不能去，别人去偷，偷吧，自己的良心无愧。自己穷到这样，不能再教心上多个黑点儿！

再说，高妈知道他到王家来，要是夜间丢了东西，是他也得是他，不是他也得是他！他不但不肯去偷了，而且怕别人进去了。真要是在这一夜里丢了东西，自己跳到黄河里也洗不清！他不冷了，手心上反倒见了点汗。怎办呢？跳回宅里去看着？不敢。自己的命是拿钱换出来的，不能再自投罗网。不去，万一丢了东西呢？

想不出主意。他又坐起来，弓着腿坐着，头几乎挨着了膝。头很沉，眼也要闭上，可是不敢睡。夜是那么长，只没有祥子闭一闭眼的时间。

坐了不知多久，主意不知换了多少个。他忽然心中一亮，伸手去推老程："老程！老程！醒醒！"

"干吗？"老程非常的不愿睁开眼："撒尿，床底下有夜壶。"

"你醒醒！开开灯！"

"有贼是怎着？"老程迷迷糊糊地坐起来。

"你醒明白了？"

"嗯！"

"老程，你看看！这是我的铺盖，这是我的衣裳，这是曹先生给的五块钱，没有别的了？"

"没了，干吗？"老程打了个哈欠。

"你醒明白了？我的东西就是这些，我没拿曹家一草一木？"

"没有！咱哥儿们，久吃宅门的，手儿粘赘还行吗？干得着，干；干不着，不干。不能拿人家东西！就是这个事呀？"

"你看明白了？"

老程笑了："没错儿！我说，你不冷呀？"

"行！"

十三

因有雪光，天仿佛亮得早了些。快到年底，不少人家买来鸡喂着，鸡的鸣声比往日多了几倍。处处鸡啼，大有些丰年瑞雪的景况。祥子可是一夜没睡好。到后半夜，他忍了几个盹儿，迷迷糊糊的，似睡不睡的，像浮在水上那样忽起忽落，心中不安。越睡越冷，听到了四外的鸡叫，他实在撑不住了。不愿惊动老程，他蜷着腿，用被子堵上嘴咳嗽，还不敢起来。忍着，等着，心中非常的焦躁。好容易等到天亮，街上有了大车的轮声与赶车人的呼叱，他坐了起来。坐着也是冷，他立起来，系好了纽扣，开开一点门缝向外看了看。雪并没有多么厚，大概在半夜里就不下了；天似乎已晴，可是灰漉漉的看不甚清，连雪上也有一层很淡的灰影似的。一眼，他看到昨夜自己留下的大脚印，虽然又被雪埋上，可是一坑坑的还看得很真。

一来为有点事做，二来为消灭痕迹，他一声没出，在屋角摸着把笤帚，去扫雪。雪沉，不甚好扫，一时又找不到大的竹帚，他把腰弯得很低，用力去刮搂。上层的扫去，贴地的还留下一些雪粒，好像已抓住了地皮。直了两回腰，他把整个的外院全扫完，把雪都堆在两株小柳树的底下。他身上见了点汗，暖和，也轻松了一些。跺了跺脚，他吐了口长气，很长很白。

进屋，把笤帚放在原处，他想往起收拾铺盖。老程醒了，打了个哈欠，口还没并好，就手就说了话："不早啦吧？"说得音调非常的复杂。说完，擦了擦泪，顺手向皮袄袋里摸出支烟来。吸了两口烟，他完全醒明白了。"祥子，你先别走！等我去打点开水，咱们热热地来壶茶喝。这一夜横是够你受的！"

"我去吧？"祥子也递个和气。但是，刚一说出，他便想起昨夜的恐怖，心中忽然堵成了一团。

"不，我去！我还得请请你呢！"说着，老程极快地穿上衣裳，纽扣通体没扣，只将破皮袄上拢了根褡包，叼着烟卷跑出去："喝！院子都扫完了？你真成！请请你！"

祥子稍微痛快了些。

待了会儿，老程回来了，端着两大碗甜浆粥，和不知多少马蹄烧饼与小焦油炸鬼。"没沏茶，先喝点粥吧，来，吃吧。不够，再去买，没钱，咱赊得出来。干苦活儿，就是别缺着嘴，来！"

天完全亮了，屋中冷清清的明亮，二人抱着碗喝起来，声响很大而甜美。谁也没说话，一气把烧饼油鬼吃净。

"怎样？"老程剔着牙上的一个芝麻。

"该走了！"祥子看着地上的铺盖卷。

"你说说，我到底还没明白是怎回子事！"老程递给祥子一支烟，祥子摇了摇头。

想了想，祥子不好意思不都告诉给老程了。结结巴巴地，他把昨夜晚的事说了一遍，虽然很费力，可是说得不算不完全。

老程撇了半天嘴，似乎想过点味儿来。"依我看哪，你还是找曹先生去。事情不能就这么搁下，钱也不能就这么丢了！你刚才不是说，曹先生嘱咐了你，教你看事不好就跑？那么，你一下车就教侦探给堵住，怪谁呢？不是你不忠心哪，是事儿来得太邪，你没法儿不先顾自己的命！教我看，这没有什么对不起人的地方。你去，找曹先生去，把前后的事一五一十都对他实说，我想，他必不能怪你，碰巧还许赔上你的钱！你走吧，把铺盖放在这儿，早早地找他去。天短，一出太阳就得八点，赶紧走你的！"

祥子活了心，还有点觉得对不起曹先生，可是老程说得也很近情理——侦探拿枪堵住自己，怎能还顾得曹家的事呢？

"走吧！"老程又催了句。"我看昨个晚上你是有点绕住了，遇上急事，谁也保不住迷头。我现在给你出的道儿准保不错，我比你岁数大点，总多经过些事儿。走吧，这不是出了太阳？"

朝阳的一点光，借着雪，已照明了全城。蓝的天，白的雪，天上有光，雪上有光，蓝白之间闪起一片金花，使人痛快得睁不开眼！祥子刚要走，有人敲门。老程出去看，在门洞儿里叫："祥子！找你的！"

左宅的王二，鼻子冻得滴着清水，在门洞儿里跺去脚上的雪。老程见祥子出来，让了句："都里边坐！"三个人一同来到屋中。

"那什么，"王二搓着手说，"我来看房，怎么进去呀，大门锁着呢。那什么，雪后寒，真冷！那什么，曹先生，曹太太，都一清早就走了，上天津，也许是上海，我说不清。左先生嘱咐我来看房。那什么，可真冷！"

祥子忽然地想哭一场！刚要依着老程的劝告，去找曹先生，曹先生却走了。愣了半天，他问了句："曹先生没说我什么？"

"那什么，没有。天还没亮，就都起来了，简直顾不得说话了。火车是，那什么，七点四十分就开！那什么，我怎么过那院去？"王二急于要过去。

"跳过去！"祥子看了老程一眼，仿佛是把王二交给了老程，他拾起自己的铺盖卷来。

"你上哪儿？"老程问。

"人和厂子，没有别的地方可去！"这一句话说尽了祥子心中的委屈、羞愧，与无可奈何。他没别的办法，只好去投降！一切的路都封上了，他只能在雪白的地上去找那黑塔似的虎姐。他顾体面、要强、忠实、义气，都没一点用处，因为有条"狗"命！

老程接了过来："你走你的吧。这不是当着王二，你一草一木也没动曹宅的！走吧。到这条街上来的时候，进来聊会子，也许我打听出来好事，还给你荐呢。你走后，我把王二送到那边去。有煤呀？"

"煤，劈柴，都在后院小屋里。"祥子扛起来铺盖。

街上的雪已不那么白了，马路上的被车轮轧下去，露出点冰的颜色来。土道上的，被马踏得已经黑一块白一块，怪可惜的。祥子没有想什么，只管扛着铺盖往前走。一气走到了人和车厂。他不敢站住，只要一站住，他知道就没有勇气进去。他一直地走进去，脸上热得发烫。他编好了一句话，要对虎妞说："我来了，瞧着办吧！怎办都好，我没了法儿！"及至见了她，他把这句话在心中转了好几次，始终说不出来，他的嘴没有那么便利。

虎妞刚起来，头发髭髭着，眼泡儿浮肿着些，黑脸上起着一层小白的鸡皮疙瘩，像拔去毛的冻鸡。

"哟！你回来啦！"非常的亲热，她的眼中笑得发了些光。

"赁给我辆车！"祥子低着头看鞋头上未化净的一些雪。

"跟老头子说去。"她低声地说，说完向东间一努嘴。

刘四爷正在屋里喝茶呢，面前放着个大白炉子，火苗有半尺多高。见祥子进来，他半恼半笑地说："你这小子还活着哪？！忘了我啦！算算，你有多少天没来了？事情怎样？买上车没有？"

祥子摇了摇头，心中刺着似的疼。"还得给我辆车拉，四爷！"

"哼，事又吹了！好吧，自己去挑一辆！"刘四爷倒了碗茶："来，先喝一碗。"

祥子端起碗来，立在火炉前面，大口地喝着。茶非常的烫，火非常的热，他觉得有点发困。把碗放下，刚要出来，刘四爷把他叫住了。

"等等走，你忙什么？告诉你：你来得正好。二十七是我的生日，我还要搭个棚呢，请请客。你帮几天忙好了，先不必去拉车。他们，"刘四爷向院中指了指，"都不可靠，我不愿意教他们吊儿啷当地瞎起哄。你帮帮好了。该干什么就干，甭等我说。先去扫扫雪，晌午我请你吃火锅。"

"是了，四爷！"祥子想开了，既然又回到这里，一切就都交给刘家父女吧。他们爱怎么调动他，都好，他认了命！

"我说是不是？"虎姑娘拿着时候[1]进来了："还是祥子，别人都差点劲儿。"

刘四爷笑了。祥子把头低得更往下了些。

"来，祥子！"虎姐往外叫他："给你钱，先去买扫帚，要竹子的，好扫雪。得赶紧扫，今天搭棚的就来。"走到她的屋里，她一边给祥子数钱，一边低声地说："精神着点！讨老头子的喜欢！咱们的事有盼望！"

祥子没言语，也没生气。他好像是死了心，什么也不想，给它个混一天是一天。有吃就吃，有喝就喝，有活儿就做，手脚不闲着，几转就是一天，自己顶好学拉磨的驴，一问三不知，只会拉着磨走。

他可也觉出来，自己无论如何也不会很高兴。虽然不肯思索，不肯说话，不肯发脾气，但是心中老堵一块什么，在工作的时候暂时忘掉，只要有会儿闲工夫，他就觉出来这块东西——绵软，可是老那么大，没有什么一定的味道，可是噎得慌，像块海绵似的。心中堵着这块东西，他强打精神去做事，为是把自己累得动也不能动，好去闷睡。把夜里的事交给梦，白天的事交给手脚，他仿佛是个能干活的死人。他扫雪，他买东西，他去定煤气灯，他刷车，他搬桌椅，他吃刘四爷的犒劳饭，他睡觉，他什么也不知道，口里没话，心里没思想，只隐隐地觉到那块海绵似的东西！

地上的雪扫净，房上的雪渐渐化完，棚匠"喊高儿"上房，支起棚架子。讲好的是可着院子[2]的暖棚，三面挂檐，三面栏杆，三面玻璃窗户。棚里有玻璃隔扇，挂面屏，见木头就包红

1　拿着时候，即估量着到了一个适当的时刻。

2　可着院子，即与院子的面积一样大小。

布。正门旁门一律挂彩子，厨房搭在后院。刘四爷，因为庆九，要热热闹闹地办回事，所以第一要搭个体面的棚。天短，棚匠只扎好了棚身，上了栏杆和布，棚里的花活和门上的彩子，得到第二天早晨来挂。刘四爷为这个和棚匠大发脾气，气得脸上飞红。因为这个，他派祥子去催煤气灯，厨子，千万不要误事。其实这两件绝不会误下，可是老头子不放心。祥子为这个刚跑回来，刘四爷又教他去给借麻将牌，借三四副，到日子非痛痛快快地赌一下不可。借来牌，又被派走去借留声机，做寿总得有些响声儿。祥子的腿没停住一会儿，一直跑到夜里十一点。拉惯了车，空着手儿走比跑还累得慌。末一趟回来，他，连他，也有点抬不起脚来了。

"好小子！你成！我要有你这么个儿子，少教我活几岁也是好的！歇着去吧，明天还有事呢！"

虎妞在一旁，向祥子挤了挤眼。

第二天早上，棚匠来找补活。彩屏悬上，画的是"三国"里的战景，三战吕布，长坂坡，火烧连营，等等，大花脸二花脸都骑马持着刀枪。刘老头子仰着头看了一遍，觉得很满意。紧跟着家伙铺来卸家伙：棚里放八个座儿，围裙椅垫凳套全是大红绣花的。一份寿堂，放在堂屋，香炉蜡扦都是景泰蓝的，桌前放了四块红毡子。刘老头子马上教祥子去请一堂苹果，虎妞背地里掖给他两块钱，教他去叫寿桃寿面，寿桃上要一份儿八仙人，作为是祥子送的。苹果买到，马上摆好。待了不大会儿，寿桃寿面也来到，放在苹果后面，大寿桃点着红嘴，插着八仙人，非常大气。

"祥子送的，看他多么有心眼！"虎妞堵着爸爸的耳根子吹嘘，刘四爷对祥子笑了笑。

寿堂正中还短着个大寿字，照例是由朋友们赠送，不必自己预备。现在还没有人送来,刘四爷性急,又要发脾气:"谁家的红白事,我都跑到前面,到我的事情上了,给我个干撂台[1]!"

"明天二十六,才落座儿,忙什么呀?"虎妞喊着劝慰。

"我愿意一下子全摆上,这么零零碎碎的,看着揪心!我说祥子,水月灯[2]今天就得安好,要是过四点还不来,我剐了他们!"

"祥子,你再去催!"虎妞故意倚重他,总在爸的面前喊祥子做事。祥子一声不出,把话听明白就走。

"也不是我说,老爷子,"她撇着点嘴说,"要是有儿子,不像我就得像祥子!可惜我错投了胎。那可也无法。其实有祥子这么个干儿子也不坏!看他,一天连个屁也不放,可把事都做了!"

刘四爷没答碴儿,想了想:"话匣子呢?唱唱!"

不知道由哪里借来的破留声机,每一个声音都像踩了猫尾巴那么叫得钻心!刘四爷倒不在乎,只要有点声响就好。

到下午,一切都齐备了,只等次日厨子来落座儿。刘四爷各处巡视了一番,处处花红柳绿,自己点了点头。当晚,他去请了天顺煤铺的先生给管账,先生姓冯,山西人,管账最仔细。冯先生马上过来看了看,叫祥子去买两份红账本,和一张顺红笺。把红笺裁开,他写了些寿字,贴在各处。刘四爷觉得冯先生真是心细,当时要再约两手,和冯先生打几圈麻将。冯先生晓得刘四爷的厉害,没敢接碴儿。

牌没打成,刘四爷挂了点气,找来几个车夫:"开宝,你们有胆子没有?"

大家都愿意来,可是没胆子和刘四爷来,谁不知道他从前

---

1 撂台,指丢下该负责的事,甩手不干。
2 水月灯,即煤气灯。

开过宝局!

"你们这群玩艺，怎么活着来的!"四爷发了脾气。"我在你们这么大岁数的时候，兜里没一个小钱也敢干，输了再说，来!"

"来铜子儿的?"一个车夫试着步儿问。

"留着你那铜子吧，刘四不哄孩子玩!"老头子一口吞了一杯茶，摸了摸秃脑袋。"算了，请我来也不来了!我说，你们去告诉大伙儿：明天落座儿，晚半天就有亲友来，四点以前都收车，不能出来进去地拉着车乱挤!明天的车份儿不要了，四点收车。白教你们拉一天车，都心里给我多念叨点吉祥话儿，别没良心!后天正日子，谁也不准拉车。早八点半，先给你们摆，六大碗、俩七寸、四个便碟、一个锅子，对得起你们!都穿上大褂，谁短撅撅地进来把谁踢出去!吃完，都给我滚，我好招待亲友。亲友们吃三个海碗、六个冷荤、六个炒菜、四大碗、一个锅子。我先交待明白了，别看着眼馋。亲友是亲友，我不要你们什么。有人心的给我出十大枚的礼，我不嫌少；一个子儿不拿，干给我磕三个头，我也接着。就是得规规矩矩，明白了没有?晚上愿意还吃我，六点以后回来，剩多剩少全是你们的!早回来可不行!听明白了没有?"

"明天有拉晚儿的，四爷，"一个中年的车夫问，"怎么四点就收车呢?"

"拉晚儿的十一点以后再回来!反正就别在棚里有人的时候乱挤!你们拉车，刘四并不和你们同行，明白?"

大家都没的可说了，可是找不到个台阶走出去，立在那里又怪发僵，刘四爷的话使人人心中窝住一点气愤不平。虽然放一天车份儿是个便宜，可是谁肯白吃一顿，至少还不得出上四十铜子的礼。况且刘四的话是那么难听，仿佛他办寿，他们就得老鼠似的都藏起去。再说，正日子二十七不准大家出车，正赶上年底有买卖的时候，刘四牺牲得起一天的收入，大家陪着"泡"¹一天可受不住呢！大家敢怒而不敢言地在那里立着，心中并没有给刘四爷念着吉祥话儿。

虎妞扯了祥子一下，祥子跟她走出来。

大家的怒气仿佛忽然找到了出路，都瞪着祥子的后影。这两天了，大家都觉得祥子是刘家的走狗，死命地巴结，任劳任怨地当碎催²。祥子一点也不知道这个，帮助刘家做事，为是支走心中的烦恼，晚上没话和大家说，因为本来没话可说。他们不知道他的委屈，而以为他是巴结上了刘四爷，所以不屑于和他们交谈。虎妞的照应祥子，在大家心中特别地发着点酸味，想到目前的事，刘四爷不准他们在喜棚里来往，可是祥子一定可以吃一整天好的。同是拉车的，为什么有三六九等呢？看，刘姑娘又把祥子叫出去！大家的眼跟着祥子，腿也想动，都搭讪着走出来。刘姑娘正和祥子在煤气灯底下说话呢，大家彼此点了点头。

十四

刘家的事办得很热闹。刘四爷很满意有这么多人来给他磕头祝寿。更足以自傲的是许多老朋友也赶着来贺喜。由这些老友，他看出自己这场事不但办得热闹，而且"改良"。那些老友的穿戴已经落伍，而四爷的皮袍马褂都是新做的。以职业说，有好几位朋友在当年都比他阔，可是现在——经过这二三十年来的变迁——已越混越低，有的已很难吃上饱饭。看着他们，

---

1 泡，消磨的意思。是一种故意的行动。
2 碎催，即打杂儿的。

再看看自己的喜棚、寿堂、画着长坂坡的挂屏，与三个海碗的席面，他觉得自己确是高出他们一头，他"改了良"。连赌钱，他都预备下麻将牌，比押宝就透着文雅了许多。

可是，在这个热闹的局面中，他也感觉到一点凄凉难过。过惯了独身的生活，他原想在寿日来的人不过是铺户中的掌柜与先生们，和往日交下的外场光棍。没想到会也来了些女客。虽然虎妞能替他招待，可是他忽然感到自家的孤独，没有老伴儿，只有个女儿，而且长得像个男子。假若虎妞是个男子，当然早已成了家，有了小孩，即使自己是个老鳏夫，或者也就不这么孤苦伶仃的了。是的，自己什么也不缺，只缺个儿子。自己的寿数越大，有儿子的希望便越小，祝寿本是件喜事，可是又似乎应落泪。不管自己怎样改了良，没人继续自己的事业，一切还不是白饶？

上半天，他非常的喜欢，大家给他祝寿，他大模大样地承受，仿佛觉出自己是鳌里夺尊的一位老英雄。下半天，他的气儿塌下点去。看看女客们携来的小孩子们，他又羡慕，又忌妒，又不敢和孩子们亲近，不亲近又觉得自己别扭。他要闹脾气，又不肯登时发作，他知道自己是外场人，不能在亲友面前出丑。他愿意快快把这一天过去，不再受这个罪。

还有点美中不足的地方，早晨给车夫们摆饭的时节，祥子几乎和人打起来。

八点多就开了饭，车夫们都有点不愿意。虽然昨天放了一天的车份儿，可是今天谁也没空着手来吃饭，一角也罢，四十子儿也罢，大小都有份儿礼金。平日，大家是苦汉，刘四是厂主；今天，据大家看，他们是客人，不应当受这种待遇。况且，吃完就得走，还不许拉出车去，大年底下的！

祥子准知道自己不在吃完就滚之列，可是他愿意和大家一块儿吃。一来是早吃完好去干事，二来是显着和气。和大家一齐坐下，大家把对刘四的不满意都挪到他身上来。刚一落座，就有人说了："哎，您是贵客呀，怎和我们坐在一处？"祥子傻笑了一下，没有听出来话里的意味。这几天了，他自己没开口说过闲话，所以他的脑子也似乎不大管事了。

大家对刘四不敢发作，只好多吃他一口吧。菜是不能添，酒可是不能有限制，喜酒！他们不约而同地想拿酒杀气。有的闷喝，有的猜开了拳；刘老头子不能拦着他们猜拳。祥子看大家喝，他不便太不随群，也就跟着喝了两盅。喝着喝着，大家的眼睛红起来，嘴不再受管辖。有的就说："祥子，骆驼，你这差事美呀！足吃一天，伺候着老爷小姐！赶明儿你不必拉车了，顶好跟包去！"祥子听出点意思来，也还没往心中去，从他一进人和厂，他就决定不再充什么英雄好汉，一切都听天由命。谁爱说什么，就说什么。他纳住了气。有的又说了："人家祥子是另走一路，咱们凭力气挣钱，人家祥子是内功！"大家全哈哈地笑起来。祥子觉出大家是"咬"他，但是那么大的委屈都受了，何必管这几句闲话呢，他还没出声。邻桌的人看出便宜来，有的伸着脖子叫："祥子，赶明儿你当了厂主，别忘了哥儿们哪！"祥子还没言语，本桌上的人又说了："说话呀，骆驼！"

祥子的脸红起来，低声说了句："我怎能当厂主？！"

"哼，你怎么不能呢，眼看着就咚咚嚓[1]啦！"

祥子没绕搭过来，"咚咚嚓"是什么意思，可是直觉地猜到那是指着他与虎妞的关系而言。他的脸慢慢由红而白，把以前所受过的一切委屈都一下子想起来，全堵在心上。几天的容忍缄默似乎不能再维持，像憋足了的水，遇见个出口就要激冲出

---

1 咚咚嚓，娶亲时的鼓乐声，隐喻娶亲。

去。正当这个工夫，一个车夫又指着他的脸说："祥子，我说你呢，你才真是'哑巴吃扁食——心里有数儿'呢。是不是，你自己说，祥子？祥子？"

祥子猛地立了起来，脸上煞白，对着那个人问："出去说，你敢不敢？"

大家全愣住了。他们确是有心"咬"他，撒些闲盘儿，可是并没预备打架。

忽然一静，像林中的啼鸟忽然看见一只老鹰。祥子独自立在那里，比别人都高着许多，他觉出自己的孤立。但是气在心头，他仿佛也深信就是他们大家都动手，也不是他的对手。他钉了一句："有敢出去的没有？"

大家忽然想过味儿来，几乎是一齐的："得了，祥子，逗着你玩呢！"

刘四爷看见了："坐下，祥子！"然后向大家："别瞧谁老实就欺侮谁，招急了我把你们全踢出去！快吃！"

祥子离了席。大家用眼梢儿瞭着刘老头子，都拿起饭来。

不大一会儿，又喊喊喳喳地说起来，像危险已过的林鸟，又轻轻地啾啾。

祥子在门口蹲了半天，等着他们。假若他们之中有敢再说闲话的，揍！自己什么都没了，给它个不论秧子吧！

可是大家三五成群地出来，并没再找寻他。虽然没打成，他到底多少出了点气。继而一想，今天这一举，可是得罪了许多人。平日，自己本来就没有知己的朋友，所以才有苦无处去诉，怎能再得罪人呢？他有点后悔。刚吃下去的那点东西在胃中横着，有点发痛。他立起来，管他呢，人家那三天两头打架闹饥荒的不也活得怪有趣吗？老实规矩就一定有好处吗？这么一想，他心中给自己另画出一条路来，在这条路上的祥子，与以前他所希望的完全不同了。这是个见人就交朋友，而处处占便宜，喝别人的茶，吸别人的烟，借了钱不还，见汽车不躲，是个地方就撒尿，成天际和巡警们耍骨头，拉到"区"里去住两三天不算什么。是的，这样的车夫也活着，也快乐，至少是比祥子快乐。好吧，老实、规矩、要强，既然都没用，变成这样的无赖也不错。不但是不错，祥子想，而且是有些英雄好汉的气概，天不怕，地不怕，绝对不低着头吃哑巴亏。对了！应当这么办！坏嘎嘎是好人削成的。

反倒有点后悔，这一架没能打成。好在不忙，从今以后，对谁也不再低头。

刘四爷的眼里不揉沙子。把前前后后所闻所见的都搁在一处，他的心中已明白了八九成。这几天了，姑娘特别的听话，哼，因为祥子回来了！看她的眼，老跟着他。老头子把这点事存在心里，就更觉得凄凉难过。想想看吧，本来就没有儿子，不能火火炽炽地凑起个家庭来；姑娘再跟人一走！自己一辈子算是白费了心机！祥子的确不错，但是提到儿婿两当，还差得多呢，一个臭拉车的！自己奔波了一辈子，打过群架，跪过铁索，临完教个乡下脑袋连女儿带产业全搬了走？没那个便宜事！就是有，也甭想由刘四这儿得到！刘四自幼便是放屁崩坑儿的人！

下午三四点钟还来了些拜寿的，老头子已觉得索然无味，客人越称赞他硬朗有造化，他越觉得没什么意思。

到了掌灯以后，客人陆续地散去，只有十几位住得近的和交情深的还没走，凑起麻将来。看着院内的空棚，被水月灯照得发青，和撤去围裙的桌子，老头子觉得空寂无聊，仿佛看到自己死了的时候也不过就是这样，不过是把喜棚改作白棚而已，棺材前没有儿孙们穿孝跪灵，只有些不相干的人们打麻将守夜！他真想把现在未走的客人们赶出去，乘着自己有口活气，应当发发威！可是，到底不好意思拿朋友杀气。怒气便拐了弯儿，越看姑娘越不顺眼。祥子在棚里坐着呢，人模狗样的，脸上的疤被灯光照得像块玉石。老头子怎看这一对儿，怎别扭！

虎姑娘一向野调无腔惯了，今天头上脚下都打扮着，而且得装模作样地应酬客人，既为讨大家的称赞，也为在祥子面前露一手儿。上半天倒觉得这怪有个意思，赶到过午，因有点疲乏，就觉出讨厌，也颇想找谁叫骂一场。到了晚上，她连半点耐性也没有了，眉毛自己较着劲，老直立着。

七点多钟了，刘四爷有点发困，可是不服老，还不肯去睡。大家请他加入打几圈儿牌，他不肯说精神来不及，而说打牌不痛快，押宝或牌九才合他的脾味。大家不愿中途改变，他只好在一旁坐着。为打起点精神，他还要再喝几盅，口口声声说自己没吃饱，而且抱怨厨子赚钱太多了，菜并不丰满。由这一点上说起，他把白天所觉到的满意之处，全盘推翻：棚、家伙座儿[1]、厨子，和其他的一切都不值那么些钱，都捉了他的大头，都冤枉！

管账的冯先生，这时候，已把账杀好：进了二十五条寿幛、三堂寿桃寿面、一坛儿寿酒、两对寿烛，和二十来块钱的礼金。号数不少，可是多数的是给四十铜子或一毛大洋。

听到这个报告，刘四爷更火啦。早知道这样，就应该预备"炒菜面"！三个海碗的席吃着，就出一毛钱的人情？这简直是拿老头子当冤大脑袋！从此再也不办事，不能赔这份窝囊钱！不用说，大家连亲带友，全想白吃他一口！六十九岁的人了，反倒聪明一世，糊涂一时，教一群猴儿王八蛋给吃了！老头子

---

1 家伙座儿，即成套的桌椅食具。

越想越气，连白天所感到的满意也算成了自己的糊涂；心里这么想，嘴里就念叨着，带着许多街面上已不通行的咒骂。

朋友们还没走净，虎妞为顾全大家的面子，想拦拦父亲的撒野。可是，一看大家都注意手中的牌，似乎并没理会老头子叨唠什么，她不便于开口，省得反把事儿弄明了。由他叨唠去吧，都给他个装聋，也就过去了。

哪知道，老头子说着说着绕到她身上来。她决定不吃这一套！他办寿，她跟着忙乱了好几天，反倒没落出好儿来，她不能容让！六十九，七十九也不行，也得讲理！她马上还了回去：

"你自己要花钱办事，碍着我什么啦？"

老头子遇到了反攻，精神猛然一振。"碍着你什么了？简直的就跟你！你当我的眼睛不管闲事哪？"

"你看见什么啦？我受了一天的累，临完拿我杀气呀，先等等！说吧，你看见了什么？"虎姑娘的疲乏也解了，嘴非常的灵便。

"你甭看着我办事，你眼儿热！看见？我早就全看见了，哼！"

"我干吗眼儿热呀？！"她摇晃着头说。"你到底看见了什么？"

"那不是？！"刘四往棚里一指——祥子正弯着腰扫地呢。

"他呀？"虎妞心里哆嗦了一下，没想到老头的眼睛会这么尖。"哼！他怎样？"

"不用揣着明白的，说糊涂的！"老头子立了起来。"要他没我，要我没他，干脆地告诉你得了。我是你爸爸！我应当管！"

虎妞没想到事情破得这么快，自己的计划才使了不到一半，而老头子已经点破了题！怎办呢？她的脸红起来，黑红，加上半残的粉，与青亮的灯光，好像一块煮老了的猪肝，颜色复杂而难看。她有点疲乏，被这一激，又发着肝火，想不出主意，心中很乱。她不能就这么窝回去，心中乱也得马上有办法。顶不妥当的主意也比没主意好，她向来不在任何人面前服软！好吧，爽性来干脆的吧，好坏都凭这一锤子了！

"今儿个都说清了也好，就打算是这么笔账儿吧，你怎样呢？我倒要听听！这可是你自己找病，别说我有心气你！"

打牌的人们似乎听见他们父女吵嘴，可是舍不得分心看别的，为抵抗他们的声音，大家把牌更摔得响了一些，而且嘴里叫唤着红的、碰……

祥子把事儿已听明白，照旧低着头扫地，他心中有了底，说翻了，揍！

"你简直的是气我吗！"老头子的眼已瞪得极圆。"把我气死，你好去倒贴儿？甭打算，我还得活些年呢！"

"甭摆闲盘，你怎办吧？"虎姐心里噗通，嘴里可很硬。

"我怎办？不是说过了，有他没我，有我没他！我不能都便宜了个臭拉车的！"

祥子把笤帚扔了，直起腰来，看准了刘四，问："说谁呢？"

刘四狂笑起来："哈哈，你这小子要造反吗？说你哪，说谁！你给我马上滚！看着你不错，赏你脸，你敢在太岁头上动土，我是干什么的，你也不打听打听！滚！永远别再教我瞧见你，上这儿找便宜来啦，啊？"

老头子的声音过大了，招出几个车夫来看热闹。打牌的人们以为刘四爷又和个车夫吵闹，依旧不肯抬头看看。

祥子没个便利的嘴，想要说的话很多，可是一句也不到舌头上来。他呆呆地立在那里，直着脖子咽唾沫。

"给我滚！快滚！上这儿来找便宜？我往外掏坏的时候还没有你呢，哼！"老头子有点纯为唬吓祥子而唬吓了，他心中恨祥子并不像恨女儿那么厉害，就是生着气还觉得祥子的确是个老实人。

"好了，我走！"祥子没话可说，只好赶紧离开这里，无论如何，斗嘴他是斗不过他们的。

车夫们本来是看热闹，看见刘四爷骂祥子，大家还记着早晨那一场，觉得很痛快。及至听到老头子往外赶祥子，他们又向着他了——祥子受了那么多的累，过河拆桥，老头子翻脸不认人，他们替祥子不平。有的赶过来问："怎么了，祥子？"祥子摇了摇头。

"祥子你等等走！"虎妞心中打了个闪似的，看清楚：自己的计划是没多大用处了，急不如快，得赶紧抓住祥子，别鸡也飞蛋也打了！"咱们俩的事，一条绳拴着俩蚂蚱，谁也跑不了！你等等，等我说明白了！"她转过头来，冲着老头子："干脆说了吧，我已经有了，祥子的！他上哪儿我也上哪儿！你是把我给他呢？还是把我们俩一齐赶出去？听你一句话！"

虎妞没想到事情来得这么快，把最后的一招这么早就拿出来。刘四爷更没想到事情会弄到了这步天地。但是，事已至此，他不能服软，特别是在大家面前。"你真有脸往外说，我这个老脸都替你发烧！"他打了自己个嘴巴。"呸！好不要脸！"

打牌的人们把手停住了，觉出点不大是味来，可是糊里糊涂，不知是怎回事，搭不上嘴。有的立起来，有的呆呆地看着自己的牌。

话都说出来，虎妞反倒痛快了："我不要脸？别教我往外说你的事儿，你什么屎没拉过？我这才是头一回，还都是你的错儿：男大当娶，女大当聘，你六十九了，白活！这不是当着大众，"她向四下里一指，"咱们弄清楚了顶好，心明眼亮！就着这个喜棚，你再办一通儿事得了！"

"我？"刘四爷的脸由红而白，把当年的光棍劲儿全拿了出来："我放把火把棚烧了，也不能给你用！"

"好!"虎妞的嘴唇哆嗦上了,声音非常的难听:"我卷起铺盖一走,你给我多少钱?"

"钱是我的,我爱给谁才给!"老头子听女儿说要走,心中有些难过,但是为斗这口气,他狠了心。

"你的钱?我帮你这些年了,没我,你想想,你的钱要不都填给野娘们才怪,咱们凭良心吧!"她的眼又找到祥子,"你说吧!"

祥子直挺挺地立在那里,没有一句话可说。

十五

讲动武,祥子不能打个老人,也不能打个姑娘。他的力量没地方用。耍无赖,只能想想,耍不出。论虎妞这个人,他满可以踩脚一跑。为目前这一场,她既然和父亲闹翻,而且愿意跟他走,骨子里的事没人晓得,表面上她是为祥子而牺牲。当着大家面前,他没法不拿出点英雄气儿来。他没话可说,只能立在那里,等个水落石出,至少他得做到这个,才能像个男子汉。

刘家父女只剩了彼此瞪着,已无话可讲;祥子是闭口无言。车夫们,不管向着谁吧,似乎很难插嘴。打牌的人们不能不说话了,静默得已经很难堪。不过,大家只能浮面皮地敷衍几句,劝双方不必太挂火,慢慢地说,事情没有过不去的。他们只能说这些,不能解决什么,也不想解决什么。见两方面都不肯让步,那么,清官难断家务事,有机会便溜了吧。

没等大家都溜净,虎姑娘抓住了天顺煤厂的冯先生:"冯先生,你们铺子里不是有地方吗?先让祥子住两天。我们的事说办就快,不能长占住你们的地方。祥子你跟冯先生去,明天见,商量商量咱们的事。告诉你,我出回门子,还是非坐花轿不出这个门!冯先生,我可把他交给你了,明天跟你要人!"

冯先生直吸气,不愿负这个责任。祥子急于离开这里,说了句:"我跑不了!"

虎姑娘瞪了老头子一眼,回到自己屋中,谵娽[1]着嗓子哭起来,把屋门从里面锁上。

冯先生们把刘四爷也劝进去,老头子把外场劲儿又拿出来,请大家别走,还得喝几盅:"诸位放心,从此她是她,我是我,再也不吵嘴。走她的,只当我没有过这么个丫头。我外场一辈子,脸教她给丢净!倒退二十年,我把他们俩全活劈了!现在,随她去!打算跟我要一个小铜钱,万难!一个子儿不给!不给!看她怎么活着!教她尝尝,她就晓得了,到底是爸爸好,还是野汉子好!别走,再喝一盅!"

大家敷衍了几句,都急于躲避是非。

祥子上了天顺煤厂。

事情果然办得很快。虎妞在毛家湾一个大杂院里租到两间小北房,马上找了裱糊匠糊得四白落地,求冯先生给写了几个喜字,贴在屋中。屋子糊好,她去讲轿子:一乘满天星的轿子,十六个响器,不要金灯,不要执事。一切讲好,她自己赶了身红绸子的上轿衣,在年前赶得,省得不过破五就动针。喜日定的是大年初六,既是好日子,又不用忌门。她自己把这一切都办好,告诉祥子去从头至脚都得买新的:"一辈子就这么一回!"

祥子手中只有五块钱!

虎妞又瞪了眼:"怎么?我交给你那三十多块呢?"

祥子没法不说实话了,把曹宅的事都告诉了她。她眨巴着

---

1 谵娽,念 zhā·la(原文注,也有说念 zhā·lù),尖声。

眼似信似疑地："好吧，我没工夫跟你吵嘴，咱们各凭良心吧！给你这十五块吧！你要是到日子不打扮得像个新人，你可提防着！"

初六，虎妞坐上了花轿。没和父亲过一句话，没有弟兄的护送，没有亲友的祝贺，只有那些锣鼓在新年后的街上响得很热闹，花轿稳稳地走过西安门、西四牌楼，也惹起穿着新衣的人们——特别是铺户中的伙计——一些羡慕，一些感触。

祥子穿着由天桥买来的新衣，红着脸，戴着三角钱一顶的缎小帽。他仿佛忘了自己，而傻傻乎乎地看着一切，听着一切，连自己好似也不认识了。他由一个煤铺迁入裱糊得雪白的新房，不知道是怎回事：以前的事正如煤厂里，一堆堆都是黑的；现在茫然地进到新房，白得闪眼，贴着几个血红的喜字。他觉到一种嘲弄，一种白的、渺茫的，闷气。屋里，摆着虎妞原有的桌椅与床，火炉与菜案却是新的，屋角里插着把五色鸡毛的掸子。他认识那些桌椅，可是对火炉、菜案，与鸡毛掸子，又觉得生疏。新旧的器物合在一处，使他想起过去，又担心将来。一切任人摆布，他自己既像个旧的，又像是个新的，一个什么摆设，什么奇怪的东西，他不认识了自己。他想不起哭，他想不起笑，他的大手大脚在这小而暖的屋中活动着，像小木笼里一只大兔子，眼睛红红地看着外边，看着里边，空有能飞跑的腿，跑不出去！虎妞穿着红袄，脸上抹着白粉与胭脂，眼睛溜着他。他不敢正眼看她。她也是既旧又新的一个什么奇怪的东西，是姑娘，也是娘们；像女的，又像男的；像人，又像什么凶恶的走兽！这个走兽，穿着红袄，已经捉到他，还预备着细细地收拾他。谁都能收拾他，这个走兽特别的厉害，要一刻不离地守着他，向他瞪眼，向他发笑，而且能紧紧地抱住他，把他所有的力量吸尽。他没法脱逃。他摘了那顶缎小帽，呆呆地看着帽上的红结子，直到看得眼花——一转脸，墙上全是一颗颗的红点，飞旋着，跳动着，中间有一块更大的、红的、脸上发着丑笑的虎妞！

婚夕，祥子才明白：虎妞并没有怀了孕。像变戏法的，她解释给他听："要不这么冤你一下，你怎会死心塌地地点头呢！我在裤腰上塞了个枕头！哈哈，哈哈！"她笑得流出泪来："你个傻东西！甭提了，反正我对得起你！你是怎个人，我是怎个人？我愣和爸爸吵了，跟着你来，你还不谢天谢地？"

第二天，祥子很早就出去了。多数的铺户已经开了市，可是还有些家关着门。门上的春联依然红艳，黄的挂钱却有被风吹碎了的。街上很冷静，洋车可不少，车夫们也好似比往日精神了一些，差不离的都穿着双新鞋，车背后还有贴着块红纸儿的。祥子很羡慕这些车夫，觉得他们倒有点过年的样子，而自己是在个葫芦里憋闷了这好几天。他们都安分守己地混着，而他没有一点营生，在大街上闲晃。他不安于游手好闲，可是打算想明天的事，就得去和虎妞——他的老婆商议，他是在老婆——这么个老婆！——手里讨饭吃。空长了那么高的身量，空有那么大的力气，没用。他第一得先伺候老婆，那个红袄虎牙的东西，吸人精血的东西。他已不是人，而只是一块肉。他没了自己，只在她的牙中挣扎着，像被猫叼住的一个小鼠。他不想跟她去商议，他得走，想好了主意，给她个不辞而别。这没有什么对不起人的地方，她是会拿枕头和他变戏法的女怪！他窝心，他不但想把那身新衣扯碎，也想把自己从内到外放在清水里洗一回，他觉得浑身都粘着些不洁净的、使人恶心的什么东西，教他从心里厌烦。他愿永远不再见她的面！

上哪里去呢？他没有目的地。平日拉车，他的腿随着别人的嘴走，今天，他的腿自由了，心中茫然。顺着西四牌楼一直往南，他出了宣武门：道是那么直，他的心更不会拐弯。出了城门，还往南，他看见个澡堂子。他决定去洗个澡。

脱得光光的，看着自己的肢体，他觉得非常的羞愧。下到池子里去，热水把全身烫得有些发木，他闭上了眼，身上麻麻酥酥的仿佛往外放射着一些积存的污浊。他几乎不敢去摸自己，心中空空的，头上流下大汗珠来。一直到呼吸已有些急促，他才懒懒地爬上来，浑身通红，像个初生下来的婴儿。他似乎不敢就那么走出来，围上条大毛巾，他还觉得自己丑陋。虽然汗珠劈嗒啪嗒地往下落，他还觉得自己不干净——心中那点污秽仿佛永远也洗不掉：在刘四爷眼中，在一切知道他的人眼中，他永远是个偷娘儿们的人！

汗还没完全落下去，他急忙地穿上衣服，跑了出来。他怕大家看他的赤身！出了澡堂，被凉风一飕，他觉出身上的轻松。街上也比刚才热闹得多了。响晴的天空，给人人脸上一些光华。祥子的心还是揪揪着，不知上哪里去好。往南，往东，再往南，他奔了天桥去。新年后，九点多钟，铺户的徒弟们就已吃完早饭，来到此地。各色的货摊，各样卖艺的场子，都很早地摆好占好。祥子来到，此处已经围上一圈圈的人，里边打着锣鼓。他没心去看任何玩艺，他已经不会笑。

平日，这里的说相声的、耍狗熊的、变戏法的、数来宝的、唱秧歌的、说鼓书的、练把式的，都能供给他一些真的快乐，使他张开大嘴去笑。他舍不得北平，天桥得算一半儿原因。每逢望到天桥的席棚，与那一圈一圈儿的人，他便想起许多可笑可爱的事。现在他懒得往前挤，天桥的笑声里已经没了他的份儿。他躲开人群，向清静的地方走，又觉得舍不得！不，他不能离开这个热闹可爱的地方，不能离开天桥，不能离开北平。走？无路可走！他还是得回去跟她——跟她！——去商议。他不能走，也不能闲着，他得退一步想，正如一切人到了无可奈何的时候都得退一步想。什么委屈都受过了，何必单在这一点上较真儿呢？他没法矫正过去的一切，那么只好顺着路儿往下走吧。

他站定了，听着那杂乱的人声，锣鼓响；看着那来来往往的人，车马，忽然想起那两间小屋。耳中的声音似乎没有了，眼前的人物似乎不见了，只有那两间白、暖、贴着红喜字的小屋，方方正正地立在面前。虽然只住过一夜，但是非常的熟习亲密，就是那个穿红袄的娘儿们仿佛也并不是随便就可以舍弃的。立在天桥，他什么也没有，什么也不是；在那两间小屋里，他有了一切。回去，只有回去才能有办法。明天的一切都在那小屋里。羞愧、怕事、难过，都没用；打算活着，得找有办法的地方去。

他一气走回来，进了屋门，大概也就刚交十一点钟。虎妞已把午饭做好：馏的馒头，熬白菜加肉丸子，一碟虎皮冻，一碟酱萝卜。别的都已摆好，只有白菜还在火上煨着，发出些极美的香味。她已把红袄脱去，又穿上平日的棉裤棉袄，头上可是戴着一小朵绒做的红花，花上还有个小金纸的元宝。祥子看了她一眼，她不像个新妇。她的一举一动都像个多年的媳妇，麻利、老到，还带着点自得的劲儿。虽然不像个新妇，可是到底使他觉出一点新的什么来。她做饭，收拾屋子，屋子里那点香味、暖气，都是他所未曾经验过的。不管她怎样，他觉得自己是有了家。一个家总有它的可爱处。他不知怎样好了。

"上哪儿啦？你！"她一边去盛白菜，一边问。

"洗澡去了。"他把长袍脱下来。

"啊！以后出去，言语一声！别这么大咧咧地甩手一走！"

他没言语。

234

"会哼一声不会？不会，我教给你！"

他哼了一声，没法子！他知道娶来一位母夜叉，可是这个夜叉会做饭，会收拾屋子，会骂他也会帮助他，教他怎样也不是味儿！他吃开了馒头。饭食的确是比平日的可口、热火；可是吃着不香，嘴里嚼着，心里觉不出平日狼吞虎咽的那种痛快，他吃不出汗来。

吃完饭，他躺在了炕上，头枕着手心，眼看着棚顶。

"嗨！帮着刷家伙！我不是谁的使唤丫头！"她在外间屋里叫。

很懒的他立起来，看了她一眼，走过去帮忙。他平日非常的勤紧，现在他憋着口气来做事。在车厂子的时候，他常帮她的忙，现在越看她越讨厌，他永远没恨人像恨她这么厉害，他说不上是为了什么。有气，可是不肯发作，全圈在心里；既不能和她一刀两断，吵架是没意思的。在小屋里转转着，他感到整个的生命是一部委屈。

收拾完东西，她四下里扫了一眼，叹了口气。紧跟着笑了笑。"怎样？"

"什么？"祥子蹲在炉旁，烤着手；手并不冷，因为没地方安放，只好烤一烤。这两间小屋的确像个家，可是他不知道往哪里放手放脚好。

"带我出去玩玩？上白云观？不，晚点了，街上遛遛去？"她要充分地享受新婚的快乐。虽然结婚不成个样子，可是这么无拘无束的也倒好，正好和丈夫多在一块儿，痛痛快快地玩几天。在娘家，她不缺吃，不缺穿，不缺零钱，只是没有个知心的男子。现在，她要捞回来这点缺欠，要大摇大摆地在街上，在庙会上，同着祥子去玩。

祥子不肯去。第一他觉得满世界带着老婆逛是件可羞的事，第二他以为这么来的一个老婆，只可以藏在家中，这不是什么体面的事，越少在大家眼前显排越好。还有，一出去，哪能不遇上熟人，西半城的洋车夫们谁不晓得虎妞和祥子，他不能去招大家在他背后嘀嘀咕咕。

"商量商量好不好？"他还是蹲在那里。

"有什么可商量的？"她凑过来，立在炉子旁边。

他把手拿下去，放在膝上，呆呆地看着火苗。愣了好久，他说出一句来："我不能这么闲着！"

"受苦的命！"她笑了一声。"一天不拉车，身上就痒痒，是不是？你看老头子，人家玩了一辈子，到老了还开上车厂子。他也不拉车，也不卖力气，凭心路吃饭。你也得学着点，拉一辈子车又算老几？咱们先玩几天再说，事情也不单忙在这几天上，奔什么命？这两天我不打算跟你拌嘴，你可也别成心气我！"

"先商量商量！"祥子决定不让步。既不能跺脚一走，就得想办法做事，先必得站一头儿，不能打秋千似的来回晃悠。

"好吧，你说说！"她搬过个凳子来，坐在火炉旁。

"你有多少钱？"他问。

"是不是？我就知道你要问这个嘛！你不是娶媳妇呢，是娶那点钱，对不对？"

祥子像被一口风噎住，往下连咽了好几口气。刘老头子，和人和厂的车夫，都以为他是贪财，才勾搭上虎妞，现在，她自己这么说出来了！自己的车，自己的钱，无缘无故地丢掉，而今被压在老婆的几块钱底下，吃饭都得顺脊梁骨下去！他恨不能双手掐住她的脖子，掐！掐！掐！一直到她翻了白眼！把一切都掐死，而后自己抹了脖子。他们不是人，得死；他自己不是人，也死，大家不用想活着！

祥子立起来，想再出去走走，刚才就不应当回来。

看祥子的神色不对，她又软和了点儿："好吧，我告诉你。

我手里一共有五百来块钱。连轿子，租房——三份儿[1]，糊棚，做衣裳，买东西，带给你，归了包堆[2]花了小一百，还剩四百来块。我告诉你，你不必着急。咱们给它个得乐且乐。你呢，成年际拉车出臭汗，也该漂漂亮亮地玩几天；我呢，当了这么些年老姑娘，也该痛快几天。等到快把钱花完，咱们还是求老头子去。我呢，那天要是不跟他闹翻了，绝走不出来。现在我气都消了，爸爸到底是爸爸。他呢，只有我这么个女儿，你又是他喜爱的人，咱们服个软，给他赔个'不是'，大概也没有过不去的事。这多么现成！他有钱，咱们正当正派地承受过来，一点没有不合理的地方，强似你去给人家当牲口！过两天，你就先去一趟，他也许不见你。一次不见，再去第二次，面子都给他，他也就不能不回心转意了。然后我再去，好歹的给他几句好听的，说不定咱们就能都搬回去。咱们一搬回去，管保挺起胸脯，谁也不敢斜眼看咱们；咱们要是老在这儿忍着，就老是一对黑人儿，你说是不是？"

祥子没有想到过这个。自从虎妞到曹宅找他，他就以为娶过她来，用她的钱买上车，自己去拉。虽然用老婆的钱不大体面，但是他与她的关系既是种有口说不出的关系，也就无可奈何了。他没想到虎妞还有这么一招。把长脸往下一拉呢，自然这的确是个主意，可是祥子不是那样的人。前前后后地一想，他似乎明白了点：自己有钱，可以教别人白白地抢去，有冤无处去诉。赶到别人给你钱呢，你就非接受不可。接受之后，你就完全不能再拿自己当个人，你空有心胸，空有力量，得去当人家的奴隶：做自己老婆的玩物，做老丈人的奴仆。一个人仿

1　三份儿，租房第一月付三个月的房租。
2　归了包堆，即总共一起。

佛根本什么也不是，只是一只鸟，自己去打食，便会落到网里。吃人家的粮米，便得老老实实地在笼儿里，给人家啼唱，而随时可以被人卖掉！

他不肯去找刘四爷。跟虎妞，是肉在肉里的关系；跟刘四，没有什么关系。已经吃了她的亏，不能再去央告她的爸爸！"我不愿意闲着！"他只说了这么一句，为是省得费话与吵嘴。

"受累的命吗！"她敲着撩着地说。"不爱闲着，做个买卖去。"

"我不会！赚不着钱！我会拉车，我爱拉车！"祥子头上的筋都跳起来。

"告诉你吧，就是不许你拉车！我就不许你浑身臭汗，臭烘烘地上我的炕！你有你的主意，我有我的主意，看吧，看谁别扭得过谁！你娶老婆，可是我花的钱，你没往外掏一个小钱。想想吧，咱俩是谁该听谁的？"

祥子又没了话。

十六

闲到元宵节，祥子没法再忍下去了。

虎妞很高兴。她张罗着煮元宵、包饺子，白天逛庙，晚上逛灯。她不许祥子有任何主张，可是老不缺着他的嘴，变法儿给他买些做些新鲜的东西吃。大杂院里有七八户人家，多数的都住着一间房，一间房里有的住着老少七八户。这些人有的拉车，有的做小买卖，有的当巡警，有的当仆人。各人有各人的事，谁也没个空闲，连小孩子们也都提着小筐，早晨去打粥，下午去拾煤核。只有那顶小的孩子才把屁股冻得通红地在院里玩耍或打架。炉灰尘土脏水就都倒在院中，没人顾得去打扫，院子当中间儿冻满了冰，大孩子拾煤核回来拿这当作冰场，嚷闹着打冰出溜玩。顶苦的是那些老人与妇女。老人们无衣无食，躺在冰凉的炕上，干等着年轻的挣来一点钱，好喝碗粥，年轻卖力气的也许挣得来钱，也许空手回来，回来还要发脾气，找着缝儿吵嘴。老人们空着肚子得拿眼泪当作水，咽到肚中去。那些妇人们，既得顾着老的，又得顾着小的，还得敷衍年轻挣钱的男人。她们怀着孕也得照常操作，只吃着窝窝头与白薯粥；不，不但要照常工作，还得去打粥，兜揽些活计——幸而老少都吃饱了躺下，她们得抱着个小煤油灯给人家洗、做、缝缝补补。屋子是那么小，墙是那么破，冷风从这面的墙缝钻进来，一直地从那面出去，把所有的一点暖气都带了走。她们的身上只挂着些破布，肚子盛着一碗或半碗粥，或者还有个六七个月的胎。她们得工作，得先尽着老的少的吃饱。她们浑身都是病，不到三十岁已脱了头发，可是一时一刻不能闲着，从病中走到死亡，死了，棺材得去向"善人"们募化。那些姑娘们，十六七岁了，没有裤子，只能围着块什么破东西在屋中——天然的监狱——帮着母亲做事、赶活。要到茅房去，她们得看准了院中无人才敢贼也似的往外跑，一冬天，她们没有见过太阳与青天。那长得丑的，将来承袭她们妈妈的一切；那长得有个模样的，连自己也知道，早晚是被父母卖出，"享福去"！

就是在个这样的杂院里，虎妞觉得很得意。她是唯一的有吃有穿，不用着急，而且可以走走逛逛的人。她高扬着脸，出来进去，既觉出自己的优越，并且怕别人沾惹她，她不理那群苦人。来到这里做小买卖的，几乎都是卖那顶贱的东西，什么刮骨肉、冻白菜、生豆汁、驴马肉，都来这里找照顾主。自从虎妞搬来，什么卖羊头肉的、熏鱼的、硬面饽饽的、卤煮炸豆腐的，也在门前吆喊两声。她端着碗，扬着脸，往屋里端这些零食，小孩子们都把铁条似的手指伸在口里看着她，仿佛她是个什么公主似的。她是来享受，她不能，不肯，也不愿，看别人的苦处。

祥子第一看不上她的举动，他是穷小子出身，晓得什么叫困苦。他不愿吃那些零七八碎的东西，可惜那些钱。第二，更使他难堪的，是他琢磨出点意思来：她不许他去拉车，而每天好菜好饭地养着他，正好像养肥了牛好往外挤牛奶！他完全变成了她的玩艺儿。他看见过：街上的一条瘦老的母狗，当跑腿的时候，也选个肥壮的男狗。想起这个，他不但是厌恶这种生活，而且为自己担心。他晓得一个卖力气的汉子应当怎样保护身体，身体是一切。假若这么活下去，他会有一天成为一个干骨头架子，还是这么大，而膛儿里全是空的。他哆嗦起来。打算要命，他得马上去拉车，出去跑，跑一天，回来倒头就睡，人事不知。不吃她的好东西，也就不伺候着她玩。他决定这么办，不能再让步。她愿出钱买车呢，好；她不愿意，他会去赁车拉。一声没出，他想好就去赁车了。

十七那天，他开始去拉车，赁的是"整天儿"。拉过两个较长的买卖，他觉出点以前未曾有过的毛病，腿肚子发紧，胯骨轴儿发酸。他晓得自己的病源在哪里，可是为安慰自己，他以为这大概也许因为二十多天没拉车，把腿擢生了，跑过几趟来，把腿遛开，或者也就没事了。

又拉上个买卖，这回是帮儿车，四辆一同走。抄起车把来，大家都让一个四十多岁的高个子在前头走。高个子笑了笑，依了实，他知道那三辆车都比他自己"棒"。他可是卖了力气，虽然明知跑不过后面的三个小伙子，可是不肯倚老卖老。跑出一里多地，后面夸了他句："怎么着，要劲儿吗？还真不离！"他喘着答了句："跟你们哥儿们走车，慢了还行？！"他的确跑得不慢，连祥子也得掏七八成劲儿才跟得上他。他的跑法可不好看：高个子，他塌不下腰去，腰和背似乎是块整的木板，所以他的全身得整个地往前扑着；身子向前，手就显着靠后，不像跑，而像是拉着点东西往前钻。腰死板，他的胯骨便非活动不可；脚几乎是拉拉在地上，加紧地往前扭。扭得真不慢，可是看着就知道他极费力。到拐弯抹角的地方，他整着身子硬拐，大家都替他攥着把汗，他老像是只管身子往前钻，而不管车过得去过不去。

拉到了，他的汗噼嗒啪嗒地从鼻尖上、耳朵唇上，一劲儿往下滴答。放下车，他赶紧直了直腰，咧了咧嘴。接钱的时候，手都哆嗦得要拿不住东西似的。

在一块儿走过一趟车便算朋友，他们四个人把车放在了一处。祥子们擦擦汗，就照旧说笑了。那个高个子独自遛了半天，干嗽了一大阵，吐出许多白沫子来，才似乎缓过点儿来，开始跟他们说话儿：

"完了！还有那个心哪，腰、腿，全不给劲喽！无论怎么提腰，腿抬不起来，干着急！"

"刚才那两步就不离，你当是慢哪！"一个二十多岁矮身量的小伙子接过来："不屈心，我们三个都够棒的，谁没出汗？"

高个子有点得意，可又惭愧似的，叹了口气。

"就说你这个跑法，差不离的还真得教你给撅¹了，你信不信？"另一个小伙子说："岁数了，不是说着玩的。"

高个子微笑着，摇了摇头："也还不都在乎岁数，哥儿们！我告诉你一句真的，干咱们这行儿的，别成家，真的！"看大家都把耳朵递过来，他放小了点声儿："一成家，黑天白日全不闲着，玩完！瞧瞧我的腰，整的，没有一点活软气！还是别跑紧

---

1 撅，比输了，挫败了。

了，一咬牙就咳嗽，心口窝辣蒿蒿[1]的！甭说了，干咱们这行儿的就得打一辈子光棍儿！连小家雀儿都一对一对儿的，不许咱们成家！还有一说，成家以后，一年一个孩子，我现在有五个了！全张着嘴等着吃！车份大，粮食贵，买卖苦，有什么法儿呢！不如打一辈子光棍，犯了劲上白房子，长上杨梅大疮，认命！一个人，死了就死了！这玩艺一成家，连大带小，好几口儿，死了也不能闭眼！你说是不是？”他问祥子。

祥子点了点头，没说出话来。

这阵儿，来了个座儿，那个矮子先讲的价钱，可是他让了，叫着高个子：“老大哥，你拉去吧！这玩艺家里还有五个孩子呢！”

高个子笑了：“得，我再奔一趟！按说可没有这么办的！得了，回头好多带回几个饼子去！回头见了，哥儿们！”

看着高个子走远了，矮子自言自语地说：“混一辈子，连个媳妇都摸不着！人家宅门里，一人搂着四五个娘儿们！”

“先甭提人家，”另个小伙子把话接过去。“你瞧干这个营生的，还真得留神，高个子没说错。你就这么说吧，成家为干吗？能摆着当玩艺儿看？不能！好，这就是搂子[2]！成天啃窝窝头，两气夹攻，多么棒的小伙子也得趴下！”

听到这儿，祥子把车拉了起来，搭讪着说了句：“往南放放，这儿没买卖。”

“回见！”那两个年轻的一齐说。

祥子仿佛没有听见。一边走一边踢腿，胯骨轴的确还有点发酸！本想收车不拉了，可是简直没有回家的勇气。家里的不是个老婆，而是个吸人血的妖精！

1　辣蒿蒿，即辣味儿较浓。
2　搂子，即乱子，毛病。

天已慢慢长起来，他又转晃了两三趟，才刚到五点来钟。他交了车，在茶馆里又耗了会儿。喝了两壶茶，他觉出饿来，决定在外面吃饱再回家。吃了十二两肉饼，一碗红豆小米粥，一边打着响嗝一边慢慢往家走。准知道家里有个雷等着他呢，可是他很镇定，他下了决心：不跟她吵，不跟她闹，倒头就睡，明天照旧出来拉车，她爱怎样怎样！

一进屋门，虎妞在外间屋里坐着呢，看了他一眼，脸沉得要滴下水来。祥子打算和和稀泥，把长脸一拉，招呼她一声。可是他不惯做这种事，他低着头走进里屋去。她一声没响，小屋里静得像个深山古洞似的。院中街坊的咳嗽、说话、小孩子哭，都听得极真，又像是极远，正似在山上听到远处的声音。

两人谁也不肯先说话，闭着嘴先后躺下了，像一对永不出声的大龟似的。睡醒一觉，虎妞说了话，语音带出半恼半笑的意思："你干什么去了？整走了一天！"

"拉车去了！"他似睡似醒地说，嗓子里仿佛堵着点什么。

"呕！不出臭汗去，心里痒痒，你个贱骨头！我给你炒下的菜，你不回来吃，绕世界胡塞去舒服？你别把我招翻了，我爸爸是光棍出身，我什么事都做得出来！明天你敢再出去，我就上吊给你看看，我说得出来，就行得出来！"

"我不能闲着！"

"你不会找老头子去？"

"不去！"

"真豪横！"

祥子真挂了火，他不能还不说出心中的话，不能再忍："拉车，买上自己的车，谁拦着我，我就走，永不回来了！"

"嗯——"她鼻中旋转着这个声儿，很长而曲折。在这个声音里，她表示出自傲与轻视祥子的意思来，可是心中也在那儿绕了个弯儿。她知道祥子是个——虽然很老实——硬汉。硬汉的话是向不说着玩的。好容易捉到他，不能随便地放手。他是理想的人：老实、勤俭、壮实，以她的模样年纪说，实在不易再得个这样的宝贝。能刚能柔才是本事，她得潎波[1]他一把儿："我也知道你是要强啊，可是你也得知道我是真疼你。你要是不肯找老头子去呢，这么办：我去找。反正我是他的女儿，丢个脸也没什么的。"

"老头要咱们，我也还得去拉车！"祥子愿把话说到了家。

虎妞半天没言语。她没想到祥子会这么聪明。他的话虽然是这么简单，可是显然地说出来他不再上她的套儿，他并不是个蠢驴。因此，她才越觉得有点意思，她颇得用点心思才能拢得住这个急了也会尥蹶子[2]的大人，或是大东西。她不能太逼紧了，找这么个大东西不是件很容易的事。她得松一把，紧一把，教他老逃不出她的手心儿去。"好吧，你爱拉车，我也无法。你得起誓，不能去拉包车，天天得回来。你瞧，我要是一天看不见你，我心里就发慌！答应我，你天天晚上准早早地回来！"

祥子想起白天高个子的话！睁着眼看着黑暗，看见了一群拉车的、做小买卖的、卖苦力气的，腰背塌不下去，拉拉着腿。他将来也是那个样。可是他不便于再别扭她，只要能拉车去，他已经算得到一次胜利。"我老拉散座！"他答应下来。

虽然她那么说，她可是并不很热心找刘四爷去。父女们在平日自然也常拌嘴，但是现在的情形不同了，不能那么三说两说就一天云雾散，因为她已经不算刘家的人。出了嫁的女人跟娘家父母总多少疏远一些。她不敢直入公堂地回去。万一老头

1　潎波，念 mā·sa，用手轻微地捋，这里指怀柔笼络。
2　尥蹶子，不老实的骡马乱踢后腿的动作。

子真翻脸不认人呢，她自管会闹，他要是死不放手财产，她一点法儿也没有。就是有人在一旁调解着，到了无可奈何的时候，也只能劝她回来，她有了自己的家。

祥子照常去拉车，她独自在屋中走来走去，几次三番地要穿好衣服找爸爸去，心想到而手懒得动。她为了难。为自己的舒服快乐，非回去不可；为自己的体面，以不去为是。假若老头子消了气呢，她只要把祥子拉到人和厂去，自然会教他有事做，不必再拉车，而且稳稳当当地能把爸爸的事业拿过来。她心中一亮。假若老头子硬到底呢？她丢了脸，不，不但丢了脸，而且就得认头做个车夫的老婆了。她，哼！和杂院里那群妇女没有任何分别了。她心中忽然漆黑。她几乎后悔嫁了祥子，不管他多么要强，爸爸不点头，他一辈子是个拉车的。想到这里，她甚至想独自回娘家，跟祥子一刀两断，不能为他而失去自己的一切。继而一想，跟着祥子的快活，又不是言语所能形容的。她坐在炕头上，呆呆地，渺茫地，追想婚后的快乐，全身像一朵大的红花似的，香暖地在阳光下开开。不，舍不得祥子。任凭他去拉车，他去要饭，也得永远跟着他。看，看院里那些妇女，她们要是能受，她也就能受。散了，她不想到刘家去了。

祥子，自从离开人和厂，不肯再走西安门大街。这两天拉车，他总是出门就奔东城，省得西城到处是人和厂的车，遇见怪不好意思的。这一天，可是，收车以后，他故意地由厂子门口过，不为别的，只想看一眼。虎妞的话还在他心中，仿佛他要试验试验有没有勇气回到厂中来，假若虎妞能跟老头子说好了的话，在回到厂子以前，先试试敢走这条街不敢。把帽子往下拉了拉，他老远地就溜着厂子那边，唯恐被熟人看见。远远地看见了车门的灯光，他心中不知怎的觉得非常的难过。想起自己初到这里来的光景，想起虎妞的诱惑，想起寿日晚间那一场。这些，都非常的清楚，像一些图画浮在眼前。在这些图画之间，还另外有一些，清楚而简短地夹在这几张中间：西山、骆驼、曹宅、侦探……都分明地、可怕地，连成一片。这些图画是那么清楚，他心中反倒觉得有些茫然，几乎像真是看着几张画儿，而忘了自己也在里边。及至想到自己与它们的关系，他的心乱起来，它们忽然上下左右地旋转，零乱而迷糊，他无从想起到底为什么自己应当受这些折磨委屈。这些场面所占的时间似乎是很长，又似乎是很短，他闹不清自己是该多大岁数了。他只觉得自己，比起初到人和厂的时候来，老了许多许多。那时候，他满心都是希望；现在，一肚子都是忧虑。不明白是为什么，可是这些图画绝不会欺骗他。

　　眼前就是人和厂了，他在街的那边立住，呆呆地看着那盏极明亮的电灯。看着看着，猛然心里一动。那灯下的四个金字——人和车厂——变了样儿！他不识字，他可是记得头一个字是什么样子：像两根棍儿连在一处，既不是个叉子，又没做成个三角，那么个简单而奇怪的字。由声音找字，那大概就是"人"。这个"人"改了样儿，变成了"仁"——比"人"更奇怪的一个字。他想不出什么道理来。再看东西间——他永远不能忘了的两间屋子——都没有灯亮。

　　立得他自己都不耐烦了，他才低着头往家走。一边走着一边寻思，莫非人和厂倒出去了？他得慢慢地去打听，先不便对老婆说什么。回到家中，虎妞正在屋里嗑瓜子儿解闷呢。

　　"又这么晚！"她的脸上没有一点好气儿。"告诉你吧，这么着下去我受不了！你一出去就是一天，我连窝儿不敢动，一院子穷鬼，怕丢了东西。一天到晚连句话都没地方说去，不行，我不是木头人。你想主意得了，这么着不行！"

　　祥子一声没出。

"你说话呀！成心逗人家的火是怎么着？你有嘴没有？有嘴没有？"她的话越说越快，越脆，像一挂小炮似的连连地响。

祥子还是没有话说。

"这么着得了，"她真急了，可是又有点无可奈何他的样子，脸上既非哭，又非笑，那么十分焦躁而无法尽量地发作，"咱们买两辆车赁出去，你在家里吃车份儿行不行？行不行？"

"两辆车一天进上三毛钱，不够吃的！赁出一辆，我自己拉一辆，凑合了！"祥子说得很慢，可是很自然。听说买车，他把什么都忘了。

"那还不是一样？你还是不着家儿！"

"这么着也行，"祥子的主意似乎都跟着车的问题而来，"把一辆赁出去，进个整天的份儿。那一辆，我自己拉半天，再赁出半天去。我要是拉白天，一早儿出去，三点钟就回来；要拉晚儿呢，三点才出去，夜里回来。挺好！"

她点了点头。"等我想想吧，要是没有再好的主意，就这么办啦。"

祥子心中很高兴。假若这个主意能实现，他算是又拉上了自己的车。虽然是老婆给买的，可是慢慢地攒钱，自己还能再买车。直到这个时候，他才觉出来虎妞也有点好处，他居然向她笑了笑，一个天真的、发自内心的笑，仿佛把以前的困苦全一笔勾销，而笑着换了个新的世界，像换一件衣服那么容易、痛快！

十七

祥子慢慢地把人和厂的事打听明白：刘四爷把一部分车卖出去，剩下的全倒给了西城有名的一家车主。祥子能猜想得出，老头子的岁数到了，没有女儿帮他的忙，他弄不转这个营业，所以干脆把它收了，自己拿着钱去享福。他到哪里去了呢？祥子可是没有打听出来。

对这个消息，他说不上是应当喜欢，还是不喜欢。由自己的志向与豪横说，刘四爷既决心弃舍了女儿，虎妞的计划算是全盘落了空。他可以老老实实地去拉车挣饭吃，不依赖着任何人。由刘四爷那点财产说呢，又实在有点可惜，谁知道刘老头子怎么把钱攘出去呢，他和虎妞连一个铜子也没沾润着。

可是，事已至此，他倒没十分为它思索，更说不到动心。他是这么想，反正自己的力气是自己的，自己肯卖力挣钱，吃饭是不成问题的。他一点没带着感情，简单地告诉了虎妞。

她可动了心。听到这个，她马上看清楚了自己的将来——完了！什么全完了！自己只好做一辈子车夫的老婆了！她永远逃不出这个大杂院去！她想到爸爸会再娶上一个老婆，而绝没想到会这么抖手一走。假若老头子真娶上个小老婆，虎妞会去争财产，说不定还许联络好了继母，而自己得点好处……主意有的是，只要老头子老开着车厂子。绝没想到老头子会这么坚决，这么毒辣，把财产都变成现钱，偷偷地藏起去！原先跟他闹翻，她以为不过是一种手段，必会不久便言归于好，她晓得人和厂非有她不行，谁能想到老头子会撒手了车厂子呢？！

春已有了消息，树枝上的鳞苞已显着红肥。但在这个大杂院里，春并不先到枝头上，这里没有一棵花木。在这里，春风先把院中那块冰吹得起了些小麻子坑儿，从秽土中吹出一些腥臊的气味，把鸡毛蒜皮与碎纸吹到墙角，打着小小的旋风。杂院里的人们，四时都有苦恼。那老人们现在才敢出来晒晒暖；年轻的姑娘们到现在才把鼻尖上的煤污减去一点，露出点红黄的皮肤来；那些妇女们才敢不甚惭愧地把孩子们赶到院中去玩玩；那些小孩子们才敢扯着张破纸当风筝，随意地在院中跑，而不至把小黑手儿冻得裂开几道口子。但是，粥厂停了锅，放赈的停了米，行善的停止了放钱，把苦人们仿佛都交给了春风与春光！正是春麦刚绿如小草、陈粮缺欠的时候，粮米照例地涨了价钱。天又加长，连老人们也不能老早地就躺下，去用梦欺骗着饥肠。春到了人间，在这大杂院里只增多了困难。长老了的虱子——特别的厉害——有时爬到老人或小儿的棉花疙瘩外，领略一点春光！

虎妞看着院中将化的冰，与那些破碎不堪的衣服，闻着那复杂而微有些热气的味道，听着老人们的哀叹与小儿哭叫，心中凉了半截。在冬天，人都躲在屋里，脏东西都冻在冰上；现在，人也出来，东西也显了原形，连碎砖砌的墙都往下落土，似乎预备着到了雨天便塌倒。满院花花绿绿，开着穷恶的花，比冬天要更丑陋着好几倍。哼，单单是在这时候，她觉到她将永远住在此地，她那点钱有花完的时候，而祥子不过是个拉车的！

教祥子看家，她上南苑去找姑妈，打听老头子的消息。姑妈说四爷确是到她家来过一趟，大概是正月十二那天吧，一来是给她道谢，二来为告诉她，他打算上天津，或上海，玩玩去。他说：混了一辈子而没出过京门，到底算不了英雄，乘着还有口气儿，去到各处见识见识。再说，他自己也没脸再在城里混，因为自己的女儿给他丢了人。姑妈的报告只是这一点，她的评断就更简单：老头子也许真出了外，也许光这么说说，而在什么僻静地方藏着呢！谁知道！

回到家，她一头扎在炕上，闷闷地哭起来，一点虚伪狡诈也没有地哭了一大阵，把眼泡都哭肿。

哭完，她抹着泪对祥子说："好，你豪横！都得随着你了！

我这一宝押错了地方。嫁鸡随鸡，什么也甭说了。给你一百块钱，你买车拉吧！"

在这里，她留了个心眼：原本想买两辆车，一辆让祥子自拉，一辆赁出去。现在她改了主意，只买一辆，教祥子去拉，其余的钱还是在自己手中拿着。钱在自己的手中，势力才也在自己身上，她不肯都掏出来，万一祥子——在把钱都买了车之后——变了心呢？这不能不防备！再说呢，刘老头子这样一走，使她感到什么也不可靠，明天的事谁也不能准知道，顶好是得乐且乐，手里得有俩钱，爱吃口什么就吃口，她一向是吃惯了零嘴的。拿祥子挣来的——他是头等的车夫——过日子，再有自己的那点钱垫补着自己零花，且先顾眼前欢吧。钱有花完的那一天，人可是也不会永远活着！嫁个拉车的——虽然是不得已——已经是委屈了自己，不能再天天手背朝下跟他要钱，而自己袋中没一个铜子。这个决定使她又快乐了点，虽然明知将来是不得了，可是目前总不会立刻就头朝了下，仿佛是走到日落的时候，远处已然暗淡，眼前可是还有些亮儿，就趁着亮儿多走几步吧。

祥子没和她争辩，买一辆就好，只要是自己的车，一天好歹也能拉个六七毛钱，可以够嚼谷。不但没有争辩，他还觉得有些高兴。过去所受的辛苦，无非为是买上车。现在能再买上，那还有什么可说呢？自然，一辆车而供给两个人儿吃，是不会剩下钱的，这辆车有拉旧了的时候，而没有再制买新车的预备，危险！可是，买车既是那么不易，现在能买上也就该满意了，何必想到那么远呢！

杂院里的二强子正要卖车。二强子在去年夏天把女儿小福子——十九岁——卖给了一个军人。卖了二百块钱。小福子走后，二强子颇阔气了一阵，把当都赎出来，还另外做了几件新衣，全家都穿得怪齐整的。二强嫂是全院里最矮最丑的妇人，嚜脑门，大腮帮，头上没有什么头发，牙老露在外边，脸上被雀斑占满，看着令人恶心。她也红着眼皮，一边哭着女儿，一边穿上新蓝大衫。二强子的脾气一向就暴，卖了女儿之后，常喝几盅酒，酒后眼泪在眼圈里，就特别的好找毛病。二强嫂虽然穿上新大衫，也吃口饱饭，可是乐不抵苦，挨揍的次数比以前差不多增加了一倍。二强子四十多了，打算不再去拉车。于是买了副筐子，弄了个杂货挑子，瓜果梨桃、花生烟卷，货很齐全。做了两个月的买卖，粗粗的一搂账，不但是赔，而且赔得很多。拉惯了车，他不会对付买卖，拉车是一冲一撞的事，成就成，不成就拉倒，做小买卖得苦对付，他不会。拉车的人晓得怎么赊东西，所以他磨不开脸不许熟人们欠账，欠下，可就不容易再要回来。这样，好照顾主儿拉不上，而与他交易的都贪着赊了不给，他没法不赔钱。赔了钱，他难过，难过就更多喝酒。醉了，在外面时常和巡警们吵，在家里拿老婆孩子杀气。得罪了巡警，打了老婆，都因为酒。酒醒过来，他非常的后悔、苦痛。再一想，这点钱是用女儿换来的，白白地这样赔出去，而且还喝酒打人，他觉得自己不是人。在这种时候，他能懊睡一天，把苦恼交给了梦。

他决定放弃了买卖，还去拉车，不能把那点钱全白白地糟践了。他买上了车。在他醉了的时候，他一点情理不讲。在他清醒的时候，他顶爱体面。因为爱体面，他往往摆起穷架子，事事都有个谱儿。买了新车，身上也穿得很整齐，他觉得他是高等的车夫，他得喝好茶叶，拉体面的座儿。他能在车口上，亮着自己的车，和身上的白裤褂，和大家谈天，老不屑于张罗买卖。他一会儿啪啪地用新蓝布掸子抽抽车，一会儿跺跺自己的新白底双脸鞋，一会儿眼看着鼻尖，立在车旁微笑，等着别人来夸奖他的车，然后就引起话头，说上没完。他能这样白"泡"一两天。及至他拉上个好座儿，他的腿不给他的车与衣服作劲，跑不动！这个，又使他非常的难过。一难过就想到女儿，只好去喝酒。这么样，他的钱全白垫出去，只剩下那辆车。

在立冬前后吧，他又喝醉。一进屋门，两个儿子——一个十三，一个十一岁——就想往外躲。这个招翻了他，给他们一人一脚。二强嫂说了句什么，他奔了她去，一脚踹在小肚子上，她躺在地上半天没出声。两个孩子急了，一个拿起煤铲，一个抄起擀面杖，和爸爸拼了命。三个打在一团，七手八脚地又踩了二强嫂几下。街坊们过来，好容易把二强子按倒在炕上，两个孩子抱着妈妈哭起来。二强嫂醒了过来，可是始终不能再下地。到腊月初三，她的呼吸停止了，穿着卖女儿时候做的蓝大衫。二强嫂的娘家不答应，非打官司不可。经朋友们死劝活劝，娘家的人们才让了步，二强子可也答应下好好地发送她，而且给她娘家人十五块钱。他把车押出去，押了六十块钱。转过年来，他想出手那辆车，他没有自己把它赎回来的希望。在喝醉的时候，他倒想卖个儿子，但是绝没人要。他也曾找过小福子的丈夫，人家根本不承认他这么个老丈人，别的话自然不必再说。

祥子晓得这辆车的历史，不很喜欢要它，车多了去啦，何必单买这一辆，这辆不吉祥的车，这辆以女儿换来，而因打死老婆才出手的车！虎妞不这么看，她想用八十出头买过来，便宜！车才拉过半年来的，连皮带的颜色还没怎么变，而且地道是西城的名厂德成家造的。买辆七成新的，还不得个五六十块吗？她舍不得这个便宜。她也知道过了年不久，处处钱紧，二强子不会卖上大价儿，而又急等着用钱。她亲自去看了车，亲自和二强子讲了价，过了钱。祥子只好等着拉车，没说什么，也不便说什么，钱既不是他自己的。把车买好，他细细看了看，的确骨力硬棒。可是他总觉得有点别扭。最使他不高兴的是黑漆的车身，而配着一身白铜活，在二强子打这辆车的时候，原为黑白相映，显着漂亮。祥子老觉得这有点丧气，像穿孝似的。他很想换一份套子，换上土黄或月白色儿的，或者足以减去一点素净劲儿。可是他没和虎妞商议，省得又招她一顿闲话。

拉出这辆车去，大家都特别注意，有人竟自管它叫作"小寡妇"。祥子心里不痛快。他变着法儿不去想它，可是车是一天到晚地跟着自己，他老毛毛咕咕的，似乎不知哪时就要出点岔儿。有时候忽然想起二强子，和二强子的遭遇，他仿佛不是拉着辆车，而是拉着口棺材似的。在这辆车上，他时时看见一些鬼影，仿佛是。

可是，自从拉上这辆车，并没有出什么错儿，虽然他心中嘀嘀咕咕的不安。天是越来越暖和了，脱了棉的，几乎用不着夹衣，就可以穿单裤单褂了，北平没有多少春天。天长得几乎使人不耐烦了，人人觉得困倦。祥子一清早就出去，转转到四五点钟，已经觉得卖够了力气。太阳可是还老高呢。他不愿再跑，可又不肯收车，犹疑不定地打着长而懒的哈欠。

天是这么长，祥子若是觉得疲倦无聊，虎妞在家中就更寂寞。冬天，她可以在炉旁取暖，听着外边的风声，虽然苦闷，可是总还有点"不出去也好"的自慰。现在，火炉搬到檐下，在屋里简直无事可做。院里又是那么脏臭，连棵青草也没有。到街上去，又不放心街坊们，就是去买趟东西也得直去直来，不敢多散逛一会儿。她好像圈在屋里的一个蜜蜂，白白地看着外边的阳光而飞不出去。跟院里的妇女们，她谈不到一块儿。她们所说的是家长里短，而她是野调无腔的惯了，不爱说，也不爱听这些个。她们的委屈是由生活上的苦痛而来，每一件小事都可以引下泪来；她的委屈是一些对生活的不满意，她无泪可落，而是想骂谁一顿，出出闷气。她与她们不能彼此了解，所以顶好各干各的，不必过话[1]。

一直到了四月半，她才有了个伴儿。二强子的女儿小福子回来了。小福子的"人"[2]是个军官。他到处都安一份很简单的家，花个一百二百的弄个年轻的姑娘，再买份儿大号的铺板与两张椅子，便能快乐地过些日子。等军队调遣到别处，他撒手一走，连人带铺板放在原处。花这么一百二百的，过一年半载，并不吃亏，单说缝缝洗洗衣服、做饭等小事，要是雇个仆人，连吃带挣的月间不也得花个十块八块的吗？这么娶个姑娘呢，既是仆人，又能陪着睡觉，而且准保干净没病。高兴呢，给她裁件花布大衫，块儿多钱的事。不高兴呢，教她光眼子在家里蹲着，她也没什么办法。等到他开了差呢，他一点也不可惜那份铺板与一两把椅子，因为欠下的两个月房租得由她想法子给上，把铺板什么折卖了还许不够还这笔账的呢。

小福子就是把铺板卖了，还上房租，只穿着件花洋布大衫，戴着一对银耳环，回到家中来的。

二强子在卖了车以后，除了还上押款与利钱，还剩下二十来块。有时候他觉得是中年丧妻，非常的可怜。别人既不怜惜他，他就自己喝盅酒，喝口好东西，自怜自慰。在这种时候，他仿佛跟钱有仇似的，拼命地乱花。有时候他又以为更应当努力去拉车，好好地把两个男孩拉扯大了，将来也好有点指望。在这么想到儿子的时候，他就嘎七马八地买回一大堆食物，给他们俩吃。看他俩狼吞虎咽地吃那些东西，他眼中含着泪，自

1　过话，即交谈。
2　人，在这里是指男人。这种称呼，限于非正式的男女关系上。

言自语地说：“没娘的孩子！苦命的孩子！爸爸去苦奔，奔的是孩子！我不屈心，我吃饱吃不饱不算一回事，得先让孩子吃足！吃吧！你们长大成人别忘了我就得了！”在这种时候，他的钱也不少花。慢慢地二十来块钱就全垫出去了。

没了钱，再赶上他喝了酒，犯了脾气，他一两天不管孩子们吃了什么。孩子们无法，只好得自己去想主意弄几个铜子，买点东西吃。他们会给办红白事的去打执事，会去跟着土车拾些碎铜烂纸，有时候能买上几个烧饼，有时候只能买一斤麦茬白薯，连皮带须子都吞了下去，有时候俩人才有一个大铜子，只好买了落花生或铁蚕豆，虽然不能挡饥，可是能多嚼一会儿。

小福子回来了，他们见着了亲人，一人抱着她一条腿，没有话可说，只流着泪向她笑。妈妈没有了，姐姐就是妈妈！

二强子对女儿回来，没有什么表示。她回来，就多添了个吃饭的。可是，看着两个儿子那样的欢喜，他也不能不承认家中应当有个女的，给大家做做饭、洗洗衣裳。他不便于说什么，走到哪儿算哪儿吧。

小福子长得不难看。虽然原先很瘦小，可是自从跟了那个军官以后，很长了些肉，个子也高了些。圆脸，眉眼长得很匀调，没有什么特别出色的地方，可是结结实实的并不难看。上唇很短，无论是要生气，还是要笑，就先张了唇，露出些很白而齐整的牙来。那个军官就是特别爱她这些牙。露出这些牙，她显出一些呆傻没主意的样子，同时也仿佛有点娇憨。这点神气使她——正如一切贫而不难看的姑娘——像花草似的，只要稍微有点香气或颜色，就被人挑到市上去卖掉。

虎妞，一向不搭理院中的人们，可是把小福子看成了朋友。小福子第一是长得有点模样，第二是还有件花洋布的长袍，第三是虎妞以为她既嫁过了军官，总得算见过了世面，所以肯和她来往。妇女们不容易交朋友，可是要交往就很快，没有几天，她俩已成了密友。虎妞爱吃零食，每逢弄点瓜子儿之类的东西，总把小福子喊过来，一边说笑，一边吃着。在说笑之中，小福子愚傻地露出白牙，告诉好多虎妞所没听过的事。随着军官，她并没享福，可是军官高了兴，也带她吃回饭馆，看看戏，所以她很有些事情说，说出来教虎妞羡慕。她还有许多说不出口的事：在她，这是蹂躏；在虎妞，这是些享受。虎妞央告着她说，她不好意思讲，可是又不好意思拒绝。她看过春宫，虎妞就没看见过。诸如此类的事，虎妞听了一遍，还爱听第二遍。她把小福子看成个最可爱，最可羡慕，也值得嫉妒的人。听完那些，再看自己的模样，年岁，与丈夫，她觉得这一辈子太委屈。她没有过青春，而将来也没有什么希望，现在呢，祥子又是那么死砖头似的一块东西！越不满意祥子，她就越爱小福子，小福子虽然是那么穷，那么可怜，可是在她眼中是个享过福、见过阵式的，就是马上死了也不冤。在她看，小福子就足代表女人所应有的享受。

小福子的困苦，虎妞好像没有看见。小福子什么也没有带回来，她可是得——无论爸爸是怎样的不要强——顾着两个兄弟。她哪儿去弄钱给他俩预备饭呢？

二强子喝醉，有了主意："你要真心疼你的兄弟，你就有法儿挣钱养活他们！都指着我呀，我成天际去给人家当牲口，我得先吃饱，我能空着肚子跑吗？教我一个跟头摔死，你看着可乐是怎着？你闲着也是闲着，有现成的，不卖等什么？"

看看醉猫似的爸爸，看看自己，看看两个饿得像老鼠似的弟弟，小福子只剩了哭。眼泪感动不了父亲，眼泪不能喂饱了弟弟，她得拿出更实在的来。为教弟弟们吃饱，她得卖了自己的肉。搂着小弟弟，她的泪落在他的头发上，他说："姐姐，我饿！"姐姐！姐姐是块肉，得给弟弟吃！

虎妞不但不安慰小福子，反倒愿意帮她的忙：虎妞愿意拿出点资本，教她打扮齐整，挣来钱再还给她。虎妞愿意借给她地方，因为她自己的屋子太脏，而虎妞的多少有个样子，况且是两间，大家都有个转身的地方。祥子白天既不会回来，虎妞乐得帮忙朋友，而且可以多看些，多明白些，自己所缺乏的，想做也做不到的事。每次小福子用房间，虎妞提出个条件，须给她两毛钱。朋友是朋友，事情是事情，为小福子的事，她得把屋子收拾得好好的，既须劳作，也得多花些钱，难道置买笤帚簸箕什么的不得花钱么？两毛钱绝不算多，因为彼此是朋友，所以才能这样见情面。

小福子露出些牙来，泪落在肚子里。

祥子什么也不知道，可是他又睡不好觉了。虎妞"成全"了小福子，也要在祥子身上找到失去了的青春。

十八

到了六月，大杂院里在白天简直没什么人声。孩子们抓早儿提着破筐去拾所能拾到的东西，到了九点，毒花花的太阳已要将他们的瘦脊背晒裂，只好拿回来所拾得的东西，吃些大人所能给他们的食物。然后，大一点的要是能找到世界上最小的资本，便去连买带拾，凑些冰核去卖。若找不到这点资本，便结伴出城到护城河里去洗澡，顺手儿在车站上偷几块煤，或捉些蜻蜓与知了儿卖与那富贵人家的小儿。那小些的，不敢往远处跑，都到门外有树的地方，拾槐虫，挖"金钢"[1]什么的去玩。

---

1 金钢，即槐虫的蛹。

孩子都出去，男人也都出去，妇女们都赤了背在屋中，谁也不肯出来，不是怕难看，而是因为院中的地已经晒得烫脚。

直到太阳快落，男人与孩子们才陆续地回来，这时候院中有了墙影与一些凉风，而屋里圈着一天的热气，像些火笼；大家都在院中坐着，等着妇女们做饭。此刻，院中非常的热闹，好像是个没有货物的集市。大家都受了一天的热，红着眼珠，没有好脾气；肚子又饿，更个个急又白脸。一句话不对路，有的便要打孩子，有的便要打老婆，即使打不起来，也骂个痛快。这样闹哄，一直到大家都吃过饭。小孩有的躺在院中便睡去，有的到街上去撒欢[1]。大人们吃饭之后，脾气和平了许多，爱说话的才三五成团，说起一天的辛苦。那吃不上饭的，当已无处去当，卖已无处去卖——即使有东西可当或卖——因为天色已黑上来。男的不管屋中怎样的热，一头扎在炕上，一声不出，也许大声地叫骂。女的含着泪向大家去通融，不定碰多少钉子，才借到一张二十枚的破纸票。攥着这张宝贝票子，她出去弄点杂合面来，勾一锅粥给大家吃。

虎妞与小福子不在这个生活秩序中。虎妞有了孕，这回是真的。祥子清早就出去，她总得到八九点钟才起来，怀孕不宜多运动是传统的错谬信仰，虎妞既相信这个，而且要借此表示出一些身份：大家都得早早地起来操作，唯有她可以安闲自在地爱躺到什么时候就躺到什么时候。到了晚上，她拿着个小板凳到街门外有风的地方去坐着，直到院中的人差不多都睡了才进来，她不屑于和大家闲谈。

小福子也起得晚，可是她另有理由。她怕院中那些男人们斜着眼看她，所以等他们都走净，才敢出屋门。白天，她不是

1　撒欢，本来是指动物的欢奔乱跑，也用来说小孩子这种动作。

找虎妞来，便是出去走走，因为她的广告便是她自己。晚上，为躲着院中人的注目，她又出去在街上转，约摸着大家都躺下，她才偷偷地溜进来。

在男人里，祥子与二强子是例外。祥子怕进这个大院，更怕往屋里走。院里众人的穷说，使他心里闹得慌，他愿意找个清静的地方独自坐着。屋里呢，他越来越觉得虎妞像个母老虎。小屋里是那么热，憋气，再添上那个老虎，他一进去就仿佛要出不来气。前些日子，他没法不早回来，为是省得虎妞吵嚷着跟他闹。近来，有小福子做伴儿，她不甚管束他了，他就晚回来一些。

二强子呢，近来几乎不大回家来了。他晓得女儿的营业，没脸进那个街门。但是他没法拦阻她，他知道自己没力量养活着儿女们。他只好不再回来，作为眼不见心不烦。有时候他恨女儿，假若小福子是个男的，管保不用这样出丑，既是个女胎，干吗投到他这里来！有时候他可怜女儿，女儿是卖身养着两个弟弟！恨吧疼吧，他没办法。赶到他喝了酒，而手里没了钱，他不恨了，也不可怜了，他回来跟她要钱。在这种时候，他看女儿是个会挣钱的东西，他是做爸爸的，跟她要钱是名正言顺。这时候他也想起体面来：大家不是轻看小福子吗，她的爸爸也没饶了她呀，他逼着她拿钱，而且骂骂咧咧，似乎是骂给大家听——二强子没有错儿，小福子天生的不要脸。

他吵，小福子连大气也不出。倒是虎妞一半骂一半劝，把他对付走，自然他手里得多少拿去点钱。这种钱只许他再去喝酒，因为他要是清醒着看见它们，他就会去跳河或上吊。

六月十五那天，天热得发了狂。太阳刚一出来，地上已像下了火。一些似云非云、似雾非雾的灰气低低地浮在空中，使人觉得憋气。一点风也没有。祥子在院中看了看那灰红的天，打算去拉晚儿——过下午四点再出去；假若挣不上钱的话，他可以一直拉到天亮：夜间无论怎样也比白天好受一些。

虎妞催着他出去，怕他在家里碍事，万一小福子拉来个客人呢。"你当在家里就好受哪？屋子里一到晌午连墙都是烫的！"

他一声没出，喝了瓢凉水，走了出去。

街上的柳树，像病了似的，叶子挂着层灰土在枝上打着卷；枝条一动也懒得动，无精打采地低垂着。马路上一个水点也没有，干巴巴地发着些白光。便道上尘土飞起多高，与天上的灰气连接起来，结成一片毒恶的灰沙阵，烫着行人的脸。处处干燥，处处烫手，处处憋闷，整个的老城像烧透的砖窑，使人喘不出气。狗趴在地上吐出红舌头，骡马的鼻孔张得特别的大，小贩们不敢吆喝，柏油路化开，甚至于铺户门前的铜牌也好像要被晒化。街上异常的清静，只有铜铁铺里发出使人焦躁的一些单调的叮叮当当。拉车的人们，明知不活动便没有饭吃，也懒得去张罗买卖：有的把车放在有些阴凉的地方，支起车棚，坐在车上打盹；有的钻进小茶馆去喝茶；有的根本没拉出车来，而来到街上看看，看看有没有出车的可能。那些拉着买卖的，即使是最漂亮的小伙子，也居然甘于丢脸，不敢再跑，只低着头慢慢地走。每一个井台都成了他们的救星，不管刚拉了几步，见井就奔过去，赶不上新汲的水，便和驴马们同在水槽里灌一大气。还有的，因为中了暑，或是发痧，走着走着，一头栽在地上，永不起来。

连祥子都有些胆怯了！拉着空车走了几步，他觉出由脸到脚都被热气围着，连手背上都流了汗。可是，见了座儿，他还想拉，以为跑起来也许倒能有点风。他拉上了个买卖，把车拉起来，他才晓得天气的厉害已经到了不允许任何人工作的程度。一跑，便喘不过气来，而且嘴唇发焦，明知心里不渴，也见水

260

就想喝。不跑呢，那毒花花的太阳把手和脊背都要晒裂。好歹地拉到了地方，他的裤褂全裹在了身上。拿起芭蕉扇扇扇，没用，风是热的。他已经不知喝了几气凉水，可是又跑到茶馆去。两壶热茶喝下去，他心里安静了些。茶由口中进去，汗马上由身上出来，好像身上已是空膛的，不会再藏储一点水分。他不敢再动了。

坐了好久，他心中腻烦了。既不敢出去，又没事可做，他觉得天气仿佛成心跟他过不去。不，他不能服软。他拉车不止一天了，夏天这也不是头一遭，他不能就这么白白地"泡"一天。想出去，可是腿真懒得动，身上非常的软，好像洗澡没洗痛快那样，汗虽出了不少，而心里还不畅快。又坐了会儿，他再也坐不住了，反正坐着也是出汗，不如爽性出去试试。

一出来，才晓得自己的错误。天上那层灰气已散，不甚憋闷了，可是阳光也更厉害了许多：没人敢抬头看太阳在哪里，只觉得到处都闪眼，空中、屋顶上、墙壁上、地上，都白亮亮的，白里透着点红；由上至下整个地像一面极大的火镜，每一条光都像火镜的焦点，晒得东西要发火。在这个白光里，每一个颜色都刺目，每一个声响都难听，每一种气味都混含着由地上蒸发出来的腥臭。街上仿佛已没了人，道路好像忽然加宽了许多，空旷而没有一点凉气，白花花的令人害怕。祥子不知怎么是好了，低着头，拉着车，极慢地往前走，没有主意，没有目的，昏昏沉沉的，身上挂着一层粘汗，发着馊臭的味儿。走了会儿，脚心和鞋袜粘在一块，好像踩着块湿泥，非常的难过。本来不想再喝水，可是见了井不由得又过去灌了一气，不为解渴，似乎专为享受井水那点凉气，由口腔到胃中，忽然凉了一下，身上的毛孔猛地一收缩，打个冷战，非常舒服。喝完，他连连地打嗝，水要往上漾！

走一会儿，坐一会儿，他始终懒得张罗买卖。一直到了正午，他还觉不出饿来。想去照例地吃点什么，看见食物就要恶心。胃里差不多装满了各样的水，有时候里面会轻轻地响，像骡马似的喝完水肚子里咣咣咣地响动。

　　拿冬与夏相比，祥子总以为冬天更可怕。他没想到过夏天这么难受。在城里过了不止一夏了，他不记得这么热过。是天气比往年热呢，还是自己的身体虚呢？这么一想，他忽然地不那么昏昏沉沉的了，心中仿佛凉了一下。自己的身体，是的，自己的身体不行了！他害了怕，可是没办法。他没法赶走虎妞，他将要变成二强子，变成那回遇见的那个高个子，变成小马儿的祖父。祥子完了！

　　正在午后一点的时候，他又拉个买卖。这是一天里最热的时候，又赶上这一夏里最热的一天，可是他决定去跑一趟。他不管太阳下是怎样的热了：假若拉完一趟而并不怎样呢，那就证明自己的身子并没坏；设若拉不下来这个买卖呢，那还有什么可说的，一个跟头栽死在那发着火的地上也好！

　　刚走了几步，他觉到一点凉风，就像在极热的屋里由门缝进来一点凉气似的。他不敢相信自己，看看路旁的柳枝，的确是微微地动了两下。街上突然加多了人，铺户中的人争着往外跑，都攥着把蒲扇遮着头，四下里找："有了凉风！有了凉风！凉风下来了！"大家几乎要跳起来嚷着。路旁的柳树忽然变成了天使似的，传达着上天的消息："柳条儿动了！老天爷，多赏点凉风吧！"

　　还是热，心里可镇定多了。凉风，即使是一点点，给了人们许多希望。几阵凉风过去，阳光不那么强了，一阵亮，一阵稍暗，仿佛有片飞沙在上面浮动似的。风忽然大起来，那半天没有动作的柳条像猛地得到什么可喜的事，飘洒地摇摆，枝条都像长出一截儿来。一阵风过去，天暗起来，灰尘全飞到半空。尘土落下一些，北面的天边见了墨似的乌云。祥子身上没了汗，向北边看了一眼，把车停住，上了雨布，他晓得夏天的雨是说来就来，不容工夫的。

刚上好了雨布，又是一阵风，黑云滚似的已遮黑半边天。地上的热气与凉风掺和起来，夹杂着腥臊的干土，似凉又热；南边的半个天响晴白日，北边的半个天乌云如墨，仿佛有什么大难来临，一切都惊慌失措。车夫急着上雨布，铺户忙着收幌子，小贩们慌手忙脚地收拾摊子，行路的加紧往前奔。又一阵风。风过去，街上的幌子、小摊，与行人，仿佛都被风卷了走，全不见了，只剩下柳枝随着风狂舞。

云还没铺满了天，地上已经很黑，极亮极热的晴午忽然变成黑夜了似的。风带着雨星，像在地上寻找什么似的，东一头西一头地乱撞。北边远处一个红闪，像把黑云掀开一块，露出一大片血似的。风小了，可是利飕有劲，使人颤抖。一阵这样的风过去，一切都不知怎好似的，连柳树都惊疑不定地等着点什么。又一个闪，正在头上，白亮亮的雨点紧跟着落下来，极硬地砸起许多尘土，土里微带着雨气。大雨点砸在祥子的背上几个，他哆嗦了两下。雨点停了，黑云铺匀了满天。又一阵风，比以前的更厉害，柳枝横着飞，尘土往四下里走，雨道往下落；风、土、雨，混在一处，连成一片，横着竖着都灰茫茫冷飕飕，一切的东西都被裹在里面，辨不清哪是树，哪是地，哪是云，四面八方全乱、全响、全迷糊。风过去了，只剩下直的雨道，扯天扯地地垂落，看不清一条条的，只是那么一片，一阵，地上射起了无数的箭头，房屋上落下万千条瀑布。几分钟，天地已分不开，空中的河往下落，地上的河横流，成了一个灰暗昏黄，有时又白亮亮的，一个水世界。

祥子的衣服早已湿透，全身没有一点干松地方；隔着草帽，他的头发已经全湿。地上的水过了脚面，已经很难迈步；上面的雨直砸着他的头与背，横扫着他的脸，裹着他的裆。他不能抬头，不能睁眼，不能呼吸，不能迈步。他像要立定在水中，不知道哪是路，不晓得前后左右都有什么，只觉得透骨凉的水往身上各处浇。他什么也不知道了，只心中茫茫地有点热气，耳旁有一片雨声。他要把车放下，但是不知放在哪里好。想跑，水裹住他的腿。他就那么半死半活地，低着头一步一步地往前曳。坐车的仿佛死在了车上，一声不出地任着车夫在水里挣命。

　　雨小了些，祥子微微直了直脊背，吐出一口气："先生，避避再走吧！"

　　"快走！你把我扔在这儿算怎回事？"坐车的跺着脚喊。

　　祥子真想硬把车放下，去找个地方避一避。可是，看看身上，已经全往下流水，他知道一站住就会哆嗦成一团。他咬上了牙，蹚着水不管高低深浅地跑起来。刚跑出不远，天黑了一阵，紧跟着一亮，雨又迷住他的眼。

　　拉到了，坐车的连一个铜板也没多给。祥子没说什么，他已顾不过命来。

　　雨住一会儿，又下一阵儿，比以前小了许多。祥子一气跑回了家。抱着火，烤了一阵，他哆嗦得像风雨中的树叶。虎妞给他冲了碗姜糖水，他傻子似的抱着碗一气喝完。喝完，他钻了被窝，什么也不知道了，似睡非睡地，耳中刷刷的一片雨声。

　　到四点多钟，黑云开始显出疲乏来，绵软无力地打着不甚红的闪。一会儿，西边的云裂开，黑的云峰镶上金黄的边，一些白气在云下奔走；闪都到南边去，曳着几声不甚响亮的雷。又待了一会儿，西边的云缝露出来阳光，把带着雨水的树叶照成一片金绿。东边天上挂着一双七色的虹，两头插在黑云里，桥背顶着一块青天。虹不久消散了，天上已没有一块黑云，洗过了的蓝空与洗过了的一切，像由黑暗里刚生出一个新的、清凉的、美丽的世界。连大杂院里的水坑上也来了几个各色的蜻蜓。

可是，除了孩子们赤着脚追逐那些蜻蜓，杂院里的人们并顾不得欣赏这雨后的晴天。小福子屋的后檐墙塌了一块，姐儿三个忙着把炕席揭起来，堵住窟窿。院墙塌了好几处，大家没工夫去管，只顾了收拾自己的屋里：有的台阶太矮，水已灌到屋中，大家七手八脚地拿着簸箕破碗往外淘水。有的倒了山墙，设法去填堵。有的屋顶漏得像个喷壶，把东西全淋湿，忙着往出搬运，放在炉旁去烤，或搁在窗台上去晒。在正下雨的时候，大家躲在那随时可以塌倒而把他们活埋了的屋中，把命交给了老天；雨后，他们算计着、收拾着那些损失。虽然大雨过去，一斤粮食也许落一半个铜子，可是他们的损失不是这个所能偿补的。他们花着房钱，可是永远没人来修补房子，除非塌得无法再住人，才来一两个泥水匠，用些素泥碎砖稀松地堵砌上——预备着再塌。房钱交不上，全家便被撵出去，而且扣了东西。房子破，房子可以砸死人，没人管。他们那点钱，只能租这样的屋子，破，危险，都活该！

最大的损失是被雨水激病。他们连孩子带大人都一天到晚在街上找生意，而夏天的暴雨随时能浇在他们的头上。他们都是卖力气挣钱，老是一身热汗，而北方的暴雨是那么急，那么凉，有时夹着核桃大的冰雹。冰凉的雨点，打在那开张着的汗毛眼上，至少教他们躺在炕上，发一两天烧。孩子病了，没钱买药，一场雨，催高了田中的老玉米与高粱，可是也能浇死不少城里的贫苦儿女。大人们病了，就更了不得，雨后，诗人们吟咏着荷珠与双虹，穷人家，大人病了，便全家挨了饿。一场雨，也许多添几个妓女或小贼，多有些人下到监狱去。大人病了，儿女们做贼做娼也比饿着强！雨下给富人，也下给穷人；下给义人，也下给不义的人。其实，雨并不公道，因为下落在一个没有公道的世界上。

祥子病了。大杂院里的病人并不止于他一个。

十九

祥子昏昏沉沉地睡了两昼夜，虎妞着了慌。到娘娘庙，她求了个神方：一点香灰之外，还有两三味草药。给他灌下去，他的确睁开眼看了看，可是待了一会儿又睡着了，嘴里唧唧咕咕地不晓得说了些什么。虎妞这才想起去请大夫。扎了两针，服了剂药，他清醒过来，一睁眼便问："还下雨吗？"

第二剂药煎好，他不肯吃。既心疼钱，又恨自己这样的不济，居然会被一场雨给激病，他不肯喝那碗苦汁子。为证明他用不着吃药，他想马上穿起衣裳就下地。可是刚一坐起来，他的头像有块大石头赘着，脖子一软，眼前冒了金花，他又倒下了。什么也无须说了，他接过碗来，把药吞下去。

他躺了十天。越躺着越起急，有时候他趴在枕头上，有泪无声地哭。他知道自己不能去挣钱，那么一切花费就都得由虎妞往外垫，多喒把她的钱垫完，多喒便全仗着他的一辆车子。凭虎妞的爱花爱吃，他供给不起，况且她还有了孕呢！越起不来越爱胡思乱想，越想越愁得慌，病也就越不容易好。

刚顾过命来，他就问虎妞："车呢？"

"放心吧，赁给丁四拉着呢！"

"啊！"他不放心他的车，唯恐被丁四，或任何人，给拉坏。可是自己既不能下地，当然得赁出去，还能闲着吗？他心里计算：自己拉，每天好歹一背拉[1]总有五六毛钱的进项。房钱，煤米柴炭，灯油茶水，还先别算添衣服，也就将够两个人用的，还得处处抠搜[2]，不能像虎妞那么满不在乎。现在，每天只进一毛多钱的车租，得干赔上四五毛，还不算吃药。假若病老不好，该怎办呢？是的，不怪二强子喝酒，不怪那些苦朋友们胡作非为，拉车这条路是死路！不管你怎样卖力气、要强，你可就别成家，别生病，别出一点岔儿。哼！他想起来，自己的头一辆车，自己攒下的那点钱，又招谁惹谁了？不因生病，也不是为成家，就那么无情无理地丢了！好也不行，歹也不行，这条路上只有死亡，而且说不定哪时就来到，自己一点也不晓得。想到这里，由忧愁改为颓废，嗜，干它的去，起不来就躺着，反正是那么回事！他什么也不想了，静静地躺着。不久他又忍不下去了，想马上起来，还得去苦奔。道路是死的，人心是活的，在入棺材以前总是不断地希望着。可是，他立不起来。只好无聊地、乞怜地，要向虎妞说几句话：

"我说那辆车不吉祥，真不吉祥！"

"养你的病吧！老说车，车迷！"

他没再说什么。对了，自己是车迷！自从一拉车，便相信车是一切，敢情……

病刚轻了些，他下了地。对着镜子看了看，他不认得镜中的人了：满脸胡子拉碴，太阳与腮都瘪进去，眼是两个深坑，那块疤上有好多皱纹！屋里非常的热闷，他不敢到院中去，一来是腿软得像没了骨头，二来是怕被人家看见他。不但在这个院里，就是东西城各车口上，谁不知道祥子是头顶头的[3]棒小伙

---

1 背拉，即平均。

2 抠搜，即俭省。

3 头顶头的，即第一等的。

子。祥子不能就是这个样的病鬼！他不肯出去。在屋里，又憋闷得慌。他恨不能一口吃壮起来，好出去拉车。可是，病是毁人的，它的来去全由着它自己。

歇了有一个月，他不管病完全好了没有，就拉上车。把帽子戴得极低，为是教人认不出来他，好可以缓着劲儿跑。"祥子"与"快"是分不开的，他不能大模大样地慢慢蹭，教人家看不起。

身子本来没好利落，又贪着多拉几号，好补上病中的亏空，拉了几天，病又回来了。这回添上了痢疾。他急得抽自己的嘴巴，没用，肚皮似乎已挨着了腰，还泻。好容易痢疾止住了，他的腿连蹲下再起来都费劲，不用说想去跑一阵了。他又歇了一个月！他晓得虎妞手中的钱大概快垫完了！

到八月十五，他决定出车，这回要是再病了，他起了誓，他就去跳河！

在他第一次病中，小福子时常过来看看。祥子的嘴一向干不过虎妞，而心中又是那么憋闷，所以有时候就和小福子说几句。这个，招翻了虎妞。祥子不在家，小福子是好朋友；祥子在家，小福子是，按照虎妞的想法："来吊棒[1]！好不要脸！"她力逼着小福子还上欠着她的钱："从此以后，不准再进来"！

小福子失去了招待客人的地方，而自己的屋里又是那么破烂——炕席堵着后檐墙，她无可奈何，只得到"转运公司"[2]去报名。可是，"转运公司"并不需要她这样的货。人家是介绍"女学生"与"大家闺秀"的，门路高，用钱大，不要她这样的平凡人物。她没了办法。想去下窑子，既然没有本钱，不能混自

1　吊棒，下流话，即调情。
2　给暗娼介绍生意的地方。

家的买卖，当然得押给班儿里。但是，这样办就完全失去自由，谁照应着两个弟弟呢？死是最简单容易的事，活着已经是在地狱里。她不怕死，可也不想死，因为她要做些比死更勇敢更伟大的事。她要看着两个弟弟都能挣上钱，再死也就放心了。自己早晚是一死，但须死一个而救活了俩！想来想去，她只有一条路可走：贱卖。肯进她那间小屋的当然不肯出大价钱，好吧，谁来也好吧，给个钱就行。这样，倒省了衣裳与脂粉。来找她的并不敢希望她打扮得怎么够格局，他们是按钱数取乐的，她年纪很轻，已经是个便宜了。

虎妞的身子已不大方便，连上街买趟东西都怕有些失闪，而祥子一走就是一天，小福子又不肯过来，她寂寞得像个被拴在屋里的狗。越寂寞越恨，她以为小福子的减价出售是故意地气她。她才不能吃这个瘪子[1]：坐在外间屋，敞开门，她等着。有人往小福子屋走，她便扯着嗓子说闲话，教他们难堪，也教小福子吃不住。小福子的客人少了，她高了兴。

小福子晓得这么下去，全院的人慢慢就会都响应虎妞，而把自己撵出去。她只是害怕，不敢生气，落到她这步天地的人晓得把事实放在气和泪的前边。她带着小弟弟过来，给虎妞下了一跪。什么也没说，可是神色也带出来：这一跪要还不行的话，她自己不怕死，谁可也别想活着！最伟大的牺牲是忍辱，最伟大的忍辱是预备反抗。

虎妞倒没了主意。怎想怎不是味儿，可是带着那么个大肚子，她不敢去打架。武的既拿不出来，只好给自己个台阶：她是逗着小福子玩呢，谁想弄假成真，小福子的心眼太死。这样解释开，她们又成了好友，她照旧给小福子维持一切。

---

1 吃瘪子，即受窘，作难。

自从中秋出车，祥子处处加了谨慎，两场病教他明白了自己并不是铁打的。多挣钱的雄心并没完全忘掉，可是屡次的打击使他认清楚了个人的力量是多么微弱。好汉到时候非咬牙不可，但咬上牙也会吐了血！痢疾虽然已好，他的肚子可时时地还疼一阵。有时候腿脚正好遛开了，想试着步儿加点速度，肚子里绳绞似的一拧，他缓了步，甚至于忽然收住脚，低着头，缩着肚子，强忍一会儿。独自拉着座儿还好办，赶上拉帮儿车的时候，他猛孤丁地收住步，使大家莫名其妙，而他自己非常的难堪。自己才二十多岁，已经这么闹笑话，赶到三四十岁的时候，应当怎样呢？这么一想，他轰地一下冒了汗！

　　为自己的身体，他很愿再去拉包车。到底是一工儿活有个缓气的时候，跑的时候要快，可是休息的工夫也长，总比拉散座儿轻闲。他可也准知道，虎妞绝对不会放手他，成了家便没了自由，而虎妞又是特别的厉害。他认了背运。

　　半年来的，由秋而冬，他就那么一半对付，一半挣扎，不敢大意，也不敢偷懒，心中憋憋闷闷地，低着头苦奔。低着头，他不敢再像原先那么愣葱似的，什么也不在乎了。至于挣钱，他还是比一般的车夫多挣着些。除非他的肚子正绞着疼，他总不肯空放走一个买卖，该拉就拉，他始终没染上恶习。什么故意的绷大价，什么中途倒车，什么死等好座儿，他都没学会。这样，他多受了累，可是天天准进钱。他不取巧，所以也就没有危险。

　　可是，钱进得太少，并不能剩下。左手进来，右手出去，一天一个干净。他连攒钱都想也不敢想了。他知道怎样省着，虎妞可会花呢。虎妞的"月子"[1]是转过年二月初的。自从一入

　　1　月子，妇女生产，习惯上须休息一个月，俗称"坐月子"。

冬，她的怀已显了形，而且爱故意地往外腆着，好显出自己的重要。看着自己的肚子，她简直连炕也懒得下。做菜做饭全托付给了小福子，自然那些剩汤腊水的就得教小福子拿去给弟弟们吃。这个，就费了许多。饭菜而外，她还得吃零食，肚子越显形，她就觉得越须多吃好东西，不能亏着嘴。她不但随时地买零七八碎的，而且嘱咐祥子每天给她带回点儿来。祥子挣多少，她花多少，她的要求随着他的钱涨落。祥子不能说什么。他病着的时候，花了她的钱，那么一还一报，他当然也得给她花。祥子稍微紧一紧手，她马上会生病："怀孕就是害九个多月的病，你懂得什么？"她说的也是真话。

到过新年的时候，她的主意就更多了。她自己动不了窝，便派小福子一趟八趟地去买东西。她恨自己出不去，又疼爱自己而不肯出去，不出去又憋闷得慌，所以只好多买些东西来看着还舒服些。她口口声声不是为她自己买而是心疼祥子："你苦奔了一年，还不吃一口哪？自从病后，你就没十分足壮起来，到年底下还不吃，等饿得像个瘪臭虫哪？"祥子不便辩驳，也不会辩驳。及至把东西做好，她一吃便是两三大碗。吃完，又没有运动，她撑得慌，抱着肚子一定说是犯了胎气！

过了年，她无论如何也不准祥子在晚间出去，她不定哪时就生养，她害怕。这时候，她才想起自己的实在岁数来，虽然还不肯明说，可是再也不对他讲"我只比你大'一点'了"。她这么闹哄，祥子迷了头。生命的延续不过是生儿养女，祥子心里不由得有点喜欢，即使一点也不需要一个小孩，可是那个将来到自己身上，最简单而最玄妙的"爸"字，使铁心的人也得要闭上眼想一想，无论怎么想，这个字总是动心的。祥子，笨手笨脚的，想不到自己有什么好处和可自傲的地方。一想到这个奇妙的字，他忽然觉出自己的尊贵，仿佛没有什么也没关系，只要有了小孩，生命便不会是个空的。同时，他想对虎妞尽自己所能地去供给，去伺候，她现在已不是"一"个人，即使她很讨厌，可是在这件事上她有一百成的功劳。不过，无论她有多么大的功劳，她的闹腾劲儿可也真没法受。她一会儿一个主意，见神见鬼地乱哄，而祥子必须出去挣钱，需要休息，即使钱可以乱花，他总得安安顿顿地睡一夜，好到明天再去苦曳。她不准他晚上出去，也不准他好好地睡觉，他一点主意也没有，成天际晕晕乎乎的，不知怎样才好。有时候欣喜，有时候着急，有时候烦闷，有时候为欣喜而又要惭愧，有时候为着急而又要自慰，有时候为烦闷而又要欣喜，感情在他心中绕着圆圈，把个最简单的人闹得不知道了东西南北。有一回，他竟自把座儿拉过了地方，忘了人家雇到哪里！

灯节左右，虎妞决定教祥子去请收生婆，她已支持不住。收生婆来到，告诉她还不到时候，并且说了些要临盆时的征象。她忍了两天，就又闹腾起来。把收生婆又请了来，还是不到时候。她哭着喊着要去寻死，不能再受这个折磨。祥子一点办法没有，为表明自己尽心，只好依了她的要求，暂不去拉车。

一直闹到月底，连祥子也看出来，这是真到了时候，她已经不像人样了。收生婆又来到，给祥子一点暗示，恐怕要难产。虎妞的岁数，这又是头胎，平日缺乏运动，而胎又很大，因为孕期里贪吃油腻；这几项合起来，打算顺顺当当地生产是希望不到的。况且一向没经过医生检查过，胎的部位并没有矫正过，收生婆没这份手术，可是会说：就怕是横生逆产呀！

在这杂院里，小孩的生与母亲的死已被大家习惯地并为一谈。可是虎妞比别人都更多着些危险，别个妇人都是一直到临盆那一天还操作活动，而且吃得不足，胎不会很大，所以倒能容易生产。她们的危险是在产后的失调，而虎妞却与她们正相

272

反。她的优越正是她的祸患。

　　祥子、小福子、收生婆，连着守了她三天三夜。她把一切的神佛都喊到了，并且许下多少誓愿，都没有用。最后，她嗓子已哑，只低唤着"妈哟！妈哟！"收生婆没办法，大家都没办法，还是她自己出的主意，教祥子到德胜门外去请陈二奶奶——顶着一位虾蟆大仙。陈二奶奶非五块钱不来，虎姐拿出最后的七八块钱来："好祥子，快快去吧！花钱不要紧！等我好了，我乖乖地跟你过日子！快去吧！"

　　陈二奶奶带着"童儿"——四十来岁的一位黄脸大汉——快到掌灯的时候才来到。她有五十来岁，穿着蓝绸子袄，头上戴着红石榴花，和全份的镀金首饰。眼睛直勾勾的，进门先净了手，而后上了香。她自己先磕了头，然后坐在香案后面，呆呆地看着香苗。忽然连身子都一摇动，打了个极大的冷战，垂下头，闭上眼，半天没动静。屋中连落个针都可以听到，虎姐也咬上牙不敢出声。慢慢地，陈二奶奶抬起头来，点着头看了看大家。"童儿"扯了扯祥子，教他赶紧磕头。祥子不知道自己信神不信，只觉得磕头总不会出错儿。迷迷糊糊地，他不晓得磕了几个头。立起来，他看着那对直勾勾的"神"眼，和那烧透了的红亮香苗，闻着香烟的味道，心中渺茫地希望着这个阵式里会有些好处，呆呆地，他手心上出着凉汗。

　　虾蟆大仙说话老声老气的，而且有些结巴："不，不，不要紧！画道催，催，催生符！"

　　"童儿"急忙递过黄绵纸，大仙在香苗上抓了几抓，而后沾着唾沫在纸上画。

　　画完符，她又结结巴巴地说了几句：大概的意思是虎姐前世里欠这孩子的债，所以得受些折磨。祥子晕头打脑的没甚听明白，可是有些害怕。

273

陈二奶奶打了个长长的哈欠,闭目愣了会儿,仿佛是大梦初醒的样子睁开了眼。"童儿"赶紧报告大仙的言语。她似乎很喜欢:"今天大仙高兴,爱说话!"然后她指导着祥子怎样教虎妞喝下那道神符,并且给她一丸药,和神符一同服下去。

陈二奶奶热心地等着看看神符的效验,所以祥子得给她预备点饭。祥子把这个托付给小福子去办。小福子给买来热芝麻酱烧饼和酱肘子,陈二奶奶还嫌没有盅酒吃。

虎妞服下去神符,陈二奶奶与"童儿"吃过了东西,虎妞还是翻滚地闹。直闹了一点多钟,她的眼珠已慢慢往上翻。陈二奶奶还有主意,不慌不忙地教祥子跪一股高香。祥子对陈二奶奶的信心已经剩不多了。但是既花了五块钱,爽性就把她的方法都试验试验吧;既不肯打她一顿,那么就依着她的主意办好了,万一有些灵验呢!

直挺挺地跪在高香前面,他不晓得求的是什么神,可是他心中想要虔诚。看着香火的跳动,他假装在火苗上看见了一些什么形影,心中便祷告着。香越烧越矮,火苗当中露出些黑道来,他把头低下去,手扶在地上,迷迷糊糊地有些发困,他已两三天没得好好地睡了。脖子忽然一软,他吓了一跳,再看,香已烧得剩了不多。他没管到了该立起来的时候没有,挂着地就慢慢立起来,腿已有些发木。

陈二奶奶和"童儿"已经偷偷地溜了。

祥子没顾得恨她,而急忙过去看虎妞,他知道事情到了极不好办的时候。虎妞只剩了大口地咽气,已经不会出声。收生婆告诉他,想法子到医院去吧,她的方法已经用尽。

祥子心中仿佛忽然地裂了,张着大嘴哭起来。小福子也落着泪,可是处在帮忙的地位,她到底心里还清楚一点。"祥哥!先别哭!我去上医院问问吧?"

没管祥子听见了没有，她抹着泪跑出去。

她去了有一点钟。跑回来，她已喘得说不上来话。扶着桌子，她干嗽了半天才说出来：医生来一趟是十块钱，只是看看，并不管接生。接生是二十块。要是难产的话，得到医院去，那就得几十块了。"祥哥！你看怎办呢？！"

祥子没办法，只好等着该死的就死吧！

愚蠢与残忍是这里的一些现象，所以愚蠢，所以残忍，却另有原因。

虎妞在夜里十二点，带着个死孩子，断了气。

二十

祥子的车卖了！

钱就和流水似的，他的手已拦不住，死人总得抬出去，连开张殃榜也得花钱。

祥子像傻了一般，看着大家忙乱，他只管往外掏钱。他的眼红得可怕，眼角堆着一团黄白的眵目糊；耳朵发聋，愣愣磕磕地随着大家乱转，可不知道自己做的是什么。

跟着虎妞的棺材往城外走，他这才清楚了一些，可是心里还顾不得思索任何事情。没有人送殡，除了祥子，就是小福子的两个弟弟，一人手中拿着薄薄的一打儿纸钱，沿路撒给那拦路鬼。

愣愣磕磕的，祥子看着杠夫把棺材埋好，他没有哭。他的脑中像烧着一把烈火，把泪已烧干，想哭也哭不出。呆呆地看着，他几乎不知那是干什么呢。直到"头儿"过来交待，他才想起回家。

屋里已被小福子给收拾好。回来，他一头倒在炕上，已经累得不能再动。眼睛干巴巴地闭不上，他呆呆地看着那有些雨漏痕迹的顶棚。既不能睡去，他坐了起来。看了屋中一眼，他不敢再看。心中不知怎样好。他出去买了包"黄狮子"烟来。坐在炕沿上，点着了一支烟，并不爱吸。呆呆地看着烟头上那点蓝烟，忽然泪一串串地流下来，不但想起虎妞，也想起一切。到城里来了几年，这是他努力的结果，就是这样，就是这样！他连哭都哭不出声来！车，车，车是自己的饭碗。买，丢了；再买，卖出去；三起三落，像个鬼影，永远抓不牢，而空受那些辛苦与委屈。没了，什么都没了，连个老婆也没了！虎妞虽然厉害，但是没了她怎能成个家呢？看着屋中的东西，都是她的，她本人可是埋在了城外！越想越恨，泪被怒火截住，他狠狠地吸那支烟，越不爱吸越偏要吸。把烟吸完，手捧着头，口中与心中都发辣，要狂喊一阵，把心中的血都喷出来才痛快。

不知道什么工夫，小福子进来了，立在外间屋的菜案前，呆呆地看着他。

他猛一抬头，看见了她，泪极快地又流下来。此时，就是他看见只狗，他也会流泪，满心的委屈，遇见个活的东西才想发泄。他想跟她说说，想得到一些同情。可是，话太多，他的嘴反倒张不开了。

"祥哥！"她往前凑了凑，"我把东西都收拾好了。"

他点了点头，顾不及谢谢她，悲哀中的礼貌是虚伪。

"你打算怎办呢？"

"啊？"他好像没听明白，但紧跟着他明白过来，摇了摇头——他顾不得想办法。

她又往前走了两步，脸上忽然红起来，露出几个白牙，可是话没能说出。她的生活使她不能不忘掉羞耻，可是遇到正经事，她还是个有真心的女人：女子的心在羞耻上运用着一大半。

"我想……"她只说出这么点来。她心中的话很多，脸一红，它们全忽然地跑散，再也想不起来。

人间的真话本来不多，一个女子的脸红胜过一大片话，连祥子也明白了她的意思。在他的眼里，她是个最美的女子，美在骨头里，就是她满身都长了疮，把皮肉都烂掉，在他心中她依然很美。她美，她年轻，她要强，她勤俭。假若祥子想再娶，她是个理想的人。他并不想马上就续娶，他顾不得想任何的事。可是她既然愿意，而且是因为生活的压迫不能不马上提出来，他似乎没有法子拒绝。她本人是那么好，而且帮了他这么多的忙，他只能点头，他真想过去抱住她，痛痛快快地哭一场，把委屈都哭净，而后与她努力同心地再往下苦奔。在她身上，他看见了一个男人从女子所能得的与所应得的安慰。他的口不大爱说话，见了她，他愿意随便地说；有她听着，他的话才不至于白说。她的一点头，或一笑，都是最美满的回答，使他觉得真是成了"家"。

正在这个时候，小福子的二弟弟进来了："姐姐！爸爸来了！"

她皱了皱眉。她刚推开门，二强子已走到院中。

"你上祥子屋里干什么去了？"二强子的眼睛瞪圆，两脚拌着蒜，东一晃西一晃地扑过来："你卖还卖不够，还得白教祥子玩？你个不要脸的东西！"

祥子，听到自己的名字，赶了出来，立在小福子的身后。

"我说祥子，"二强子歪歪拧拧地想挺起胸脯，可是连立也立不稳，"我说祥子，你还算人吗？你占谁的便宜也罢，单占她的便宜？什么玩艺！"

祥子不肯欺负个醉鬼，可是心中的积郁使他没法管束住自己的怒气。他赶上一步去。四只红眼睛对了光，好像要在空气中激触，发出火花。祥子一把扯住二强子的肩，就像提拉着个孩子似的,掷出老远。

良心的谴责,借着点酒,变成狂暴:二强子的醉本来多少有些假装。经这一摔,他醒过来一半。他想反攻,可是明知不是祥子的对手。就这么老老实实地出去,又十分的不是味儿。他坐在地上,不肯往起立,又不便老这么坐着。心中十分的乱,嘴里只好随便地说了:"我管教儿女,与你什么相干?揍我?你姥姥!你也得配!"

祥子不愿还口,只静静地等着他反攻。

小福子含着泪,不知怎样好。劝父亲是没用的,看着祥子打他也于心不安。她将全身都摸索到了,凑出十几个铜子儿来,交给了弟弟。弟弟平日绝不敢挨近爸爸的身,今天看爸爸是被揍在地上,胆子大了些。"给你,走吧!"

二强子棱棱着眼把钱接过去,一边往起立,一边叨唠:"放着你们这群丫头养的!招翻了太爷,弄刀全宰了你们!"快走到街门了,他喊了声:"祥子!搁着这个碴儿[1],咱们外头见!"

二强子走后,祥子和小福子一同进到屋中。

"我没法子!"她自言自语地说了这么句,这一句总结了她一切的困难,并且含着无限的希望——假如祥子愿意娶她,她便有了办法。

祥子,经过这一场,在她的身上看出许多黑影来。他还喜欢她,可是负不起养着她两个弟弟和一个醉爸爸的责任!他不敢想虎妞一死,他便有了自由,虎妞也有虎妞的好处,至少是在经济上帮了他许多。他不敢想小福子要是死吃他一口,可是她这一家人都不会挣饭吃也千真万确。爱与不爱,穷人得在金钱上决定,"情种"只生在大富之家。

1　搁着这个碴儿,即暂不了结,以后再说。

他开始收拾东西。

"你要搬走吧？"小福子连嘴唇全白了。

"搬走！"他狠了心，在没有公道的世界里，穷人仗着狠心维持个人的自由，那很小很小的一点自由。

看了他一眼，她低着头走出去。她不恨，也不恼，只是绝望。

虎妞的首饰与好一点的衣服，都带到棺材里去。剩下的只是一些破旧的衣裳，几件木器，和些盆碗锅勺什么的。祥子由那些衣服中拣出几件较好的来，放在一边，其余的连衣服带器具全卖。他叫来个"打鼓儿的"[1]，一口价卖了十几块钱。他急于搬走，急于打发了这些东西，所以没心思去多找几个人来慢慢地绷着价儿[2]。"打鼓儿的"把东西收拾了走，屋中只剩下他的一份铺盖和那几件挑出来的衣服，在没有席的炕上放着。屋中全空，他觉得痛快了些，仿佛摆脱开了许多缠绕，而他从此可以远走高飞了似的。可是，不大一会儿，他又想起那些东西。桌子已被搬走，桌腿儿可还留下一些痕迹——一堆堆的细土，贴着墙根形成几个小四方块。看着这些印迹，他想起东西，想起人，梦似的都不见了。不管东西好坏，不管人好坏，没了它们，心便没有地方安放。他坐在了炕沿上，又掏出支"黄狮子"来。

随着烟卷，他带出一张破毛票儿来。有意无意地他把钱全掏了出来，这两天了，他始终没顾到算一算账。掏出一堆来，洋钱、毛票、铜子票、铜子，什么也有。堆儿不小，数了数，还不到二十块。凑上卖东西的十几块，他的财产全部只是三十多块钱。

把钱放在炕砖上，他瞪着它们，不知是哭好，还是笑好。

1　打鼓儿的，北京收旧货的小贩。

2　绷着价儿，即等着高价。

屋里没有人，没有东西，只剩下他自己与这一堆破旧霉污的钱。这是干什么呢？

长叹了一声，无可奈何地把钱揣在怀里，然后他把铺盖和那几件衣服抱起来，去找小福子。

"这几件衣裳，你留着穿吧！把铺盖存在这一会儿，我先去找好车厂子，再来取。"不敢看小福子，他低着头一气说完这些。

她什么也没说，只答应了两声。

祥子找好车厂，回来取铺盖，看见她的眼已哭肿。他不会说什么，可是设尽方法想出这么两句："等着吧！等我混好了，我来！一定来！"

她点了点头，没说什么。

祥子只休息了一天，便照旧去拉车。他不像先前那样火着心拉买卖了，可也不故意地偷懒，就那么淡而不厌地一天天地混。这样混过了一个来月，他心中觉得很平静。他的脸臌满起来一些，可是不像原先那么红扑扑的了；脸色发黄，不显着足壮，也并不透出瘦弱。眼睛很明，可没有什么表情，老是那么亮亮的，似乎挺有精神，又似乎什么也没看见。他的神气很像风暴后的树，静静地立在阳光里，一点不敢再动。原先他就不喜欢说话，现在更不爱开口了。天已很暖，柳枝上已挂满嫩叶，他有时候向阳放着车，低着头自言自语地，嘴微动着，有时候仰面承受着阳光，打个小盹。除了必须开口，他简直的不大和人家过话。

烟卷可是已吸上了瘾。一坐在车上，他的大手便向脚垫下面摸去。点着了支烟，他极缓慢地吸吐，眼随着烟圈儿向上看，呆呆地看着，然后点点头，仿佛看出点意思来似的。

拉起车来，他还比一般的车夫跑得麻利，可是他不再拼命地跑。在拐弯抹角和上下坡儿的时候,他特别地小心。几乎是过度的小心。有人要跟他赛车,不论是怎样的逗弄激发,他低着头一声也不出,依旧不快不慢地跑着。他似乎看透了拉车是怎回事,不再想从这里得到任何的光荣与称赞。

在厂子里,他可是交了朋友,虽然不大爱说话,但是不出声的雁也喜欢群飞。再不交朋友,他的寂寞恐怕就不是他所能忍受的了。他的烟卷盒儿,只要一掏出来,便绕着圈儿递给大家。有时候人家看他的盒里只剩下一支,不好意思伸手,他才简洁地说:"再买!"赶上大家赌钱,他不像从前那样躲在一边,也过来看看,并且有时候押上一注,输赢都不在乎的,似乎只为向大家表示他很合群,很明白大家奔忙了几天之后应当快乐一下。他们喝酒,他也陪着,不多喝,可是自己出钱买些酒菜让大家吃。以前他所看不上眼的事,现在他都觉得有些意思——自己的路既走不通,便没法不承认别人做得对。朋友之中若有了红白事,原先他不懂得行人情,现在他也出上四十铜子的份子,或随个"公议儿"[1]。不但是出了钱,他还亲自去吊祭或庆贺,因为他明白了这些事并非是只为糟蹋钱,而是有些必须尽到的人情。在这里人们是真哭或真笑,并不是瞎起哄。

那三十多块钱,他可不敢动。弄了块白布,他自己笨手笨脚地拿个大针把钱缝在里面,永远放在贴着肉的地方。不想花,也不想再买车,只是带在身旁,作为一种预备——谁知道将来有什么灾患呢!病,意外的祸害,都能随时地来到自己身上,总得有个预备。人并不是铁打的,他明白过来。

快到立秋,他又拉上了包月。这回,比以前所混过的宅门里的事都轻闲,要不是这样,他就不会应下这个事来。他现在

---

1 公议儿,共同商定的礼物。

懂得选择事情了，有合适的包月才干。不然，拉散座也无所不可，不像原先那样火着心往宅门里去了。他晓得了自己的身体是应该保重的，一个车夫而想拼命——像他原先那样——只有丧了命而得不到任何好处。经验使人知道怎样应当油滑一些，因为命只有一条啊！

这回他上工的地方是在雍和宫附近。主人姓夏，五十多岁，知书明礼；家里有太太和十二个儿女。最近娶了个姨太太，不敢让家中知道，所以特意地挑个僻静地方另组织了个小家庭。在雍和宫附近的这个小家庭，只有夏先生和新娶的姨太太；此外还有一个女仆，一个车夫——就是祥子。

祥子很喜欢这个事。先说院子吧，院中一共才有六间房，夏先生住三间，厨房占一间，其余的两间作为下房。院子很小，靠着南墙根有棵半大的小枣树，树尖上挂着十几个半红的枣儿。祥子扫院子的时候，几乎两三笤帚就由这头扫到那头，非常的省事。没有花草可浇灌，他很想整理一下那棵枣树，可是他晓得枣树是多么任性，歪歪扭扭地不受调理，所以也就不便动手。

别的工作也不多。夏先生早晨到衙门去办公，下午五点才回来，祥子只须一送一接；回到家，夏先生就不再出去，好像避难似的。夏太太倒常出去，可是总在四点左右就回来，好让祥子去接夏先生——接回他来，祥子一天的工作就算交待了。再说，夏太太所去的地方不过是东安市场与中山公园什么的，拉到之后，还有很大的休息时间。这点事儿，祥子闹着玩似的就都做了。

夏先生的手很紧，一个小钱也不肯轻易撒手，出来进去，他目不旁视，仿佛街上没有人，也没有东西。太太可手松，三天两头地出去买东西，若是吃的，不好吃便给了仆人；若是用品，等到要再去买新的时候，便先把旧的给了仆人，好跟夏先生交涉要钱。夏先生一生的使命似乎就是鞠躬尽瘁地把所有的精力与金钱全敬献给姨太太，此外，他没有任何生活与享受。他的钱必须借着姨太太的手才会出去，他自己不会花，更说不到给人——据说，他的原配夫人与十二个儿女住在保定，有时候连着四五个月得不到他的一个小钱。

祥子讨厌这位夏先生：成天际弯弯着腰，缩缩着脖，贼似的出入，眼看着脚尖，永远不出声、不花钱、不笑，连坐在车上都像个瘦猴。可是偶尔说一两句话，他会说得极不得人心，仿佛谁都是混账，只有他自己是知书明礼的君子。祥子不喜欢这样的人。可是他把"事"看成了"事"，只要月间进钱，管别的干什么呢？！况且太太还很开通，吃的用的都常得到一些，算了吧，直当是拉着个不通人情的猴子吧。

对于那个太太，祥子只把她当作个会给点零钱的女人，并不十分喜爱她。她比小福子美多了，而且香粉香水地沤着，绫罗绸缎地包着，更不是小福子所能比上的。不过，她虽然长得美，打扮得漂亮，可是他不知为何一看见她便想起虎妞来；她的身上老有些地方像虎妞，不是那些衣服，也不是她的模样，而是一点什么态度或神味，祥子找不到适当的字来形容。只觉得她与虎妞是，用他所能想出的字，一道货。她很年轻，至多也就是二十二三岁，可是她的气派很老到，绝不像个新出嫁的女子，正像虎妞那样永远没有过少女的腼腆与温柔。她烫着头，穿着高跟鞋，衣服裁得正好能帮忙她扭得有棱有角的。连祥子也看得出，她虽然打扮得这样入时，可是她没有一般的太太们所有的气度。但是她又不像是由妓女出身。祥子摸不清她是怎回事。他只觉得她有些可怕，像虎妞那样可怕。不过，虎妞没有她这么年轻，没有她这么美好，所以祥子就更怕她，仿佛她身上带着他所尝受过的一切女性的厉害与毒恶。他简直不敢正眼看她。

　　在这儿过了些日子，他越发地怕她了。拉着夏先生出去，祥子没见过他花什么钱。可是，夏先生也有时候去买东西——到大药房去买药。祥子不晓得他买的是什么药，不过，每逢买了药来，他们夫妇就似乎特别的喜欢，连大气不出的夏先生也显着特别的精神。精神了两三天，夏先生又不大出气了，而且腰弯得更深了些，很像由街上买来的活鱼，乍放在水中欢炽一会儿，不久便又老实了。一看到夏先生坐在车上像个死鬼似的，祥子便知道又到了上药房的时候。他不喜欢夏先生，可是每逢到药房去，他不由得替这个老瘦猴难过。赶到夏先生拿着药包回到家中，祥子便想起虎妞，心中说不清地怎么难受。他不愿意怀恨着死鬼，可是看看自己，看看夏先生，他没法不怨恨她了。无论怎说，他的身体是不像从前那么结实了，虎妞应负着大部分的责任。

　　他很想辞工不干了。可是，为这点不靠边的事而辞工，又仿佛不像话，吸着"黄狮子"，他自言自语地说："管别人的闲事干吗？！"

二十一

　　菊花下市的时候，夏太太因为买了四盆花，而被女仆杨妈摔了一盆，就和杨妈吵闹起来。杨妈来自乡间，根本以为花草算不了什么重要的东西。不过，既是打了人家的物件，不管怎么不重要，总是自己粗心大意，所以就一声没敢出。及至夏太太闹上没完，村的野的一劲儿叫骂，杨妈的火儿再也按不住，可就还了口。乡下人急了，不会拿着尺寸说话，她抖着底儿把最粗野的骂出来。夏太太跳着脚儿骂了一阵，教杨妈马上卷铺盖滚蛋。

祥子始终没过来劝解，他的嘴不会劝架，更不会劝解两个妇人的架。及至他听到杨妈骂夏太太是暗门子，他知道杨妈的事必定吹了。同时也看出来，杨妈要是吹了，他自己也得跟着吹，夏太太大概不会留着个知道她的历史的仆人。杨妈走后，他等着被辞，算计着，大概新女仆来到就是他该卷铺盖的时候了。他可是没为这个发愁，经验使他冷静地上工辞工，犯不着用什么感情。

可是，杨妈走后，夏太太对祥子反倒非常的客气。没了女仆，她得自己去下厨房做饭。她给祥子钱，教他出去买菜。买回来，她嘱咐他把什么该剥了皮，把什么该洗一洗。他剥皮洗菜，她就切肉煮饭，一边做事，一边找着话跟他说。她穿着件粉红的卫生衣，下面衬着条青裤子，脚上趿拉着双白缎子绣花的拖鞋。祥子低着头笨手笨脚地工作，不敢看她，可是又想看她，她的香水味儿时时强烈地流入他的鼻中，似乎是告诉他非看看她不可，像香花那样引逗蜂蝶。

祥子晓得妇女的厉害，也晓得妇女的好处，一个虎妞已足使任何人怕女子，又舍不得女子。何况，夏太太又远非虎妞所能比得上的呢。祥子不由地看了她两眼，假若她和虎妞一样的可怕，她可是有比虎妞强着许多倍的使人爱慕的地方。

这要搁在二年前，祥子绝不敢看她这么两眼。现在，他不大管这个了：一来是经过妇女引诱过的，没法再管束自己。二来是他已经渐渐入了"车夫"的辙：一般车夫所认为对的，他现在也看着对；自己的努力与克己既然失败，大家的行为一定是有道理的，他非做个"车夫"不可，不管自己愿意不愿意，与众不同是行不开的。那么，拾个便宜是一般的苦人认为正当的，祥子干吗见便宜不捡着呢？他看了这个娘儿们两眼，是的，她只是个娘儿们！假如她愿意呢，祥子没法拒绝。他不敢相信她就能这么下贱，可是万一呢？她不动，祥子当然不动；她要是先露出点意思，他没主意。她已经露出点意思来了吧？要不然，干吗散了杨妈而不马上去雇人，单教祥子帮忙做饭呢？干吗下厨房还擦那么多香水呢？祥子不敢决定什么，不敢希望什么，可是心里又微微地要决定点什么，要有点什么希望。他好像是做着个不实在的好梦，知道是梦，又愿意继续往下做。生命有种热力逼着他承认自己没出息，而在这没出息的事里藏着最大的快乐——也许是最大的苦恼，谁管它！

一点希冀，鼓起些勇气；一些勇气激起很大的热力，他心中烧起火来。这里没有一点下贱，他与她都不下贱，欲火是平等的！

一点恐惧，唤醒了理智；一点理智浇灭了心火，他几乎想马上逃走。这里只有苦恼，上这条路的必闹出笑话！

忽然希冀，忽然惧怕，他心中像发了疟疾。这比遇上虎妞的时候更加难过，那时候，他什么也不知道，像个初次出来的小蜂落在蛛网上；现在，他知道应当怎样的小心，也知道怎样的大胆，他莫名其妙地要往下淌，又清清楚楚地怕掉下去！

他不轻看这位姨太太，这位暗娼，这位美人，她是一切，又什么也不是。假若他也有些可以自解的地方，他想，倒是那个老瘦猴似的夏先生可恶，应当得些恶报。有他那样的丈夫，她做什么也没过错。有他那样的主人，他——祥子——做什么也没关系。他胆子大起来。

可是，她并没理会他看了她没有。做得了饭，她独自在厨房里吃；吃完，她喊了声祥子："你吃吧。吃完可得把家伙刷出来。下半天你接先生去的时候，就手儿买来晚上的菜，省得再出去了。明天是星期，先生在家，我出去找老妈子去。你有熟人没有，给荐一个？老妈子真难找！好吧，先吃去吧，别凉了！"

她说得非常的大方、自然。那件粉红的卫生衣忽然——在祥子眼中——仿佛素净了许多。他反倒有些失望，由失望而感到惭愧，自己看明白自己已不是要强的人，不仅是不要强的人，而且是坏人！糊糊涂涂地扒搂了两碗饭，他觉得非常的无聊。洗了家伙，到自己屋中坐下，一气不知道吸了多少根"黄狮子"！

到下午去接夏先生的时候，他不知为什么非常的恨这个老瘦猴。他真想拉得欢欢的，一撒手，把这老家伙摔个半死。他这才明白过来，先前在一个宅门里拉车，老爷的三姨太太和大少爷不甚清楚，经老爷发觉了以后，大少爷怎么几乎把老爷给毒死，他先前以为大少爷太年轻不懂事，现在他才明白过来那个老爷怎么该死。可是，他并不想杀人，他只觉得夏先生讨厌，可恶，而没有法子惩治他。他故意地上下颠动车把，摇这个老猴子几下。老猴子并没说什么，祥子反倒有点不得劲儿。他永远没做过这样的事，偶尔有理由地做出来也不能原谅自己。后悔使他对一切都冷淡了些，干吗故意找不自在呢？无论怎说，自己是个车夫，给人家好好做事就结了，想别的有什么用？

他心中平静了，把这场无结果的事忘掉，偶尔又想起来，他反觉有点可笑。

第二天，夏太太出去找女仆。出去一会儿就带回来个试工的。祥子死了心，可是心中怎想怎不是味儿。

星期一午饭后，夏太太把试工的老妈子打发了，嫌她太不干净。然后，她叫祥子去买一斤栗子来。

买了斤熟栗子回来，祥子在屋门外叫了声。

"拿进来吧。"她在屋中说。

祥子进去，她正对着镜子擦粉呢，还穿着那件粉红的卫生衣，可是换了一条淡绿的下衣。由镜子中看到祥子进来，她很快地转过身来，向他一笑。祥子忽然在这个笑容中看见了虎妞，一个年轻而美艳的虎妞。他木在了那里。他的胆气、希望、恐惧、小心，都没有了，只剩下可以大可以小的一口热气，撑着他的全体。这口气使他进就进，退便退，他已没有主张。

次日晚上，他拉着自己的铺盖，回到厂子去。

平日最怕最可耻的一件事，现在他打着哈哈似的泄露给大家——他撒不出尿来了！

大家争着告诉他去买什么药，或去找哪个医生。谁也不觉得这可耻，都同情地给他出主意，并且红着点脸而得意地述说自己这种的经验。好几位年轻的曾经用钱买来过这种病，好几位中年的曾经白拾过这个症候，好几位拉过包月的都有一些分量不同而性质一样的经验，好几位拉过包月的没有亲自经验过这个，而另有些关于主人们的故事，颇值得述说。祥子这点病使他们都打开了心，和他说些知己的话。他自己忘掉羞耻，可也不以这为荣，就那么心平气和地忍受着这点病，和受了点凉或中了些暑并没有多大分别。到疼痛的时候，他稍微有点后悔；舒服一会儿，又想起那点甜美。无论怎样呢，他不着急，生活的经验教他看轻了生命，着急有什么用呢。

这么点药，那么个偏方，揍出他十几块钱去，病并没有除了根。马马虎虎地，他以为是好了便停止住吃药。赶到阴天或换节气的时候，他的骨节儿犯疼，再临时服些药，或硬挺过去，全不拿它当作一回事。命既苦到底儿，身体算什么呢？把这个想开了，连个苍蝇还会在粪坑上取乐呢，何况这么大的一个活人。

病过去之后，他几乎变成另一个人。身量还是那么高，可是那股正气没有了，肩头故意地往前松着些，奓拉着嘴，唇间叼着支烟卷。有时候也把半截烟放在耳朵上夹着，不为那个地方方便，而专为要个飘儿[1]。他还是不大爱说话，可是要张口的时候也勉强地要点俏皮，即使说得不圆满利落，好歹是那么股子劲儿。心里松懈，身态与神气便吊儿郎当。

不过，比起一般的车夫来，他还不能算是很坏。当他独自坐定的时候，想起以前的自己，他还想要强，不甘心就这么溜下去。虽然要强并没有用处，可是毁掉自己也不见得高明。在这种时候，他又想起买车。自己的三十多块钱，为治病已花去十多块，花得冤枉！但是有二十来块打底儿，他到底比别人的完全扎空枪更有希望。这么一想，他很想把未吸完的半盒"黄狮子"扔掉，从此烟酒不动，咬上牙攒钱。由攒钱想到买车，由买车便想到小福子。他觉得有点对不起她，自从由大杂院出来，始终没去看看她，而自己不但没往好了混，反倒弄了一身脏病！

及至见了朋友们，他照旧吸着烟，有机会也喝点酒，把小福子忘得一干二净。和朋友们在一块，他并不挑着头儿去干什么，不过别人要做点什么，他不能不陪着。一天的辛苦与一肚子的委屈，只有和他们说说玩玩，才能暂时忘掉。眼前的舒服驱逐走了高尚的志愿，他愿意快乐一会儿，而后昏天黑地地睡个大觉；谁不喜欢这样呢，生活既是那么无聊、痛苦、无望！生活的毒疮只能借着烟酒妇人的毒药麻木一会儿，以毒攻毒，毒气有朝一日必会归了心，谁不知道这个呢，可又谁能有更好的主意代替这个呢？！

越不肯努力便越自怜。以前他什么也不怕，现在他会找安闲自在：刮风下雨，他都不出车；身上有点酸痛，也一歇就是

---

1 要个飘儿，要俏。

两三天。自怜便自私，他那点钱不肯借给别人一块，专为留着风天雨天自己垫着用。烟酒可以让人，钱不能借出去，自己比一切人都娇贵可怜。越闲越懒，无事可做又闷得慌，所以时时需要些娱乐，或吃口好东西。及至想到不该这样浪费光阴与金钱，他的心里永远有句现成的话，由多少经验给他铸成的一句话："当初咱倒要强过呢，有一丁点好处没有？"这句话没人能够驳倒，没人能把它解释开，那么，谁能拦着祥子不往低处去呢？！

懒，能使人脾气大。祥子现在知道怎样对人瞪眼。对车座儿，对巡警，对任何人，他决定不再老老实实地敷衍。当他勤苦卖力的时候，他没得到过公道。现在，他知道自己的汗是怎样的宝贵，能少出一滴便少出一滴。有人要占他的便宜，休想。随便地把车放下，他懒得再动，不管那是该放车的地方不是。巡警过来干涉，他动嘴不动身子，能延宕一会儿便多停一会儿。赶到看见非把车挪开不可了，他的嘴更不能闲着，他会骂。巡警要是不肯挨骂，那么，打一场也没什么，好在祥子知道自己的力气大，先把巡警揍了，再去坐狱也不吃亏。在打架的时候，他又觉出自己的力气与本事，把力气都砸在别人的肉上，他见了光明，太阳好像特别地亮起来。攒着自己的力气好预备打架，他以前连想也没想到过，现在居然成为事实了，而且是件可以使他心中痛快一会儿的事，想起来，多么好笑呢！

不要说是个赤手空拳的巡警，就是那满街横行的汽车，他也不怕。汽车迎头来了，卷起地上所有的灰土，祥子不躲，不论汽车的喇叭怎样的响，不管坐车的怎样着急。汽车也没了法，只好放慢了速度。它慢了，祥子也躲开了，少吃许多尘土。汽车要是由后边来，他也用这一招。他算清楚了，反正汽车不敢伤人，那么为什么老早地躲开，好教它把尘土都带起来呢？巡警是专为给汽车开道的，唯恐它跑得不快与带起来的尘土不多，祥子不是巡警，就不许汽车横行。在巡警眼中，祥子是头等的"刺儿头"，可是他们也不敢惹"刺儿头"。苦人的懒是努力而落了空的自然结果，苦人的要刺儿含着一些公理。

对于车座儿，他绝对不客气。讲到哪里拉到哪里，一步也不多走。讲到胡同口"上"，而教他拉到胡同口"里"，没那个事！座儿瞪眼，祥子的眼瞪得更大。他晓得那些穿洋服的先生们是多么怕脏了衣裳，也知道穿洋服的先生们——多数的——是多么强横而吝啬。好，他早预备好了。说翻了，过去就是一把，抓住他们五六十块钱一身的洋服的袖子，至少给他们印个大黑手印！赠给他们这么个手印儿，还得照样地给钱，他们晓得那只大手有多么大的力气，那一把已将他们的小细胳臂攥得生疼。

他跑得还不慢，可是不能白白地特别加快。座儿一催，他的大脚便蹭了地："快呀，加多少钱？"没有客气，他卖的是血汗。他不再希望随他们的善心多赏几个了，一分钱一分货，得先讲清楚了再拿出力气来。

对于车，他不再那么爱惜了。买车的心既已冷淡，对别人家的车就漠不关心。车只是辆车，拉着它呢，可以挣出嚼谷与车份儿便算完结了一切；不拉着它呢，便不用交车份儿，那么只要手里有够吃一天的钱，就无须往外拉它。人与车的关系不过如此。自然，他还不肯故意地损伤了人家的车，可是也不便分外用心地给保护着。有时候无心中地被别个车夫给碰伤了一块，他绝不急里蹦跳地和人家吵闹，而极冷静地拉回厂子去，该赔五毛的，他拿出两毛来，完事。厂主不答应呢，那好办，最后的解决总出不去起打；假如厂主愿意打呢，祥子陪着！

经验是生活的肥料，有什么样的经验便变成什么样的人，在沙漠里养不出牡丹来。祥子完全入了辙，他不比别的车夫好，也不比他们坏，就是那么个车夫样的车夫。这么着，他自己觉得倒比以前舒服，别人也看他顺眼。老鸦是一边黑的，他不希望独自成为白毛儿的。

冬天又来到，从沙漠吹来的黄风一夜的工夫能冻死许多人。听着风声，祥子把头往被子里埋，不敢再起来。直到风停止住那狼嗥鬼叫的响声，他才无可奈何地起来，打不定主意是出去好呢，还是歇一天。他懒得去拿那冰凉的车把，怕那噎得使人恶心的风。狂风怕日落，直到四点多钟，风才完全静止，昏黄的天上透出些夕照的微红。他强打精神，把车拉出来。揣着手，用胸部顶着车把的头，无精打采地慢慢地晃，嘴中叼着半根烟卷。一会儿，天便黑了，他想快拉上俩买卖，好早些收车。懒得去点灯，直到沿路的巡警催了他四五次，才把它们点上。

在鼓楼前，他在灯下抢着个座儿，往东城拉。连大棉袍也没脱，就那么稀里糊涂地小跑着。他知道这不像样儿，可是，不像样就不像样吧，像样儿谁又多给几个子儿呢？这不是拉车，是混。头上见了汗，他还不肯脱长衣裳，能凑合就凑合。进了小胡同，一条狗大概看穿长衣拉车的不甚顺眼，跟着他咬。他停住了车，倒攥着布掸子，拼命地追着狗打。一直把狗赶没了影，他还又等了会儿，看它敢回来不敢。狗没敢回来，祥子痛快了些："当我怕你呢！"

"你这算哪道拉车的呀？听我问你！"车上的人没有好气儿地问。

祥子的心一动，这个语声听着耳熟。胡同里很黑，车灯虽亮，可是光都在下边，他看不清车上的是谁。车上的人戴着大风帽，连嘴带鼻子都围在大围脖之内，只露着两个眼。祥子正在猜想。车上的人又说了话：

"你不是祥子吗？"

祥子明白了，车上的是刘四爷！他轰的一下，全身热辣辣的，不知怎样才好。

"我的女儿呢？"

"死了！"祥子呆呆地在那里立着，不晓得是自己，还是另一个人说了这两个字。

"什么？死了？"

"死了！"

"落在你手里，还有个不死？！"

祥子忽然找到了自己："你下来！下来！你太老了，禁不住我揍！下来！"

刘四爷的手颤着走下来。"埋在了哪儿？我问你！"

"管不着！"祥子拉起车来就走。

他走出老远，回头看了看，老头子————一个大黑影似的——还在那儿站着呢。

二十二

祥子忘了是往哪里走呢。他昂着头，双手紧紧握住车把，眼放着光，迈着大步往前走；只顾得走，不管方向与目的地。他心中痛快，身上轻松，仿佛把自从娶了虎妞之后所有的倒霉一股拢总都喷在刘四爷身上。忘了冷，忘了张罗买卖，他只想往前走，仿佛走到什么地方他必能找回原来的自己，那个无牵无挂、纯洁、要强、处处努力的祥子。想起胡同中立着的那块黑影，那个老人，似乎什么也不必再说了，战胜了刘四便是战胜了一切。虽然没打这个老家伙一拳，没踹他一脚，可是老头子失去唯一的亲人，而祥子反倒逍遥自在，谁说这不是报应呢！老头子气不死，也得离死差不远！刘老头子有一切，祥子什么也没有；而今，祥子还可以高高兴兴地拉车，而老头子连女儿的坟也找不到！好吧，随你老头子有成堆的洋钱，与天大的脾气，你治不服这个一天现混两个饱的穷光蛋！

越想他越高兴，他真想高声地唱几句什么，教世人都听到这凯歌——祥子又活了，祥子胜利了！晚间的冷气削着他的脸，他不觉得冷，反倒痛快。街灯发着寒光，祥子心中觉得舒畅得发热，处处是光，照亮了自己的将来。半天没吸烟了，不想再吸，从此烟酒不动，祥子要重打鼓另开张，照旧去努力自强，今天战胜了刘四，永远战胜刘四，刘四的诅咒适足以教祥子更成功，更有希望。一口恶气吐出，祥子从此永远吸着新鲜的空气。看看自己的手脚，祥子不还是很年轻么？祥子将要永远年轻，教虎妞死，刘四死，而祥子活着，快活地、要强地，活着——恶人都会遭报，都会死，那抢他车的大兵，不给仆人饭吃的杨太太，欺骗他压迫他的虎妞，轻看他的刘四，诈他钱的孙侦探，愚弄他的陈二奶奶，诱惑他的夏太太……都会死，只有忠诚的祥子活着，永远活着！

"可是，祥子你得从此好好地干哪！"他嘱咐着自己。"干吗不好好地干呢？我有志气，有力量，年纪轻！"他替自己答辩："心中一痛快，谁能拦得住祥子成家立业呢？把前些日子的事搁在谁身上，谁能高兴，谁能不往下溜？那全过去了，明天你们会看见一个新的祥子，比以前的还要好，好得多！"

嘴里咕哝着，脚底下便更加了劲，好像是为自己的话作见证——不是瞎说，我确是有个身子骨儿。虽然闹过病，犯过见不起人的症候，有什么关系呢。心一变，马上身子也强起来，不成问题！出了一身的汗，口中觉得渴，想喝口水，他这才觉出已到了后门。顾不得到茶馆去，他把车放在城门西的"停车处",叫过提着大瓦壶,拿着黄砂碗的卖茶的小孩来,喝了两碗刷锅水似的茶,非常的难喝,可是他告诉自己,以后就得老喝这个,不能再都把钱花在好茶好饭上。这么决定好,爽性再吃点东西——不好往下咽的东西——就作为勤苦耐劳的新生活的开始。他买了十个煎包儿,里边全是白菜帮子,外边又"皮"[1]又牙碜[2]。不管怎样难吃,也都把它们吞下去。吃完,用手背抹了抹嘴。上哪儿去呢?

可以投奔的,可依靠的,人,在他心中,只有两个。打算努力自强,他得去找这两个——小福子与曹先生。曹先生是"圣人",必能原谅他,帮助他,给他出个好主意。顺着曹先生的主意去做事,而后再有小福子的帮助,他打外,她打内,必能成功,必能成功,这是无可疑的!

谁知道曹先生回来没有呢?不要紧,明天到北长街去打听;那里打听不着,他会上左宅去问,只要找着曹先生,什么便都好办了。好吧,今天先去拉一晚上,明天去找曹先生;找到了他,再去看小福子,告诉她这个好消息:祥子并没混好,可是决定往好里混,咱们一同齐心努力地往前奔吧!

这样计划好,他的眼亮得像个老鹰的眼,发着光向四外扫射,看见个座儿,他飞也似跑过去,还没讲好价钱便脱了大棉袄。跑起来,腿确是不似先前了,可是一股热气支撑着全身,他拼了命!祥子到底是祥子,祥子拼命跑,还是没有别人的份儿。见一辆,他开一辆,好像发了狂。汗痛快地往外流。跑完一趟,他觉得身上轻了许多,腿又有了那种弹力,还想再跑,像名马没有跑足,立定之后还踢腾着蹄儿那样。他一直跑到夜

---

1 皮,不焦。
2 牙碜,坏面不纯净,吃时像咬着沙土的那种感觉。

里一点才收车。回到厂中，除了车份儿，他还落下九毛多钱。

一觉，他睡到了天亮；翻了个身，再睁开眼，太阳已上来老高。疲乏后的安息是最甜美的享受，起来伸了个懒腰，骨节都轻脆地响，胃中像完全空了，极想吃点什么。

吃了点东西，他笑着告诉厂主："歇一天，有事。"心中计算好：歇一天，把事情都办好，明天开始新的生活。

一直地，他奔了北长街去，试试看，万一曹先生已经回来了呢。一边走，一边心里祷告着：曹先生可千万回来了，别教我扑个空！头一样儿不顺当，样样儿就都不顺当！祥子改了，难道老天爷还不保佑么？

到了曹宅门外，他的手哆嗦着去按铃。等着人来开门，他的心要跳出来。对这个熟识的门，他并没顾得想过去的一切，只希望门一开，看见个熟识的脸。他等着，他怀疑院里也许没有人，要不然为什么这样的安静呢，安静得几乎可怕。忽然门里有点响动，他反倒吓了一跳。门开了，门的响声里夹着一声最可宝贵，最亲热可爱的"哟！"高妈！

"祥子？可真少见哪！你怎么瘦了？"高妈可是胖了一些。

"先生在家？"祥子顾不得说别的。

"在家呢。你可倒好，就知道有先生，仿佛咱们就谁也不认识谁！连个好儿也不问！你真成，永远是'客（怯）木匠——一锯（句）'！进来吧！你混得倒好哇？"她一边往里走，一边问。

"哼！不好！"祥子笑了笑。

"那什么，先生，"高妈在书房外面叫，"祥子来了！"

曹先生正在屋里赶着阳光移动水仙呢："进来！"

"唉，你进去吧，回头咱们再说话儿；我去告诉太太一声，我们全时常念叨你！傻人有个傻人缘，你倒别瞧！"高妈叨唠着走进去。

祥子进了书房："先生，我来了！"想要问句好，没说出来。

"啊，祥子！"曹先生在书房里立着，穿着短衣，脸上怪善净的微笑。"坐下！那——"他想了会儿："我们早就回来了，听老程说，你在——对，人和厂。高妈还去找了你一趟，没找到。坐下！你怎样？事情好不好？"

祥子的泪要落下来。他不会和别人谈心，因为他的话都是血做的，窝在心的深处。镇静了半天，他想要把那片血变成的简单的字，流泻出来。一切都在记忆中，一想便全想起来，他得慢慢地把它们排列好，整理好。他是要说出一部活的历史，虽然不晓得其中的意义，可是那一串委屈是真切的、清楚的。

曹先生看出他正在思索，轻轻地坐下，等着他说。

祥子低着头愣了好大半天，忽然抬头看看曹先生，仿佛若是找不到个人听他说，就不说也好似的。

"说吧！"曹先生点了点头。

祥子开始说过去的事，从怎么由乡间到城里说起。本来不想说这些没用的事，可是不说这些，心中不能痛快，事情也显着不齐全。他的记忆是血汗与苦痛砌成的，不能随便说着玩，一说起来也不愿掐头去尾。每一滴汗，每一滴血，都是由生命中流出去的，所以每一件事都有值得说的价值。

进城来，他怎样做苦工，然后怎样改行去拉车。怎样攒钱买上车，怎样丢了……一直说到他现在的情形。连他自己也觉着奇怪，为什么他能说得这么长，而且说得这么畅快。事情，一件挨着一件，全想由心中跳出来。事情自己似乎会找到相当的字眼，一句挨着一句，每一句都是实在的、可爱的、可悲的。他的心不能禁止那些事往外走，他的话也就没法停住。没有一点迟疑、混乱，他好像要一口气把整个的心都拿出来。越说越痛快，忘了自己，因为自己已包在那些话中，每句话中都有他，那要强的、委屈的、辛苦的、堕落的，他。说完，他头上见了汗，心中空了，空得舒服，像晕倒过去而出了凉汗那么空虚舒服。

"现在教我给你出主意？"曹先生问。

祥子点了点头，话已说完，他似乎不愿再张口了。

"还得拉车？"

祥子又点了点头。他不会干别的。

"既是还得去拉车，"曹先生慢慢地说，"那就出不去两条路。一条呢是凑钱买上车，一条呢是暂且赁车拉着，是不是？你手中既没有积蓄，借钱买车，得出利息，还不是一样？莫如就先赁车拉着。还是拉包月好，事情整重，吃住又都靠盘儿。我看你就还上我这儿来好啦，我的车卖给了左先生，你要来的话，得赁一辆来，好不好？"

"那敢情好！"祥子立了起来。"先生不记着那回事了？"

"哪回事？"

"那回，先生和太太都跑到左宅去！"

"呕！"曹先生笑起来。"谁记得那个！那回，我有点太慌。和太太到上海住了几个月，其实满可以不必，左先生早给说好了，那个阮明现在也做了官，对我还不错。那，大概你不知道这点儿，算了吧，我一点也没记着它。还说咱们的吧："你刚才说的那个小福子，她怎么办呢？"

"我没主意！"

"我给你想想看：你要是娶了她，在外面租间房，还是不上算。房租、煤灯炭火都是钱，不够。她跟着你去做工，哪能又那么凑巧，你拉车，她做女仆，不易找到！这倒不好办！"曹先生摇了摇头。"你可别多心，她到底可靠不可靠呢？"

祥子的脸红起来，哽吃了半天才说出来："她没法子才做那个事，我敢下脑袋，她很好！她……"他心中乱开了：许多不同的感情凝成了一团，又忽然要裂开，都要往外跑，他没了话。

"要是这么着呀，"曹先生迟疑不决地说，"除非我这儿可以将就你们。你一个人占一间房，你们俩也占一间房，住的地方可以不发生问题。不知道她会洗洗做做的不会，假若她能做些事呢，就让她帮助高妈；太太不久就要生小孩，高妈一个人也太忙点。她呢，白吃我的饭，我可就也不给她工钱，你看怎样？"

"那敢情好！"祥子天真地笑了。

"不过，这我可不能完全做主，得跟太太商议商议！"

"没错！太太要不放心，我把她带来，教太太看看！"

"那也好，"曹先生也笑了，没想到祥子还能有这么个心眼，"这么着吧，我先和太太提一声，改天你把她带来。太太点了头，咱们就算成功！"

"那么先生，我走吧？"祥子急于去找小福子，报告这个连希望都没敢希望过的好消息。

祥子出了曹宅，大概有十一点吧，正是冬季一天里最可爱的时候。这一天特别的晴美，蓝天上没有一点云，日光从干凉的空气中射下，使人感到一些爽快的暖气。鸡鸣犬吠，和小贩们的吆喝声，都能传达到很远，隔着街能听到些响亮清脆的声儿，像从天上落下的鹤唳。洋车都打开了布棚，车上的铜活闪着黄光。便道上骆驼缓慢稳当地走着，街心中汽车电车疾驰，地上来往着人马，天上飞着白鸽，整个的老城处处动中有静，乱得痛快，静得痛快，一片声音，万种生活，都覆在晴爽的蓝天下面，到处静静地立着树木。

祥子的心要跳出来，一直飞到空中去，与白鸽们一同去盘旋！什么都有了：事情，工钱，小福子，在几句话里美满地解决了一切，想也没想到呀！看这个天，多么晴爽干燥，正像北方人那样爽直痛快。人遇到喜事，连天气也好了，他似乎没见过这样可爱的冬晴。为更实际地表示自己的快乐，他买了个冻结实了的柿子，一口下去，满嘴都是冰凌！扎牙根的凉，从口中慢慢凉到胸部，使他全身一颤。几口把它吃完，舌头有些麻木，心中舒服。他扯开大步，去找小福子。心中已看见了那个杂院、那间小屋，与他心爱的人，只差着一对翅膀把他一下送到那里。只要见了她，以前的一切可以一笔勾销，从此另辟一个天地。此刻的急切又超过了去见曹先生的时候，曹先生与他的关系是朋友、主仆，彼此以好换好。她不仅是朋友，她将把她的一生交给他，两个地狱中的人将要抹去泪珠而含着笑携手前进。曹先生的话能感动他，小福子不用说话就能感动他。他对曹先生说了真实的话，他将要对小福子说些更知心的话，跟谁也不能说的话都可以对她说。她，现在，就是他的命，没有她便什么也算不了一回事。他不能仅为自己的吃喝努力，他必须把她从那间小屋救拔出来，而后与他一同住在一间干净暖和的屋里，像一对小鸟似的那么快活、体面、亲热！她可以不管二强子，也可以不管两个弟弟，她必须来帮助祥子。二强子本来可以自己挣饭吃，那两个弟弟也可以对付着去俩人拉一辆车，或做些别的事了；祥子，没她可不行。他的身体、精神、事情，没有一处不需要她的。她也正需要他这么个男人。

越想他越急切，越高兴，天下的女人多了，没有一个像小福子这么好，这么合适的！他已娶过、偷过，已接触过美的和丑的、年老的和年轻的，但是她们都不能挂在他的心上，她们只是妇女，不是伴侣。不错，她不是他心目中所有的那个一清二白的姑娘，可是正因为这个，她才更可怜，更能帮助他。那傻子似的乡下姑娘也许非常的清白，可是绝不会有小福子的本

300

事与心路。况且，他自己呢？心中也有许多黑点呀！那么，他与她正好是一对儿，谁也不高，谁也不低，像一对都有破纹，而都能盛水的罐子，正好摆在一处。

无论怎想，这是件最合适的事。想过这些，他开始想些实际的：先和曹先生支一月的工钱，给她买件棉袍，齐理齐理鞋脚，然后再带她去见曹太太。穿上新的、素净的长棉袍，头上脚下都干干净净的，就凭她的模样、年岁、气派，一定能拿得出手去，一定能讨曹太太的喜欢。没错儿！

走到了地方，他满身是汗。见了那个破大门，好像见了多年未曾回来过的老家：破门，破墙，门楼上的几棵干黄的草，都非常可爱。他进了大门，一直奔了小福子的屋子去。顾不得敲门，顾不得叫一声，他一把拉开了门。一拉开门，他本能地退了回来。炕上坐着个中年的妇人，因屋中没有火，她围着条极破的被子。祥子愣在门外，屋里出了声："怎么啦！报丧哪？怎么不言语一声愣往人家屋里走啊？！你找谁？"

祥子不想说话。他身上的汗全忽然落下去，手扶着那扇破门，他又不敢把希望全都扔弃了："我找小福子！"

"不知道！赶明儿你找人的时候，先问一声再拉门！什么小福子大福子的！"

坐在大门口，他愣了好大半天，心中空了，忘了他是干什么呢。慢慢地他想起一点来，这一点只有小福子那么大小，小福子在他心中走过来，又走过去，像走马灯上的纸人，老那么来回地走，没有一点作用，他似乎忘了他与她的关系。慢慢地，小福子的形影缩小了些，他的心多了一些活动。这才知道了难过。

在不准知道事情的吉凶的时候，人总先往好里想。祥子猜想着，也许小福子搬了家，并没有什么更大的变动。自己不好，为什么不常来看看她呢？惭愧令人动作，好补补自己的过错。最好是先去打听吧。他又进了大院，找住个老邻居探问了一下。没得到什么正确的消息。还不敢失望，连饭也不顾得吃，他想去找二强子，找到那两个弟弟也行。这三个男人总在街面上，不至于难找。

见人就问，车口上、茶馆中、杂院里，尽着他的腿的力量走了一天，问了一天，没有消息。

晚上，他回到车厂，身上已极疲乏，但是还不肯忘了这件事。一天的失望，他不敢再盼望什么了。苦人是容易死的，苦人死了是容易被忘掉的。莫非小福子已经不在了么？退一步想，即使她没死，二强子又把她卖掉，卖到极远的地方去，是可能的，这比死更坏！

烟酒又成了他的朋友。不吸烟怎能思索呢？不喝醉怎能停止住思索呢？

二十三

祥子在街上丧胆游魂地走，遇见了小马儿的祖父。老头子已不拉车，身上的衣裳比以前更薄更破，扛着根柳木棍子，前头挂着个大瓦壶，后面悬着个破元宝筐子，筐子里有些烧饼油鬼和一大块砖头。他还认识祥子。

说起话来，祥子才知道小马儿已死了半年多，老人把那辆破车卖掉，天天就弄壶茶和些烧饼果子在车口儿上卖。老人还是那么和气可爱，可是腰弯了许多，眼睛迎风流泪，老红着眼皮像刚哭完似的。

祥子喝了他一碗茶，把心中的委屈也对他略略说了几句。

"你想独自混好？"老人评断着祥子的话："谁不是那么想

呢？可是谁又混好了呢？当初，我的身子骨儿好，心眼好，一直混到如今了，我落到现在的样儿！身子好？铁打的人也逃不出去咱们这个天罗地网。心眼好？有什么用呢！善有善报，恶有恶报，并没有这么八宗事！我当年轻的时候，真叫作热心肠儿，拿别人的事当自己的做。有用没有？没有！我还救过人命呢，跳河的、上吊的，我都救过，有报应没有？没有！告诉你，我不定哪天就冻死，我算是明白了，干苦活儿的打算独自一个人混好，比登天还难。一个人能有什么蹦儿[1]？看见过蚂蚱吧？独自一个儿也蹦得怪远的，可是教个小孩子逮住，用线儿拴上，连飞也飞不起来。赶到成了群，打成阵，哼，一阵就把整顷的庄稼吃净，谁也没法儿治它们！你说是不是？我的心眼倒好呢，连个小孙子都守不住。他病了，我没钱给他买好药，眼看着他死在我的怀里！甭说了，什么也甭说了！——茶来！谁喝碗热的？"

祥子真明白了：刘四，杨太太，孙侦探——并不能因为他的咒骂就得了恶报；他自己，也不能因为要强就得了好处。自己，专仗着自己，真像老人所说的，就是被小孩子用线拴上的蚂蚱，有翅膀又怎样呢？

他根本不想上曹宅去了。一上曹宅，他就得要强，要强有什么用呢？就这么大咧咧地瞎混吧：没饭吃呢，就把车拉出去；够吃一天的呢，就歇一天，明天再说明天的。这不但是个办法，而且是唯一的办法。攒钱，买车，都给别人预备着来抢，何苦呢？何不得乐且乐呢？

再说，设若找到了小福子，他也还应当去努力，不为自己，还不为她吗？既然找不到她，正像这老人死了孙子，为谁混

---

1 蹦儿，本领，前途的意思。

呢？他把小福子的事也告诉了老人，他把老人当作了真的朋友。

"谁喝碗热的？"老人先吆喝了声，而后替祥子来想："大概据我这么猜呀，出不去两条道儿：不是教二强子卖给人家当小啊，就是押在了白房子。哼，多半是下了白房子！怎么说呢？小福子既是，像你刚才告诉我的，嫁过人，就不容易再有人要，人家买姨太太的要整货。那么，大概有八成，她是下了白房子。我快六十岁了，见过的事多了去啦：拉车的壮实小伙子要是有个一两天不到街口上来，你去找吧，不是拉上包月，准在白房子趴着呢；咱们拉车人的姑娘媳妇要是忽然不见了，总有七八成也是上那儿去了。咱们卖汗，咱们的女人卖肉，我明白，我知道！你去上那里找找看吧，不盼着她真在那里，不过，——茶来！谁喝碗热的？！"

祥子一气跑到西直门外。

一出了关厢，马上觉出空旷，树木削瘦地立在路旁，枝上连只鸟也没有。灰色的树木，灰色的土地，灰色的房屋，都静静地立在灰黄色的天下，从这一片灰色望过去，看见那荒寒的西山。铁道北，一片树林，林外几间矮屋，祥子算计着，这大概就是白房子了。看看树林，没有一点动静；再往北看，可以望到万牲园外的一些水地，高低不平的只剩下几棵残蒲败苇。小屋子外没有一个人，没动静。远近都这么安静，他怀疑这是否是那个出名的白房子了。他大着胆往屋子那边走，屋门上都挂着草帘子，新挂上的，都黄黄的有些光泽。他听人讲究过，这里的妇人，在夏天，都赤着背，在屋外坐着，招呼着行人。那来照顾她们的，还老远地要唱着窑调[1]，显出自己并不是外行。为什么现在这么安静呢？难道冬天此地都不做买卖了么？

---

1 窑调，在妓院里流行的小调。

他正在这么猜疑，靠边的那一间的草帘子动了一下，露出个女人头来。祥子吓了一跳，那个人头，猛一看，非常像虎妞的。他心里说："来找小福子，要是找到了虎妞，才真算见鬼！"

"进来吧，傻乖乖！"那个人头说了话，语音可不像虎妞的，嗓子哑着，很像他常在天桥听见的那个卖野药的老头子，哑而显着急切。

屋子里什么也没有，只有那个妇人和一铺小炕，炕上没有席，可是炕里烧着点火，臭气烘烘的，非常的难闻。炕上放着条旧被子，被子边儿和炕上的砖一样，都油亮油亮的。妇人有四十来岁，蓬着头，还没洗脸。她下边穿着条夹裤，上面穿着件青布小棉袄，没系纽扣。祥子大低头才对付着走进去，一进门就被她搂住了。小棉袄本没扣着，胸前露出一对极长极大的奶来。

祥子坐在了炕沿上，因为立着便不能伸直了脖子。他心中很喜欢遇上了她，常听人说，白房子有个"白面口袋"，这必定是她。"白面口袋"这个外号来自她那两个大奶。祥子开门见山地问她看见个小福子没有，她不晓得。祥子把小福子的模样形容了一番，她想起来了：

"有，有这么个人！年纪不大，好露出几个白牙，对，我们都管她叫小嫩肉。"

"她在哪屋里呢？"祥子的眼忽然睁得带着杀气。

"她？早完了！""白面口袋"向外一指，"吊死在树林里了！"

"怎么？"

"小嫩肉到这儿以后，人缘很好。她可是有点受不了，身子挺单薄。有一天，掌灯的时候，我还记得真真的，因为我同着两三个娘们正在门口坐着呢。唉，就是这么个时候，来了个逛的，一直奔了她屋里去。她不爱同我们坐在门口，刚一来的时候还为这个挨过打，后来她有了名，大伙儿也就让她独自个儿在屋里，好在来逛她的决不去找别人。待了有一顿饭的工夫吧，客人走了，一直就奔了那个树林去。我们什么也没看出来，也没人到屋里去看她。赶到老叉杆[1]跟她去收账的时候，才看见屋里躺着个男人，赤身露体，睡得才香呢。他原来是喝醉了。小嫩肉把客人的衣裳剥下来，自己穿上，逃了。她真有心眼。要不是天黑了，要命她也逃不出去。天黑，她又女扮男装，把大伙儿都给蒙了。马上老叉杆派人四处去找，哼，一进树林，她就在那儿挂着呢。摘下来，她已断了气，可是舌头并没吐出多少，脸上也不难看，到死的时候她还讨人喜欢呢！这么几个月了，树林里到晚上一点事儿也没有，她不出来唬吓人，多么仁义！……"

祥子没等她说完，就晃晃悠悠地走出来。走到一块坟地，四四方方地种着些松树，树当中有十几个坟头。阳光本来很微弱，松林中就更暗淡。他坐在地上，地上有些干草与松花。什么声音也没有，只有树上的几个山喜鹊扯着长声悲叫。这绝不会是小福子的坟，他知道，可是他的泪一串一串地往下落。什么也没有了，连小福子也入了土！他是要强的，小福子是要强的，他只剩下些没有作用的泪，她已做了吊死鬼！一领席，埋在乱死岗子，这就是努力一世的下场头！

回到车厂，他懊睡了两天。决不想上曹宅去了，连个信儿也不必送，曹先生救不了祥子的命。睡了两天，他把车拉出去，心中完全是块空白，不再想什么，不再希望什么，只为肚子才出来受罪，肚子饱了就去睡，还用想什么呢，还用希望什么呢？看着一条瘦得出了棱的狗在白薯挑子旁边等着吃点皮和须子，他明白了他自己就跟这条狗一样，一天的动作只为捡些白薯皮和须子吃。将就着活下去是一切，什么也无须乎想了。

---

1 叉杆，即娼主。

人把自己从野兽中提拔出，可是到现在人还把自己的同类驱逐到野兽里去。祥子还在那文化之城，可是变成了走兽。一点也不是他自己的过错。他停止住思想，所以就是杀了人，他也不负什么责任。他不再有希望，就那么迷迷糊糊地往下坠，坠入那无底的深坑。他吃，他喝，他嫖，他赌，他懒，他狡猾，因为他没了心，他的心被人家摘了去。他只剩下那个高大的肉架子，等着溃烂，预备着到乱死岗子去。

　　冬天过去了，春天的阳光是自然给一切人的衣服，他把棉衣卷巴卷巴全卖了。他要吃口好的，喝口好的，不必存着冬衣，更根本不预备着再看见冬天，今天快活一天吧，明天就死！管什么冬天不冬天呢！不幸，到了冬天，自己还活着，那就再说吧。原先，他一思索，便想到一辈子的事；现在，他只顾眼前。经验告诉了他，明天只是今天的继续，明天承继着今天的委屈。卖了棉衣，他觉得非常的痛快，拿着现钱做什么不好呢，何必留着等那个一阵风便噎死人的冬天呢？

　　慢慢地，不但是衣服，什么他也想卖，凡是暂时不用的东西都马上出手。他喜欢看自己的东西变成钱，被自己花了；自己花用了，就落不到别人手中，这最保险。把东西卖掉，到用的时候再去买；假若没钱买呢，就干脆不用。脸不洗，牙不刷，原来都没大关系，不但省钱，而且省事。体面给谁看呢？穿着破衣，而把烙饼卷酱肉吃在肚中，这是真的！肚子里有好东西，就是死了也有些油水，不至于像个饿死的老鼠。

　　祥子，多么体面的祥子，变成个又瘦又脏的低等车夫。脸，身体，衣服，他都不洗，头发有时候一个多月不剃一回。他的车也不讲究了，什么新车旧车的，只要车份儿小就好。拉上买卖，稍微有点甜头，他就中途倒出去。坐车的不答应，他会瞪眼，打起架来，到警区去住两天才不算一回事！独自拉着车，他走得很慢，他心疼自己的汗。及至走上帮儿车，要是高兴的话，他还肯跑一气，专为把别人落在后边。在这种时候，他也很会捣坏，什么横切别的车，什么故意拐硬弯，什么别扭着后面的车，什么抽冷子操前面的车一把，他都会。原先他以为拉车是拉着条人命，一不小心便有摔死人的危险。现在，他故意地要坏，摔死谁也没大关系，人都该死！

他又恢复了他的静默寡言。一声不出地，他吃，他喝，他捣坏。言语是人类彼此交换意见与传达感情的，他没了意见，没了希望，说话干吗呢？除了讲价儿，他一天到晚老闭着口，口似乎专为吃饭喝茶与吸烟预备的。连喝醉了他都不出声，他会坐在僻静的地方去哭。几乎每次喝醉他必到小福子吊死的树林里去落泪，哭完，他就在白房子里住下。酒醒过来，钱净了手，身上中了病。他并不后悔，假若他也有后悔的时候，他是后悔当初他干吗那么要强，那么谨慎，那么老实。该后悔的全过去了，现在没有了可悔的事。

现在，怎能占点便宜，他就怎办。多吸人家一支烟卷，买东西使出个假铜子去，喝豆汁多吃几块咸菜，拉车少卖点力气而多争一两个铜子，都使他觉到满意。他占了便宜，别人就吃了亏，对，这是一种报复！慢慢地再把这个扩大一点，他也学会跟朋友们借钱，借了还是不想还，逼急了他可以撒无赖。初一上来，大家一点也不怀疑他，都知道他是好体面讲信用的人，所以他一张嘴，就把钱借到。他利用着这点人格的残余到处去借，借着如白捡，借到手便顺手儿花去。人家要债，他会做出极可怜的样子去央求宽限；这样还不成，他会去再借二毛钱，而还上一毛五的债，剩下五分先喝了酒再说。一来二去，他连一个铜子也借不出了，他开始去骗钱花。凡是以前他所混过的宅门，他都去拜访，主人也好，仆人也好，见面他会编一套谎，骗几个钱；没有钱，他央求赏给点破衣服，衣服到手马上也变了钱，钱马上变了烟酒。他低着头思索，想坏主意，想好一个主意就能进比拉一天车还多的钱，省了力气，而且进钱，他觉得非常的上算。他甚至于去找曹宅的高妈。远远地等着高妈出来买东西，看见她出来，他几乎是一步便赶过去，极动人地叫她一声高大嫂。

"哟！吓死我了！我当是谁呢？祥子啊！你怎这么样了？"高妈把眼都睁得圆了，像看见一个怪物。

"甭提了！"祥子低下头去。

"你不是跟先生都说好了吗？怎么一去不回头了？我还和老程打听你呢，他说没看见你，你到底上哪儿啦？先生和太太都直不放心！"

"病了一大场，差点死了！你和先生说说，帮我一步，等我好利落了再来上工！"祥子把早已编好的话，简单地，动人地，说出。

"先生没在家，你进来见见太太好不好？"

"甭啦！我这个样儿！你给说说吧！"

高妈给他拿出两块钱来："太太给你的，嘱咐你快吃点药！"

"是了！谢谢太太！"祥子接过钱来，心里盘算着上哪儿开发了它。高妈刚一转脸，他奔了天桥，足玩了一天。

慢慢地把宅门都串净，他又串了个第二回，这次可就已经不很灵验了。他看出来，这条路子不能靠长，得另想主意，得想比拉车容易挣钱的主意。在先前，他唯一的指望便是拉车；现在，他讨厌拉车。自然他一时不能完全和车断绝关系，可是只要有法子能暂时对付三餐，他便不肯去摸车把。他的身子懒，而耳朵很尖，有个消息，他就跑到前面去。什么公民团咧，什么请愿团咧，凡是有人出钱的事，他全干。三毛也好，两毛也好，他乐意去打一天旗子，随着人群乱走。他觉得这无论怎样也比拉车强，挣钱不多，可是不用卖力气呢。打着面小旗，他低着头，嘴里叼着烟卷，似笑非笑地随着大家走，一声也不出。到非喊叫几声不可的时候，他会张开大嘴，而完全没声，他爱惜自己的嗓子。对什么事他也不想用力，因为以前卖过力气而并没有分毫的好处。在这种打旗呐喊的时候，设若遇见点什么危险，他头一个先跑开，而且跑得很快。他的命可以毁在自己手里，再也不为任何人牺牲什么。为个人努力的也知道怎样毁灭个人，这是个人主义的两端。

二十四

又到了朝顶进香的时节，天气暴热起来。

卖纸扇的好像都由什么地方忽然一齐钻出来，挎着箱子，箱上的串铃哗啷哗啷地引人注意。道旁，青杏已论堆儿叫卖，樱桃照眼地发红，玫瑰枣儿盆上落着成群的金蜂，玻璃粉在大磁盆内放着层乳光，扒糕与凉粉的挑子收拾得非常的利落，摆着各样颜色的作料，人们也换上浅淡而花哨的单衣，街上突然增加了许多颜色，像多少道长虹散落在人间。清道夫们加紧地工作，不住地往道路上泼洒清水，可是轻尘依旧往起飞扬，令人烦躁。轻尘中却又有那长长的柳枝，与轻巧好动的燕子，使人又不得不觉到爽快。一种使人不知怎样好的天气，大家打着懒长的哈欠，疲倦而又痛快。

秧歌、狮子、开路、五虎棍，和其他各样的会，都陆续地往山上去。敲着锣鼓，挑着箱笼，打着杏黄旗，一当儿跟着一当儿，给全城一些异常的激动，给人们一些渺茫而又亲切的感触，给空气中留下些声响与埃尘。赴会的、看会的，都感到一些热情、虔诚，与兴奋。乱世的热闹来自迷信，愚人的安慰只有自欺。这些色彩，这些声音，满天的晴云，一街的尘土，教人们有了精神，有了事做：上山的上山，逛庙的逛庙，看花的看花……至不济的还可以在街旁看看热闹，念两声佛。

天这么一热，似乎把故都的春梦唤醒，到处可以游玩，人人想起点事做，温度催着花草果木与人间享乐一齐往上增长。南北海里的绿柳新蒲，招引来吹着口琴的少年，男男女女把小船放到柳荫下，或荡在嫩荷间，口里吹着情歌，眉眼也会接吻。公园里的牡丹芍药，邀来骚人雅士，缓步徘徊，摇着名贵的纸扇。走乏了，便在红墙前，绿松下，饮几杯足以引起闲愁的清茶，偷眼看着来往的大家闺秀与南北名花。就是那向来冷静的地方，也被和风晴日送来游人，正如送来蝴蝶。崇效寺的牡丹，陶然亭的绿苇，天然博物院的桑林与水稻，都引来人声伞影，甚至于天坛、孔庙，与雍和宫，也在严肃中微微有些热闹。好远行的与学生们，到西山去，到温泉去，到颐和园去，去旅行，去乱跑，去采集，去在山石上乱画些字迹。寒苦的人们也有地方去，护国寺、隆福寺、白塔寺、土地庙、花儿市，都比往日热闹：各种的草花都鲜艳地摆在路旁，一两个铜板就可以把"美"带到家中去。豆汁摊上，咸菜鲜丽得像朵大花，尖端上摆着焦红的辣椒。鸡子儿正便宜，炸蛋角焦黄稀嫩得惹人咽着唾液。天桥就更火炽，新席造起的茶棚，一座挨着一座，洁白的桌布，与妖艳的歌女，遥对着天坛墙头上的老松。锣鼓的声音延长到七八小时，天气的爽燥使锣鼓特别的轻脆，击乱了人心。妓女们容易打扮了，一件花洋布单衣便可以漂亮地摆出去，而且显明地露出身上的曲线。好清静的人们也有了去处，积水滩前、万寿寺外、东郊的窑坑、西郊的白石桥，都可以垂钓，小鱼时时碰得嫩苇微微地动。钓完鱼，野茶馆里的猪头肉、卤煮豆腐、白干酒与盐水豆儿，也能使人醉饱，然后提着钓竿与小鱼，沿着柳岸，踏着夕阳，从容地进入那古老的城门。

到处好玩，到处热闹，到处有声有色。夏初的一阵暴热像一道神符，使这老城处处带着魔力。它不管死亡，不管祸患，不管困苦，到时候它就施展出它的力量，把百万的人心都催眠过去，做梦似的唱着它的赞美诗。它污浊，它美丽，它衰老，它活泼，它杂乱，它安闲，它可爱，它是伟大的夏初的北平。

正是在这个时节，人们才盼着有些足以解闷的新闻，足以念两三遍而不厌烦的新闻，足以读完报而可以亲身去看到的新闻，天是这么长而晴爽啊！

这样的新闻来了！电车刚由厂里开出来，卖报的小儿已扯开尖嗓四下里追着人喊："枪毙阮明的新闻，九点钟游街的新闻！"一个铜板，一个铜板，又一个铜板，都被小黑手接了去。电车上、铺户中、行人的手里，一张一张的全说的是阮明：阮明的相片、阮明的历史、阮明的访问记，大字小字，插图说明，整页的都是阮明。阮明在电车上，在行人的眼里，在交谈者的口中，老城里似乎已没有了别人，只有阮明。阮明今天游街，今日被枪毙！有价值的新闻，理想的新闻，不但口中说着阮明，待一会儿还可看见他。妇女们赶着打扮；老人们早早地就出去，唯恐腿脚慢，落在后边；连上学的小孩们也想逃半天学，去见识见识。到八点半钟，街上已满了人，兴奋，希冀，拥挤、喧嚣，等着看这活的新闻。车夫们忘了张罗买卖，铺子里乱了规矩，小贩们懒得吆喝，都期待着囚车与阮明。历史中曾有过黄巢、张献忠，太平天国的民族，会挨杀，也爱看杀人。枪毙似乎太简单，他们爱听凌迟、砍头、剥皮、活埋，听着像吃了冰激凌似的，痛快得微微地哆嗦。可是这一回，枪毙之外，还饶着一段游街，他们几乎要感谢那出这样主意的人，使他们会看到一个半死的人捆在车上，热闹他们的眼睛，即使自己不是监斩官，可也差不多了。这些人的心中没有好歹，不懂得善恶，辨不清是非，他们死攥着一些礼教，愿被称为文明人；他们却爱看千刀万剐他们的同类，像小儿割宰一只小狗那么残忍与痛快。一朝权到手，他们之中的任何人也会去屠城，把妇人的乳与脚割下堆成小山，这是他们的快举。他们没得到这个威权，就不妨先多看些杀猪宰羊与杀人，过一点瘾。连这个要是也摸不着看，他们会对个孩子也骂千刀杀，万刀杀，解解心中的恶气。

响晴的蓝天，东边高高的一轮红日，几阵小东风，路旁的柳条微微摆动。东便道上有一大块阴影，挤满了人：老幼男女，丑俊胖瘦，有的打扮得漂亮近时，有的只穿着小褂，都谈笑着、盼望着，时时向南或向北探探头。一人探头，大家便跟着，心中一齐跳得快了些。这样，越来越往前拥，人群渐渐挤到马路边上，成了一座肉壁，只有高低不齐的人头乱动。巡警成队地出来维持秩序，他们拦阻，他们叱呼，他们有时也抓出个泥块似的孩子砸巴两拳，招得大家哈哈地欢笑。等着，耐心地等着，腿已立酸，还不肯空空回去。前头的不肯走，后面新来的便往前拥，起了争执，手脚不动，专凭嘴战，彼此诟骂，大家喊好。孩子不耐烦了，被大人打了耳光；扒手们得了手，失了东西的破口大骂。喧嚣，叫闹，吵成一片，谁也不肯动，人越增多，越不肯动，表示一致地喜欢看那半死的囚徒。

忽然，大家安静了，远远地来了一队武装的警察。"来了！"有人喊了声。紧跟着人声嘈乱起来，整群的人像机器似的一齐向前拥了一寸，又一寸，来了！来了！眼睛全发了光，嘴里都说着些什么，一片人声，整街的汗臭，礼教之邦的人民热烈地爱看杀人呀。

阮明是个小矮个儿，倒捆着手，在车上坐着，像个害病的小猴子，低着头，背后插着二尺多长的白招子。人声就像海潮般的前浪催着后浪，大家都撇着点嘴批评，都有些失望：就是这么个小猴子呀！就这么稀松没劲呀！低着头，脸煞白，就这么一声不响呀！有的人想起主意，要逗他一逗："哥儿们，给他喊个好儿呀！"紧跟着，四面八方全喊了"好！"像给戏台上的坤伶喝彩似的，轻蔑的、恶意的、讨人嫌的，喊着。阮明还是不出声，连头也没抬一抬。有的人真急了，真看不上这样软的囚犯，挤到马路边上呸呸地啐了他几口。阮明还是不动，没有任何的表现。大家越看越没劲，也越舍不得走开，万一他忽然说出句"再过二十年又是一条好汉"呢？万一他要向酒店索要两壶白干、一碟酱肉呢？谁也不肯动，看他到底怎样。车过去了，还得跟着，他现在没什么表现，焉知道他到单牌楼不缓过气来而高唱几句《四郎探母》呢？跟着！有的一直跟到天桥，虽然他始终没做出使人佩服与满意的事，可是人们眼瞧着他吃了枪弹，到底可以算不虚此行。

　　在这么热闹的时节，祥子独自低着头在德胜门城根慢慢地走。走到积水滩，他四下看了看。没有人，他慢慢地，轻手蹑脚地往湖边上去。走到湖边，找了棵老树，背倚着树干，站了一会儿。听着四外并没有人声，他轻轻地坐下。苇叶微动，或一只小鸟忽然叫了一声，使他急忙立起来，头上见了汗。他听，他看，四下里并没有动静，他又慢慢地坐下。这么好几次，他开始看惯了苇叶的微动，听惯了鸟鸣，决定不再惊慌。呆呆地看着湖外的水沟里，一些小鱼，眼睛亮得像些小珠，忽聚忽散，忽来忽去，有时候头顶着一片嫩萍，有时候口中吐出一些泡沫。靠沟边，一些已长出腿的蝌蚪，直着身儿，摆动那黑而大的头。水忽然流得快一些，把小鱼与蝌蚪都冲走，尾巴歪歪着顺流而下，可是随着水也又来了一群，挣扎着想要停住。一个水蝎极快地跑过去。水流渐渐地稳定，小鱼又结成了队，张开小口去啃一个浮着的绿叶，或一段小草。稍大些的鱼藏在深处，偶尔一露背儿，忙着转身下去，给水面留下个旋涡与一些碎纹。翠鸟像箭似的由水面上擦过去，小鱼大鱼都不见了，水上只剩下浮萍。祥子呆呆地看着这些，似乎看见，又似乎没看见，无心中地拾起块小石，投在水里，溅起些水花，击散了许多浮萍，他猛地一惊，吓得又要立起来。

坐了许久，他偷偷地用那只大的黑手向腰间摸了摸。点点头，手停在那里；待了会，手中拿出一落儿钞票，数了数，又极慎重地藏回原处。

他的心完全为那点钱而活动着：怎样花费了它，怎样不教别人知道，怎样既能享受而又安全。他已不是为自己思索，他已成为钱的附属物，一切要听它的支配。

这点钱的来头已经决定了它的去路。这样的钱不能光明正大地花出去。这点钱，与拿着它们的人，都不敢见阳光。人们都在街上看阮明，祥子藏在那清静的城根，设法要到更清静更黑暗的地方去。他不敢再在街市上走，因为他卖了阮明。就是独自对着静静的流水，背靠着无人迹的城根，他也不敢抬头，仿佛有个鬼影老追随着他。在天桥倒在血迹中的阮明，在祥子心中活着，在他腰间的一些钞票中活着。他并不后悔，只是怕，怕那个无处无时不紧跟着他的鬼。

阮明做了官以后，颇享受了一些他以前看作应该打倒的事。钱会把人引进恶劣的社会中去，把高尚的理想撇开，而甘心走入地狱中去。他穿上华美的洋服，去嫖，去赌，甚至于吸上口鸦片。当良心发现的时候，他以为这是万恶的社会陷害他，而不完全是自己的过错。他承认他的行为不对，可是归罪于社会的引诱力太大，他没法抵抗。一来二去，他的钱不够用了，他又想起那些激烈的思想，但是不为执行这些思想而振作，他想利用思想换点钱来。把思想变成金钱，正如同在读书的时候想拿对教员的交往白白地得到及格的分数。懒人的思想不能和人格并立，一切可以换作金钱的都早晚必被卖出去。他受了津贴。急于宣传革命的机关，不能极谨慎地选择战士，愿意投来的都是同志。但是，受津贴的人多少得有些成绩，不管用什么手段做出的成绩，机关里要的是报告。阮明不能只拿钱不做些事。他参加了组织洋车夫的工作。祥子呢，已是做摇旗呐喊的老行家，因此，阮明认识了祥子。

阮明为钱，出卖思想；祥子为钱，接受思想。阮明知道，遇必要的时候，可以牺牲了祥子。祥子并没做过这样的打算，可是到时候就这么做了——出卖了阮明。为金钱而工作的，怕遇到更多的金钱，忠诚不立在金钱上。阮明相信自己的思想，以思想的激烈原谅自己一切的恶劣行为。祥子听着阮明所说的，十分有理，可是看阮明的享受也十分可羡慕——"我要有更多的钱，我也会快乐几天！跟姓阮的一样！"金钱降低了阮明的人格，金钱闪花了祥子的眼睛。他把阮明卖了六十块钱。阮明要的是群众的力量，祥子要的是更多的——像阮明那样的——享受。阮明的血洒在津贴上，祥子把钞票塞在了腰间。

一直坐到太阳平西，湖上的蒲苇与柳树都挂上些金红的光闪，祥子才立起来，顺着城根往西走。骗钱，他已做惯；出卖人命，这是头一遭。何况他听阮明所说的还十分有理呢！城根的空旷，与城墙的高峻，教他越走越怕。偶尔看见垃圾堆上有几个老鸦，他都想绕着走开，恐怕惊起它们，给他几声不祥的啼叫。走到了西城根，他加紧了脚步，一条偷吃了东西的狗似的，他溜出了西直门。晚上能有人陪伴着他，使他麻醉，使他不怕，是理想的去处；白房子是这样的理想地方。

入了秋，祥子的病已不允许他再拉车，祥子的信用已丧失得赁不出车来。他做了小店的照顾主儿。夜间，有两个铜板，便可以在店中躺下。白天，他去做些只能使他喝碗粥的劳作。他不能在街上去乞讨，那么大的个子，没有人肯对他发善心。他不会在身上做些彩，去到庙会上乞钱，因为没受过传授，不晓得怎么把他身上的疮化装成动人的不幸。做贼，他也没那套本事，贼人也有团体与门路啊。只有他自己会给自己挣饭吃，没有任何别的依赖与援助。他为自己努力，也为自己完成了死亡。他等着吸那最后的一口气，他是个还有口气的死鬼，个人主义是他的灵魂。这个灵魂将随着他的身体一齐烂化在泥土中。

　　北平自从被封为故都，它的排场、手艺、吃食、言语、巡警……已慢慢地向四外流动，去找那与天子有同样威严的人和财力的地方去助威。那洋化的青岛也有了北平的涮羊肉；那热闹的天津在半夜里也可以听到低悲的"硬面——饽饽"；在上海，在汉口，在南京，也都有了说京话的巡警与差役，吃着芝麻酱烧饼；香片茶会由南而北，在北平经过双熏再往南方去；连抬杠的杠夫也有时坐上火车到天津或南京去抬那高官贵人的棺材。

　　北平本身可是渐渐地失去原有的排场，点心铺中过了九月九还可以买到花糕，卖元宵的也许在秋天就下了市，那二三百年的老铺户也忽然想起做周年纪念，借此好散出大减价的传单……经济的压迫使排场去另找去路，体面当不了饭吃。

　　不过，红白事情在大体上还保存着旧有的仪式与气派，婚丧嫁娶仿佛到底值得注意，而多少要些排场。婚丧事的执事，响器，喜轿与官罩，到底还不是任何都市所能赶上的。出殡用的松鹤松狮，纸扎的人物轿马，娶亲用的全份执事，与二十四个响器，依旧在街市上显出官派大样，使人想到那太平年代的繁华与气度。

祥子的生活多半仗着这种残存的仪式与规矩。有结婚的，他替人家打着旗伞；有出殡的，他替人家举着花圈挽联。他不喜，也不哭，他只为那十几个铜子，陪着人家游街。穿上杠房或喜轿铺所预备的绿衣或蓝袍，戴上那不合适的黑帽，他暂时能把一身的破布遮住，稍微体面一些。遇上那大户人家办事，教一干人等都剃头穿靴子，他便有了机会使头上脚下都干净利落一回。脏病使他迈不开步，正好举着面旗，或两条挽联，在马路边上缓缓地蹭。

　　可是，连做这点事，他也不算个好手。他的黄金时代已经过去了，既没从洋车上成家立业，什么事都随着他的希望变成了"那么回事"。他那么大的个子，偏争着去打一面飞虎旗，或一对短窄的挽联，那较重的红伞与肃静牌等，他都不肯去动。和个老人、小孩，甚至于妇女，他也会去争竞。他不肯吃一点亏。

　　打着那么个小东西，他低着头，弯着背，口中叼着个由路上拾来的烟卷头儿，有气无力地慢慢地蹭。大家立定，他也许还走；大家已走，他也许多站一会儿，他似乎听不见那施号发令的锣声。他更永远不看前后的距离停匀不停匀，左右的队列整齐不整齐，他走他的，低着头像做着个梦，又像思索着点高深的道理。那穿红衣的锣夫，与拿着绸旗的催押执事，几乎把所有的村话都向他骂去："孙子！我说你呢，骆驼！你看齐！"他似乎还没有听见。打锣的过去给了他一锣锤，他翻了翻眼，朦胧地向四外看一下。没管打锣的说了什么，他留神地在地上找，看有没有值得拾起来的烟头儿。

　　体面的、要强的、好梦想的、利己的、个人的、健壮的、伟大的，祥子，不知陪着人家送了多少回殡；不知道何时何地会埋起他自己来，埋起这堕落的、自私的、不幸的、社会病胎里的产儿，个人主义的末路鬼！

图 9　1936 年，老舍创作《骆驼祥子》时在青岛的留影

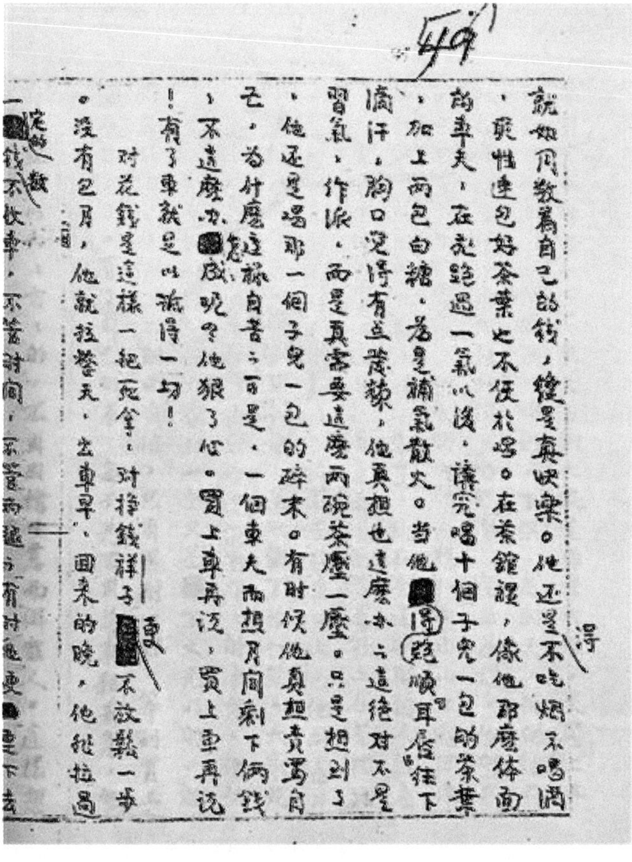

图 10 老舍《骆驼祥子》手稿

我怎样写《骆驼祥子》

　　从何月何日起，我开始写《骆驼祥子》？已经想不起来了。我的抗战前的日记已随同我的书籍全在济南失落，此事恐永无对证矣。

　　这本书和我的写作生活有很重要的关系。在写它以前，我总是以教书为正职，写作为副业，从《老张的哲学》起到《牛天赐传》止，一直是如此。这就是说，在学校开课的时候，我便专心教书，等到学校放寒暑假，我才从事写作。我不甚满意这个办法。因为它使我既不能专心一志地写作，而又终年无一日休息，有损于健康。在我从国外回到北平的时候，我已经有了去做职业写家的心意；经好友们的谆谆劝告，我才就了齐鲁大学的教职。在齐大辞职后，我跑到上海去，主要的目的是再看看有没有做职业写家的可能。那时候，正是"一·二八"以后，书业不景气，文艺刊物很少，沪上的朋友告诉我不要冒险。于是，我就接了山东大学的聘书。我不喜欢教书，一来是我没有渊博的学识，时时感到不安；二来是即使我能胜任，教书也不能给我像写作那样的愉快。为了一家子的生活，我不敢独断独行地丢掉了月间可靠的收入，可是我的心里一时一刻也没忘掉尝一尝职业写家的滋味。

　　事有凑巧，在"山大"教过两年书之后，学校闹了风潮，我便随着许多位同事辞了职。这回，我既不想到上海去看看风向，也没同任何人商议，便决定在青岛住下去，专凭写作的收入过日子。这是"七七"抗战的前一年。《骆驼祥子》是我做职业写家的第一炮。这一炮要放响了，我就可以放胆地做下去，每年预计着可以写出两部长篇小说来。不幸这一炮若是不过火，我便只好再去教书，也许因为扫兴而完全放弃了写作。所以我说，这本书和我的写作生活有很重要的关系。

记得是在一九三六年春天吧，"山大"的一位朋友跟我闲谈，随便地谈到他在北平时曾用过一个车夫。这个车夫自己买了车，又卖掉，如此三起三落，到末了还是受穷。听了这几句简单的叙述，我当时就说："这颇可以写一篇小说。"紧跟着，朋友又说：有一个车夫被军队抓了去，哪知道，转祸为福，他乘着军队移动之际，偷偷地牵回三匹骆驼。

这两个车夫都姓什么？哪里的人？我都没问过。我只记住了车夫与骆驼。这便是骆驼祥子的故事的核心。

从春到夏，我心里老在盘算，怎样把那一点简单的故事扩大，成为一篇十多万字的小说。

不管用得着与否，我首先向齐铁恨先生打听骆驼的生活习惯。齐先生生长在北平的西山，山下有许多家养骆驼的。得到他的回信，我看出来，我须以车夫为主，骆驼不过是一点陪衬，因为假若以骆驼为主，恐怕我就须到"口外"去一趟，看看草原与骆驼的情景了。若以车夫为主呢，我就无须到口外去，而随时随处可以观察。这样，我便把骆驼与祥子结合到一处，而骆驼只负引出祥子的责任。

怎么写祥子呢？我先细想车夫有多少种，好给他一个确定的地位。把他的地位确定了，我便可以把其余的各种车夫顺手儿叙述出来；以他为主，以他们为宾，既有中心人物，又有他的社会环境，他就可以活起来了。换言之，我的眼一时一刻也

322

不离开祥子，写别的人正可以烘托他。

车夫们而外，我又去想，祥子应该租赁哪一车主的车，和拉过什么样的人。这样，我便把他的车夫社会扩大了，而把比他的地位高的人也能介绍进来。可是，这些比他高的人物，也还是因祥子而存在故事里，我决定不许任何人夺去祥子的主角地位。

有了人，事情是不难想到的。人既以祥子为主，事情当然也以拉车为主。只要我教一切的人都和车发生关系，我便能把祥子拴住，像把小羊拴在草地上的柳树下那样。

可是，人与人，事与事，虽以车为联系，我还感觉着不易写出车夫的全部生活来。于是，我还再去想：刮风天，车夫怎样？下雨天，车夫怎样？假若我能把这些细琐的遭遇写出来，我的主角便必定能成为一个最真确的人，不但吃得苦，喝得苦，连一阵风，一场雨，也给他的神经以无情的苦刑。

由这里，我又想到，一个车夫也应当和别人一样的有那些吃喝而外的问题。他也必定有志愿、有性欲、有家庭和儿女。对这些问题，他怎样解决呢？他是否能解决呢？这样一想，我所听来的简单的故事便马上变成了一个社会那么大。我所要观察的不仅是车夫的一点点地浮现在衣冠上的、表现在言语与姿态上的那些小事情了，而是要由车夫的内心状态观察到地狱究竟是什么样子。车夫的外表上的一切，都必有生活与生命上的根据。我必须找到这个根源，才能写出个劳苦社会。

由一九三六年春天到夏天，我入了迷似的去搜集材料，把祥子的生活与相貌变换过不知多少次——材料变了，人也就随着变。

到了夏天，我辞去了"山大"的教职，开始把祥子写在纸上。因为酝酿的时期相当的长，搜集的材料相当的多，拿起笔来的时候我并没感到多少阻碍。一九三七年一月，"祥子"开始在《宇宙风》上出现，作为长篇连载。当发表第一段的时候，全部还没有写完，可是通篇的故事与字数已大概地有了准谱儿，不会有很大的出入。假若没有这个把握，我是不敢一边写一边发表的。刚刚入夏，我将它写完，共二十四段，恰合《宇宙风》每月要两段，连载一年之用。

当我刚刚把它写完的时候，我就告诉了《宇宙风》的编辑：这是一本最使我自己满意的作品。后来，刊印单行本的时候，书店即以此语嵌入广告中。它使我满意的地方大概是：（一）故事在我心中酝酿得相当的长久，收集的材料也相当的多，所以一落笔便准确，不蔓不枝，没有什么敷衍的地方。（二）我开始专以写作为业，一天到晚心中老想着写作这一回事，所以虽然每天落在纸上的不过是一二千字，可是在我放下笔的时候，心中并没有休息，依然是在思索；思索的时候长，笔尖上便能滴出血与泪来。（三）在这故事刚一开头的时候，我就决定抛开幽默而正正经经地去写。在往常，每逢遇到可以幽默一下的机会，我就必抓住它不放手。有时候，事情本没什么可笑之处，我也要运用俏皮的言语，勉强地使它带上点幽默味道。这，往好里说，足以使文字活泼有趣；往坏里说，就往往招人讨厌。《祥子》里没有这个毛病。即使它还未能完全排除幽默，可是它的幽默是出自事实本身的可笑，而不是由文字里硬挤出来的。这一决定，使我的作风略有改变，教我知道了只要材料丰富，心中有话可说，就不必一定非幽默不足叫好。（四）既决定了不利用幽默，也就自然地决定了文字要极平易，澄清如无波的湖水。因为要求平易，我就注意到如何在平易中而不死板。恰好，在这时候，好友顾石君先生供给了我许多北平口语中的字和词。在平日，我总以为这些词汇是有音无字的，所以往往因写不出而割爱。现在，有了顾先生的帮助，我的笔下就丰富了许多，而可以从容调动口语，给平易的文字添上些亲切、新鲜、恰当、活泼的味儿。因此，《祥子》可以朗诵。它的言语是活的。

《祥子》自然也有许多缺点。使我自己最不满意的是收尾收得太慌了一点。因为连载的关系，我必须整整齐齐地写成二十四段；事实上，我应当多写两三段才能从容不迫地刹住。这，可是没法补救了，因为我对已发表过的作品是不愿再加修改的。

《祥子》的运气不算很好：在《宇宙风》上登刊到一半就遇上"七七"抗战。《宇宙风》何时在沪停刊，我不知道，所以我也不知道，《祥子》全部登完过没有。后来，《宇宙风》社迁到广州，首先把《祥子》印成单行本。可是，据说刚刚印好，广州就沦陷了，《祥子》便落在敌人的手中。《宇宙风》又迁到桂林，《祥子》也又得到出版的机会，但因邮递不便，在渝蓉各地就很少见到它。后来，文化生活出版社把纸型买过来，它才在大后方稍稍活动开。

近来，《祥子》好像转了运，据友人报告，它已被译成俄文、日文与英文。

（收录于《老舍全集》（第17卷），人民文学出版社，2013年，引用时有修订）

图书在版编目（CIP）数据

课读经典.10,10讲精读老舍 二/老舍著;管骏捷课读.—上海:复旦大学出版社,2023.9
ISBN 978-7-309-16901-0

Ⅰ.①课… Ⅱ.①老… ②管… Ⅲ.①阅读课-中学-教学参考资料 Ⅳ.①G634.333

中国国家版本馆 CIP 数据核字(2023)第 119531 号

课读经典 10
KEDU JINGDIAN 10
10 讲精读老舍（二）
10 JIANG JINGDU LAO SHE ER
老 舍 著
管骏捷 课读
责任编辑/刘西越

复旦大学出版社有限公司出版发行
上海市国权路 579 号 邮编:200433
网址:fupnet@fudanpress.com http://www.fudanpress.com
门市零售:86-21-65102580 团体订购:86-21-65104505
出版部电话:86-21-65642845
上海丽佳制版印刷有限公司

开本 890×1240 1/32 印张 10.375 字数 242 千
2023 年 9 月第 1 版
2023 年 9 月第 1 版第 1 次印刷

ISBN 978-7-309-16901-0/G·2503
定价:45.00 元